Matthias Blazek

Die Geschichte des Feuerwehrwesens im Landkreis Celle

Ausgeführt und erläutert am Beispiel der 1910 gegründeten Ortsfeuerwehr Beedenbostel

Wohltätig ist des Feuers Macht,
Wenn sie der Mensch bezähmt, bewacht,
Und was er bildet, was er schafft,
Das dankt er dieser Himmelskraft;
Doch furchtbar wird die Himmelskraft,
Wenn sie der Fessel sich entrafft,
Einhertritt auf der eignen Spur
Die freie Tochter der Natur.

Aus: Friedrich Schiller, Das Lied von der Glocke (1799)
zitiert in: *Friedrich Schiller: Sämtliche Werke in 5 Bänden*
Auf der Grundlage der Textedition von Herbert G. Göpfert herausgegeben von Peter-André Alt, Albert Meier und Wolfgang Riedel, Band I, München, Wien 2004, S. 429 ff., **434**

Matthias Blazek

DIE GESCHICHTE DES FEUERWEHRWESENS IM LANDKREIS CELLE

Ausgeführt und erläutert am Beispiel der 1910 gegründeten Ortsfeuerwehr Beedenbostel

ibidem-Verlag
Stuttgart

Bibliografische Information der Deutschen Nationalbibliothek
Die Deutsche Nationalbibliothek verzeichnet diese Publikation in der Deutschen Nationalbibliografie; detaillierte bibliografische Daten sind im Internet über http://dnb.d-nb.de abrufbar.

Bibliographic information published by the Deutsche Nationalbibliothek
Die Deutsche Nationalbibliothek lists this publication in the Deutsche Nationalbibliografie; detailed bibliographic data are available in the Internet at http://dnb.d-nb.de.

Umschlaggestaltung, Bildbearbeitung und Satz: Matthias Blazek

Abbildung auf dem Umschlag: Gruppenbild der FF Beedenbostel, 1950. 1. Reihe von links: W. Dannheim, G. Bindseil, W. Lindmüller, H. Beiß, L. Bolte, A. Dralle, W. Faust, W. Dikty, W. Gottschalk, A. Bertram, A. Müller, H. Kuhn, 2. Reihe von links: E. Bührke, W. Cammann, W. Striepe, H.-M. Kießling, A. Otte, H.-J. Dobberkau, K. Bethe, E. Klinze, F. Heyer, E. Lange, W. Thies, 3. Reihe von links: A. Cammann, G. Kuhls, K. Kremling, W. Schulz, K.-H. Beiß, G. Grigoleit, A. Dralle jun., G. Bindseil jun., H. Möhrmann, W. Dießel. Repro: Hans-Jürgen Tietje

Ein herzlicher Dank für die Unterstützung geht an Hans-Jürgen Tietje.

∞

Gedruckt auf alterungsbeständigem, säurefreien Papier
Printed on acid-free paper

ISBN-10: 3-8382-0147-7

ISBN-13: 978-3-8382-0147-4

Printed in Germany

Gliederung

Abkürzungsverzeichnis

a. a. O.	am angegebenen Orte
bearb.	bearbeitet
d.	der, den
d. d.	de dato (vom Datum)
d. M.	dieses Monats
Ev.-luth.	Evangelisch-lutherische(n)
f.	folgend
freiw.	freiwillige
Gem.-Vorst.	Gemeindevorsteher
Km.	Kilometer
KrA-Ce	Kreisarchiv Celle
M	Mark
m	Meter
Mts.	Monats
Nds. HptStA	Niedersächsisches Landesarchiv -Hauptstaatsarchiv Hannover-
Nov.	November
Nr.	Nummer
OHE	Osthannoversche Eisenbahnen AG
Pfg.	Pfennig
sen.	senior
S. F. G.	Seine Fürstlichen Gnaden
StA-Ce	Stadtarchiv Celle
Tel.	Telefonnummer
TOP	Tagesordnungspunkt
u. a.	unter anderem
v.	von
z. B.	zum Beispiel

Grußwort zum 100-jährigen Bestehen der Freiwilligen Feuerwehr Beedenbostel und der Feuerwehrkapelle

Liebe Feuerwehrfrauen und Feuerwehrmänner,

die Freiwillige Feuerwehr und die Feuerwehrkapelle Beedenbostel feiern Geburtstag. 100 Jahre – das ist ein herausragendes Ereignis im Jahr 2010. Ich möchte dem Vorstand, den Aktiven, allen Mitgliedern und Musikern nicht nur zum Geburtstag gratulieren, sondern auch dafür danken, dass sie diese zehn Jahrzehnte mit viel Einsatzbereitschaft gemeistert haben.

Als Ortsfeuerwehr ist die Freiwillige Feuerwehr Beedenbostel Bestandteil der Freiwilligen Feuerwehr der Samtgemeinde Lachendorf. Sie ist ein bedeutendes Stützbein der Gesamtwehr der Samtgemeinde. Unter dem Motto „Retten, Löschen, Bergen, Schützen und Musizieren“ treffen sich die Männer und Frauen der Freiwilligen Feuerwehr und der Feuerwehrkapelle Beedenbostel, um den Ernstfall zu üben, aber auch, so wie die Musiker unter ihnen, um für Auftritte zu proben und die musikalische Seite der Feuerwehr zu präsentieren.

Viele große Einsätze gab es in den letzten 100 Jahren für die Feuerwehr Beedenbostel zu bewältigen. Sie wurde zudem zu vielen Einsätzen gerufen, um technische Hilfe zu leisten. Großbrände, Verkehrsunfälle, Hilfeleistungen – das alles erfordert außergewöhnlichen Einsatz, den die Mitglieder der Freiwilligen Feuerwehr Beedenbostel unter Gefahr des eigenen Lebens zuverlässig leisten.

Die Feuerwehr ist aber auch bekannt dafür, dass sie sich mit großem ehrenamtlichem Engagement zum Wohle der Bürgerschaft einbringt. Viele Feste und Aktivitäten sind ohne sie gar nicht möglich, häufig mit musikalischer Begleitung vom Musikzug. Dank des besonderen Teamgeistes und der Kameradschaft fühlen sich auch Jugendliche und Senioren in der Beedenbosteler Wehr und Kapelle wohl und wollen die regelmäßigen Zusammenkünfte und die Gemeinschaft im Verband nicht missen.

Ich gratuliere der Freiwilligen Feuerwehr und dem Musikzug Beedenbostel ganz herzlich zum Jubiläum und danke Ihnen für die tägliche Bereitschaft, sich für ihre Mitmenschen einzusetzen.

Alles Gute und für die Zukunft viel Erfolg!

Ihr
Klaus Wiswe
Landrat

Geleitwort

Die Feuerwehrgeschichte ist ein wichtiger Bestandteil des Feuerwehrwesens unseres Landkreises und auch unseres Landes. Die Feuerwehren sind stolz auf ihre z. T. über 100-jährige Geschichte, und es ist absolut legitim, wenn sie darüber der Nachwelt Rechenschaft ablegen. Die immerwährende Einsatzbereitschaft zum Wohle der Mitbürger, durch mehrere Staatsformen hindurch, ist eine Leistung, die es nachhaltig zu würdigen gilt.

Mit dieser Chronik, die vom Feuerwehrhistoriker Matthias Blazek verfasst wurde, hat die Freiwillige Feuerwehr Beedenbostel ihren Mitgliedern, ihren Mitbürgern und vielen Interessierten ihre Geschichte zur stetigen Erinnerung aufgezeichnet und dadurch die Vergangenheit wieder mit Leben versehen. Neben der Festschrift zum 75-jährigen Bestehen wird dieses Nachschlagewerk die 100 Jahre des Bestehens der Freiwilligen Feuerwehr Beedenbostel unvergesslich machen. Dazu gratuliere ich recht herzlich.

Mit dem Verfasser Matthias Blazek haben die Verantwortlichen einen kompetenten Historiker mit der Erstellung dieser Chronik beauftragt. Nicht nur die vielen Feuerwehr-Festschriften und -Chroniken zeigen sein Fachwissen, auch seine Hauptwerke „Das Löschwesen im Bereich des ehemaligen Fürstentums Lüneburg“ und „Unter dem Hakenkreuz – die deutschen Feuerwehren von 1933-1945“ haben ihm einen hervorragenden Platz unter den Feuerwehr-Autoren eingeräumt.

Als Leiter des Feuerwehr-Archivs Bergen und auch als Ehrenvorsitzender des Kreisfeuerwehrverbandes Celle e.V. bin ich sehr erfreut, dass diese gelungene Chronik entstanden ist. Ich wünsche der Freiwilligen Feuerwehr Beedenbostel für das Jubiläum und für die weitere Zukunft alles Gute.

„EINER für ALLE – ALLE für EINEN“

Albert Michaelis

Gott zur Ehr', dem Nächsten zur Wehr:

Die Geschichte des Feuerlöschwesens in der Gemeinde Beedenbostel

Von Matthias Blazek

Die Ortsfeuerwehr Beedenbostel ist eine der ältesten freiwilligen Feuerwehren des Landkreises Celle und kann in diesem Jahr bereits auf ihr 100-jähriges Bestehen zurückblicken. Zur Aufarbeitung der Geschichte steht glücklicherweise die Festschrift aus dem Jahre 1985 zur Verfügung, in der einige historische Begebenheiten und Anekdoten überliefert sind. Wir wollen aus dem Vollen schöpfen und das Verdienst unserer Vorfahren hinreichend würdigen.

Wer glaubt, dass es über die Geschichte der Ortsfeuerwehr Beedenbostel nicht viel zu berichten gibt, irrt sich. Selbst aus der Zeit der Pflichtfeuerwehr finden sich interessante Hinweise in den Archiven. Im Folgenden soll die Gelegenheit wahrgenommen werden, einen tiefen Blick in die Annalen der Wehr zu werfen. Selbstverständlich sollen Hinweise auf die Geschichte des Feuerlöschwesens von Gockenholz, Jarnsen und Lachendorf nicht ganz „außen vor" gelassen werden.

Wir halten es ausführlich mit dem Ziel, möglichst viele Fragen in dieser Chronik zu klären. Unsere Vorfahren haben es verdient, dass wir ihre Verdienste aufzeigen.

Der Wermutstropfen: Das alte Protokollbuch, das bis in die Jahre des Zweiten Weltkriegs seine Dienste erfüllt hat, lag zur Auswertung nicht vor, ebenso sind nach Angaben der Samtgemeindeverwaltung die im Findbuch des dortigen Archivs genannten Unterlagen über die Brandmeisterwechsel in Beedenbostel (Arnold Niemitz, Otto Knoop, 1910, Albert Dralle, Wilhelm Knoop, 1938) an Unbekannt verliehen worden.

Wir werfen einen Blick auf die Vorgeschichte.

„Bis zur Mitte des 18. Jahrhunderts beruhte die Feuerlöschhilfe auf den Verordnungen der Landesherren und der Städte. Diese Feuerlöschordnungen enthielten vor allem feuer- und baupolizeiliche Vorschriften sowie die Verpflichtung der Bürger zur Löschhilfe. Den Gefahren konnte dadurch natürlich nur bedingt begegnet werden. Für die Feuerverhütung wirkten sich diese Vorschriften recht segensreich aus; für die praktische Brandbekämpfung selbst waren sie auf die Dauer unzureichend. Die Ursache dieses Versagens lag im System begründet. Es gab zwar ein großes Aufgebot an verpflichteten Helfern, aber sie waren ungeübt, die Anleitung war mangelhaft und die Löscheinrichtungen noch nicht genügend technisch entwickelt."[1]

In den vergangenen Jahrhunderten hatten Feuersbrünste verheerende Auswirkungen. Dafür gab es zwei Gründe: Einmal führte die Bauweise der strohgedeckten Häuser, die ausnahmslos als Fachwerkbauten errichtet waren, zu erheblicher Brandgefährdung, und zum anderen gab es noch keine organisierte Brandbekämpfung.

Zwar verbot die Landesherrschaft aus Sicherheitsgründen wiederholt das Eindecken der Häuser mit Stroh, konnte jedoch nicht erreichen, dass dieses Verbot auch befolgt wurde. Auch die Aussicht auf steuerliche Begünstigungen beim Bau von „steinernen und mit Ziegeln gedeckten Häusern" konnte die Menschen nicht davon abbringen, auch künftig Bauernhöfe, Heuerlingshäuser, Scheunen, Speicher und Backhäuser als engmaschige, strohgedeckte Fachwerkbauten zu errichten.

Im Jahre 1929 waren noch zwei Häuser mit den alten Strohdächern in Lachendorf vorhanden. Von einem wurde allerdings in den letzten Apriltagen des Jahres das Dach abgerissen und mit Schiefer belegt. Der Berichterstatter sagte in der „Celleschen Zeitung" vom 29. April 1929: „Hoffen wir nun, daß uns das letzte Strohdach noch recht lange erhalten bleibt."

Schon seit dem Mittelalter gehörte es zu den Aufgaben von Stadträten oder anderen Amtspersonen respektive des Landesherrn, vorsorgende Maßnahmen wegen der latent andauernden Gefahr von Bränden zu ergreifen.

1589 wurde verboten, Holz oberhalb einer Feuerstelle aufzubewahren. Neue „Rähmen" (die Hölzer, die die Ständer des Bauernhauses der Länge nach miteinander verbinden) sollten mit Stein gemauert und überwölbt sein. 1686 und 1714 wurden Rauchfänge aus Holz verboten. Es war auch verboten, mit Kienlichtern, Leuchten und Lampen in die Scheunen zu gehen. Es gab Vorschriften über die abendliche Abdeckung des offenen Herdfeuers mit dem Feuerstülper. In den Dörfern sollten schon 1719 monatliche Feuervisitationen stattfinden.

Unterm 6. Oktober 1618 erließ Herzog Christian zu Braunschweig und Lüneburg eine Polizeiordnung, deren 14. Kapitel von der Abwendung von Feuersbrünsten und Brandschäden handelt („Wie und welcher gestalt, vermittelst gnädiger Göttlicher Verlehung, Feuers-Brünste und Brand-Schade bey Zeiten abzuwenden"), in welcher auch schon der Feuerspritzen Erwähnung geschieht. Auf den Dörfern sollte womöglich jeder einen Feuerhaken haben und jedes Dorf etliche Leitern, Reichere lederne Wassereimer.

[1] ADOLF MEYER, „Ländliches Feuerlöschwesen um das Jahr 1700", Sachsenspiegel 4, Cellesche Zeitung vom 06.02.1970. Meyer befasst sich in diesem Aufsatz ausführlich mit einer Umfrage der Regierung bei den einzelnen Ämtern aus dem Jahre 1736, wie man das Löschwesen auf dem „platten Lande" verbessern könnte. Interessant hier: „Die erste Aufgabe, die einem Bauern bei einem Brandausbruch oblag, war 'das Speck im Brandhause, womöglich, platt aus einen Ab-Ort auf die Erde zu legen, wie es denn der Landmann schon an vielen Orten in den Mist zu verscharren gewohnt ist'. Ganz vorsichtige Amtsleute empfahlen, den Speck 'sogleich außerhalb des Dorffs aufs Feld' zu tragen."

Mit seinen 23 Paragraphen stellt dieses Kapitel sozusagen die Grundlage für alle folgenden Feuerordnungen oder auch allgemeine Verordnungen dar. Alle vorkommenden Punkte, Maßnahmen und Vorschriften wurden in den folgenden Jahrzehnten, sogar Jahrhunderten, immer wieder neu formuliert, erweitert und fortentwickelt, teilweise penibel bis in Kleinigkeiten durchdacht und mit umständlich genauer Ausdrucksweise ausführlich aufgeschrieben.[2]

Herzog Friedrich brachte die „von S. F. G. hochlöblichen Vorfahren hiebevor und wohlbedächtlich aufgerichtete und publicirte Policey-Ordnung" (von 1618) noch einmal in Erinnerung mit einem Auszug vom 2. März 1640, „wie solche bey den Land-Gerichten zu verlesen". Abschnitt 8 beschäftigt sich mit dem Verhalten bei Feuer und den Vorkehrungen, einen Brand möglichst zu verhüten: Alle Untertanen sollten mit Feuerhaken, Feuerleitern und ledernen Wassereimern für den Notfall ausgerüstet sein. Neue Feuerstätten in den Dörfern durften nur mit der Erlaubnis Seiner Fürstlichen Gnaden errichtet werden. Die Ortsvorsteher hatten die Neuanlage von Back-, Töpfer- und Brennöfen und Ziegelhütten zu beaufsichtigen, damit kein Brand davon ausgehen möge. „Ernstlich verboten" war allen Untertanen, zuviel Holz über dem Herd in der Nähe des Feuers zu stapeln, mit offenem Licht, Lampen oder Kien auf den Boden oder überhaupt dorthin zu gehen, wo Heu, Stroh, Flachs, Holz oder ähnlich brennbare Dinge lagerten, und Flachs im Backofen zu trocknen.[3]

Als diese Polizeiordnung erlassen wurde, waren im Fürstentum Lüneburg gerade Spuren der Verwüstung zu sehen. Der seit 1618 wütende Dreißigjährige Krieg hatte seine Spuren hinterlassen. Insbesondere der Niedersächsisch-Dänische (1625-29) und der Schwedische Konflikt (1630-35) hatten das Gebiet zwischen Celle und Hannover in Mitleidenschaft gezogen. Seit 1627 war ganz Niedersachsen vom Feldherrn Tilly (Oberkommandierender der katholischen Liga) und dem kaiserlichen Heerführer Wallenstein besetzt und unterworfen.

[2] Über die Polizeiordnungen des Fürstentums Lüneburg lies unter dem gleichen Titel den Aufsatz in: PETER KOCK, Disziplinierung durch Gesetzgebung. Die Polizeiordnungen des Fürstentums Lüneburg im 16. und 17. Jahrhundert. Schriftliche Hausarbeit im Rahmen der Ersten Staatsprüfung für die Lehrämter für die Sekundarstufe II und Sekundarstufe I, dem Staatlichen Prüfungsamt für Erste Staatsprüfungen für Lehrämter an Schulen - Köln -, Köln 1996, S. 44 ff. Kock beschreibt darin ausführlich die Polizeiordnungen von 1564 und 1618.

[3] Chur-Braunschweig-Lüneburgische Landes-Ordnungen und Gesetze, Dritter Teil, Erster Band, Lüneburg 1743.

Die Behörden taten durchaus das Ihre, die Menschen im Umgang mit dem Feuer zu äußerster Achtsamkeit anzuhalten. Ausführliche Feuerschutzverordnungen mussten allen Menschen, auch den Leseunkundigen, geläufig sein. Sie wurden Jahr für Jahr aufs Neue von den Kirchenkanzeln herab den Gläubigen in Erinnerung gerufen. Und harte Strafen traf die, die nachlässig waren oder dagegen verstießen. Wer aus Unbedachtsamkeit ein Feuer verursachte, konnte sogar des Landes verwiesen werden. Eine dieser Verordnungen stammt vom 10. Oktober 1646. Ihr Erlass im Namen Herzogs Friedrich von Braunschweig-Lüneburg steht im Zusammenhang mit der großen Feuersbrunst von Uelzen vom 20. September 1646. Die Verordnung sollte von allen „Cantzeln“ verlesen und dann öffentlich ausgehängt werden. Sie befasste sich mit der hier üblichen und gefährlichen Gewohnheit, Hanf und Flachs in den Häusern zu trocknen und mit der Handhabung ungeschützter offener Lichtquellen:

... Wie auch niemand bey Abend / oder wann es sonsten finster / mit Lampen, Köhen vnd blossen Lichtern / noch sonst ohne wol verwahrte Leuchte / in die Ställe / Scheunen / auff die Boden / oder an andere örter / da Flachs / Hanf / Heden / Stro / Hew / Holtz / Kohlen / oder dergleichen vorhanden / gehen / noch jemand sich vnterstellen soll / Taback in den Ställen / oder oben in den Häusern vnter dem Tach / oder in= vnd bey dem Bette zu trincken / ...

Die behördliche Vorschrift, neue Häuser nur noch mit Ziegeln zu decken, konnte mit fürstlichen Gnaden ausgehebelt werden, wie folgender Erlass an einen Amtsvogt aus dem Jahre 1646 ausweist:

... Weilen er nun aber vermögens nicht ist, sein Hauß mit Ziegeln decken zu laßen, so sind S.F.G.[4] *in Gnaden ...lich , daß er es unter ein Strohdach bringen möge, jedoch daß Ihr zugleich und dafürstehet, daß er es aufs beste für feuers gefahr sichere ...*

So kam es, dass noch viele Jahrzehnte lang die Häuser auf dem Lande mit Stroh gedeckt werden konnten.[5]

Unter dem 7. November 1656 wurde „nach befundener nothwendigkeit, woll erwogenen umbständen und gründlicher Vernehmung der Interessenten“ für die Residenzstadt Celle im Namen von Christian Ludwig, Herzogs zu Braunschweig und Lüneburg, eine „Brun- und Wasserordnung“ erlassen. Darin wurde insbesondere die Hilfeleistung der Brauer im Brandfall geregelt.[6]

Eine Verordnung von Christian Ludwig, Herzog zu Braunschweig und Lüneburg (Neffe und Nachfolger von Herzog Friedrich), vom 3. Juni 1659 bezieht sich – gewiss nicht ohne Grund – auf die Verordnung von 1646 und wiederholt eindringlich das Verbot, unbearbeiteten Hanf und Flachs in die Häuser zu bringen:[7]

---

[4] Seine Fürstlichen Gnaden.

[5] MANFRED OBST, Obershagen 1249-1999 – Aus der Geschichte eines niederdeutschen Hagenhufendorfes, Burgdorf 1999, S. 204.

[6] Stadtarchiv Celle 8C 2.

[7] Stadtarchiv Uelzen Fach 170 Nr. 2, zitiert in: MARIANNE ELSTER, „Feuer=Brünste und

Wiederholen demnach unser und unser Löblichen Vorfahren desfals außgelassene verschiedene Mandata und Befelche / sonderlich das nach der in Unser Stadt Ultzen entstandenen Feursbrunst in Anno 1646. den 10. Octobris publicirte Patent hiermit gnädigst / Gebieten / ordnen und befehlen darauff ernstlich und wollen / daß solchen Mandatis und Patenten ohnnachlässig nachgesetzet / kein unbearbeitetes Hanff und Flachs in die Wohnhäuser so wol in Städten / Flecken / als auff dem Lande niedergeleget / sondern in den Scheuren / oder an andere ab Örter behalten / ausserhalb den Gebäwden an offenen freyen Örten bearbeitet / geschwungen und reine gemacht / in keinen Backöfen / weniger in den Städten / Flecken noch Dörffern für den Häusern in der Breite / wodurch der Erfahrung nach zu zeiten das Unglück in der Eil auff einmahl viel Häuser ergriffen / getrucknet / und was rein gemacht und außgehechelt wird / bey hellem Tage / und nicht des Abends oder Morgens bey Licht bearbeitet / so dann das Flachs / Hampff / Heden / Hew / Strohe und andere bald angehende Sachen nicht unten in die Häuser / noch oben an die Schornstein / Rauch Cammern / oder in andere dergleichen gefährliche Örter geleget werden / wie dann auch niemand Abends und Morgens auch bey Tage mit Lampen / Kihn und blossen Lichtern an gefährliche Örter / da obgedachte materialien vorhanden / noch sonsten ohne versicherte Leuchte in die Ställe / Scheuren / auff die Bodeme und an andere Örter gehen / wie dann auch bey schwerer unnachbleiblicher Bestraffung sich niemands unterstehen soll / Tabac in den Ställen / Scheuren / Gebäwden / oder oben in den Häusern auff den Cammern und Boden / oder in und bey dem Bette zu trincken / Befehlen darauff unsern Großvoigt / Land Drosten / Oberhauptleuten / Drosten / Haupt= und Ambtleuten / allen Kriegs Officirern und Bedienten / Vogten / Schultheissen / auch Burgemeistern / Richtern und Rathmännen insgemein / über dies und vorige unsere Patente der gebühr ernstlich zuhalten / jedes Ortes gute fleissige Auffsicht zutragen / daneben an denjenigen Orten in den Städten / da beständige Feur Ordnungen verhanden / dieselben mit Fleiß observirn, da noch keine gemacht / zu unser gnädigsten ratification dieselbe zubefodern / die Contravenienten ernstlich zubestraffen / und nach befindung ihres Verbrechens umb Bestraffung an Leib und Ehr anhero einzuschicken / Wie sie dann auch den Ziegeunern und andern Herrnlosen Gesinde / wodurch zu zeiten Mordtbrand und von theils aus ihren Gottlosen ruchlosen Leben Feursbrunsten entstehen / vermüge unser Fürstl. Policey Ordnung keinen Paß noch Auffenthalt verstatten / sondern dieselben jedes Ortes / da sie in unsern Landen ankommen / so forth wieder zurück gewiesen / und diejenigen / so bereits von solchen Gesindlein darin verhanden / hinaus gewiesen werden sollen / Wornach sich männiglich zuachten / und für schwere Verantwortung und Ungelegenheit zuhüten / Uhrkundlich unter unserm Handzeichen und vorgetrucktem Fürstl. Cantzley Secret. Geben auff unser Residenz Zell / den 3. Junij Anno 1659.

[Siegel und Unterschrift:] *Christian Ludwig mp*[8]

Das Bedürfnis, in dem durch den Dreißigjährigen Krieg und die in Folge aufge-

---

Brand=Schade bey Zeiten abzuwenden.“, Aufsatz in: Heimatkalender für Stadt und Kreis Uelzen 2006, S. 72.

8 Diese Abkürzung bedeutet „manu propria“, das heißt, der Herzog hat eigenhändig unterschrieben.

tretener Seuchen schrecklich heruntergekommenen und verarmten Lande die Ordnung wiederherzustellen, und, was uns hier namentlich interessiert, auch gegen das Überhandnehmen der Feuersbrünste einzuschreiten, veranlasste die Machthaber in den verschiedenen Landesteilen zum Erlass von Polizei- und Feuerordnungen. So erschien die Allgemeine Verordnung des Herzogs Georg Wilhelm vom 23. Dezember 1678 wegen der Feuerstellen, das Regierungsausschreiben de dato Zelle (Celle) 20. März 1685 und das Edikt vom 22. Juni 1687 gegen das Moor- und Heidebrennen.

Die Allgemeine Verordnung vom 23. Dezember 1678 sprach die Hofeigner an, die bereits Schornsteine in ihren Häusern hatten. Sie mussten dreimal jährlich den Schornsteinfeger auf ihre Dächer lassen und ihm für seine Tätigkeit jedesmal 4 Mariengroschen bezahlen. Den Amtmännern war aufgegeben, diese Maßnahmen gewissenhaft zu überwachen. 1702 wurde dem Landesschornsteinfeger Gottfried Cordes eine zweimalige Kaminreinigung pro Jahr anbefohlen, im August und um Ostern herum. Niemand im Lande durfte die kräftigen Männer, die Cordes losschickte, abweisen oder bei ihrer Arbeit behindern. Das aber ist oft genug versucht worden, denn viele Hauseigner sahen den Sinn nicht ein und hielten die Reinigungsgebühr für eine unnütze Abgabe.

Darstellung einer mittelalterlichen Löschaktion, aus: Nickel, Hartmut: Schadenfeuer und deren Bekämpfung vom Mittelalter bis zur Mitte des 19. Jahrhunderts, in: Biegel, Gerd (Hrsg.): Kampf gegen Feuer, Zur Geschichte der Berufsfeuerwehr Braunschweig, Veröffentlichungen des Braunschweiger Landesmuseums Band 95, Braunschweig 2000, S. 30.

Das Dorf Ahnsbeck wurde im Frühjahr 1688 durch Feuer schwer in Mitleidenschaft gezogen. Dieses Unglück nahm man zum Anlass, sich im Kirchspiel eine Art Notstandsgesetz zu geben, da staatlicherseits keine Hilfen vorgesehen waren und Versicherungen erst um die Mitte des 18. Jahrhunderts abgeschlossen werden konnten.[9] Die Hauswirte einigten sich schnell und beschlossen unter anderem, in jedem Dorf zwei Feuerleitern, zwei Feuerhaken und Ledereimer anzuschaffen. Jeder Hauswirt hatte an jeden Abgebrannten 6 Groschen zu zahlen, ein Brot und Dachstroh zur Verfügung zu stellen und leistete zusätzlich je einen Tag Hand- und Spanndienst. Die Geldspende sammelte der Bauermeister ein und zahlte die Gesamtsumme an die Amtsvogtei. Diese wiederum leitete die Spende anteilig gegen Kaution bei Baubeginn an die Geschädigten weiter. Die

[9] Nds. HptStA Hann. 74 Celle Nr. 49 Foto 2.

Unterstützung erhielt nur derjenige, welcher ohne eigenes Verschulden Feuerschaden erlitten hatte. An den Hilfen für Abgebrannte beteiligte sich auch die Kirche über Kollekten und trug mit dazu bei, die größte Not lindern zu helfen.[10]

Das Hausbuch der Amtsvogtei Beedenbostel hielt das Abkommen in seinem Anhang fest und schuf auf diese Weise rechtsverbindlichen Charakter:

Brüderschafft Kirchspielß ~~Esche~~ Beidenbostell

wegen etwa erlittenen Feüerschaden, welchen doch Gott gnädig verhüten wolle, gestifftet im kirchspiel Beedenbostel sonnabenst vor Ostern im jahre nach Christi Geburt 1688 c.

Demnach wegen jüngst entstandener Feüerßbrunst zu Ahnsbeck man sorge empfunden, wie, wen der liebe Gott mit der gleichen straffen diß Kirchspiel ferner nach verdienen ansehen solte, man dehnen abgebranten nach dem willen der Fürstlichen policeiordnung Cap: 14 man unter die armen greiffen könte, Also hat heüte dato die gesambte haußwirte auff fürstl. ambtsvoigtey gefodert woselbst dieselbe über solchen fal sich einmütig verglichen undt beschloßen.

1.) wil ein jeder Dorff an seinem ohrt ihme 2 feuer leitern undt 2 feuer hacken, wozu ihnen doch daß holtz gegeben werden soll nebst einigen ledernen eimer schaffen;

2.) wil ein jeder Haußwirdt schüldig sein dem abgebranten, wen er wieder uff bauet zu geben und zu leisten, wenn nemlich 1 oder 2 abgebrand einem jeden

6 gl
1 brodt
10 schöffe Dackstroh
1 tag mit d. handt undt eine Fuhr mit dem span jedoch daß 2 zusammen spannen, undt sol das geldt vom bauermeister jedeß Dorfffß gesammelt undt auff die Ambts Voigtey geliefert und dem abgebranten nicht eh alß wenn er bauet undt gegen genuchsahme Caution daß er den bau volführen wolle gereichet werden.

3.) sollen keine alß nur diejenigen, welche durch daß feuer ihre heuser verliehren, undt nicht die durch mutwillen, faulheit, und sauffen u. nachleßigkeit um ihre heuser kommen, solches zu genießen haben.

4.) solte auch, welcheß Gott genädig abwenden wolle, ein gantzes Dorff im brandt gerahten, undt abbrennen, hat zwar dasselbe undt dehnen einwohner dieseß gestifftet, es sich zu getrösten, jedoch so, daß einem jeden abgebranten Haußwirte nicht so viel alß oben specificirte gereichet werde, sondern nur dem gantzen Dorffe insgemein ... bleibet einem jeden mitgliede dieser brüderschafft frei, waß er auß Christlicher liebe undt nach vermögen über das obige Contingent dehnen abgebranten zuwenden wolle,

Zur urkunde deßen ist dieseß in das Saal- od. Hauß-buch d. Ambtß Voigtey notiret undt jedem Dorff unter meiner Handt undt der geschworenen unterschrifft ein exemplar hievon zu handen gestanden.

Beedenbostel d. sonnabendt vor Ostern 1688.

---

[10] Nds. HptStA Hann. 74 Celle Fach 7.

Alle oben beschriebenen Verordnungen und Maßnahmen galten allein der Vorbeugung und Feuerverhütung. So wichtig das auch war, so fragt man sich doch, was wohl geschah, wenn trotz allem ein Feuer ausbrach. In dem durch den Dreißigjährigen Krieg ausgesogenen Lande fehlte es vielfach an den nötigen Mitteln, um das Feuerlöschmaterial zu vermehren und zu verbessern. Diesem Übelstande allmähliche Abhilfe zu schaffen, erließ Herzog Georg Wilhelm am 19. November 1695 ein Edikt, wonach jeder Voll- und Halbhöfner, wenn er heiratete, bevor er getraut wurde, 6 und jeder Kötner 3 Mariengroschen erlegen musste. Aus diesen Mitteln sollte ein Fonds gebildet werden, aus dem Feuerleitern usw. angeschafft werden sollten. In der, „auff Unser Residentz Zelle“ gegebenen Verordnung wurde den Räten, Oberhauptleuten, Drosten, Beamten, Gerichtsherren, Predigern „und insgesambt allen Unsern Unterthanen“ befohlen, dass „... hinfüro ein jeder voll- oder Halb-Hoffner / so heyrahtet / ehe und bevor er getrauet wird / 6. Mgr. / ein Köther oder Brincksitzer aber 3. Mgr. zu dem Behueff erlegen / auch die Prediger die Copulation nicht ehender verrichten sollen / biß solche Gelder an ihnen ausgezahlet / welche dann dieselbe von ihnen anzunehmen / ...“[11]

Geheimrat Gerlach Adolph von Münchhausen in Hannover fragte am 6. Juli 1764 in einer Rundverfügung an die Ämter und Amtsvogteien im Fürstentum Lüneburg, ob das Edikt von 1695 „bey dasigem Amte in Observantz [Bestandteil des Gewohnheitsrechts] sey“.[12]

Das Edikt war bereits 69 Jahre alt, verständlich also, dass die Vorschrift nicht mehr allerorts berücksichtigt wurde, wie der entsprechende Bericht aus Burgdorf an die Königliche Regierung vom 2. Oktober 1764 ausweist:

Ew Excellentzen hochsten Anschreiben vom 6 Jul. in untertheniger Folge melden wir daß in den Kirchspiehlen Burgdorff Steinwedel Obbershagen und Horst woraus dieses Ambt bestehet, keine Spuhr sich findet daß die Verordnung vom 19 Nov 1695 wegen Anschaffung auf den Dörfern erforderl. Feuer-Geräthschaften jemahls sei bekand gemacht worden oder vermög. derselben von dem Ambts Unterthan so heurathet von dem Prediger zu dem Behuef etwas erfodert noch eingehoben sei

Viel mehr sind die Feuergeräthschafften jeden Dorffs wie sie in Abgang gekommen hin wieder aus gemeinen Umlagen erneuert und ist keine casse davon vorhanden. (...)

Das Edikt stellt für die meisten Dörfer unserer Heimat eine der frühesten Spuren örtlicher Brandbekämpfung beziehungsweise -verhütung dar. Hier erfahren wir konkret von dem Umgang mit den Geldern, die extra für Feuerlöschgerät einkassiert wurden.

Beispielsweise zahlten aus Beedenbostel im Jahre 1726 Hinrich Brokelmann

[11] Nds. HptStA Hann. 74 Burgdorf I Nr. 1583.

[12] Abgebildet bei: MATTHIAS BLAZEK, Das Löschwesen im Bereich des ehemaligen Fürstentums Lüneburg von den Anfängen bis 1900, Adelheidsdorf 2006, S. 62.

drei, 1727 Hans Hinrich Biermann ebenfalls drei und 1728 erneut Hinrich Brokelmann und Christopher Misselhorn jeweils drei Mariengroschen „zu den Feuer Instrumenten“. Hier folgt eine vollständige Liste aus dem Amt Beedenbostel:[13]

Aufgenommen	***Geld zu den Feuer Instrumenten***	*Thlr.*	*mgl.*	*d.*
ao. 1726. von	*Johann Wegener Viehhirten zu Höfer*	—	*3*	—
	Andres Ernst Martens zu Jarnsen	—	*3*	—
	Wilhelm Salgen zu Ahnsbeck	—	*6*	—
	Jürgen Hinrich Fröling Schulmeister zu Scharnhorst	—	*3*	—
	Andreas Preer zu Ahnsbeck	—	*3*	—
	Christoff Bunkenburg zu Ahnsbeck	—	*3*	—
	Johann Ernst Meier zu Ahnsbeck	—	*3*	—
	Ernst Hirsch zu Lachendorff	—	*3*	—
	Johann Hinrich Barß zu Gokenholtz	—	*6*	—
	Hinrich Brokelmann zu Beydenbostell	—	*3*	—
ao. 1727. von	*Dieterich Tölcken zu Alvern*	—	*6*	—
	Jürgen Hinrich Hagemann zu Behren	—	*3*	—
	Carsten Kinemann zu Ohe	—	*3*	—
	Hanß Hinrich Biermann zu Beydenbostell	—	*3*	—
ao. 1728. von	*Ernst Christoff Rodewald Müller zu Hohnhorst*	—	*3*	—
	Peter Marten zu Gokenholtz	—	*3*	—
	Johann Castern zu Dalle	—	*6*	—
	Hinrich Ernst Schwegermann zu Grepshorn	—	*6*	—
	Hinrich Meier zu Lachendorff	—	*3*	—
	Hinrich Brokelmann zu Beydenbostell	—	*3*	—
	Johann Wegener zu Höfer	—	*3*	—
	Johann Hinrich Bock zu Oppershausen	—	*6*	—
	Johann Hinrich Mißelhorn zu Jarnsen	—	*6*	—
	Lüdeke Lüchau zu Ahnsbeck	—	*3*	—
	Gabriel Salgen zu Lachendorff	—	*6*	—
	Christoffer Mißelhorn zu Beydenbostell	—	*3*	—
	Jürgen Preer zu Ahnsbeck	—	*3*	—
	Johann Hinrich Drangmeister zu Wolenrode	—	*3*	—
	Carsten Bühring zu Höfer	—	*6*	—
ao. 1729. von	*Helmke Grauen zu Luttern*	—	*3*	—
	Jürgen Hinrich Heine zu Eldingen	—	*3*	—
	Hanß Kuhls zu Spechtshorn	—	*3*	—
	Andreas Preer zu Ahnsbeck	—	*3*	—
Beydenbostell d. 5. Octob. 1729.	*Summa*	*3*	*18*	—

Christoff Ludowig Jahnß.

Beedenbostel wurde vom damaligen Pastor „Beydenbostell“ geschrieben. Christoph Ludwig Jahns, vormals Pastor in Eschede, war von 1709 bis 1729 Pastor zu Beedenbostel. Nachher war er Seelsorger in Wunstorf.

---

[13] Nds. HptStA Hann. 74 Celle Nr. 1269.

In den „Hannoverischen Anzeigen“ vom 5. Juli 1765 wurde eine Bekanntmachung der Calenbergischen Brandassekurationskasse abgedruckt: „Vom 1ten Febr. 1764 bis den 31ten Jan. 1765 sind aus hiesiger Landrenterey folgende Summen, zu Vergütung der geschehenen Brandschaden, vorgeschossen worden, als (...) in der Amtsvoigtey Beedenbostel, N. 2. das Voigthaus 200,- thlr. (...)“

Insgesamt waren 17 Ortschaften genannt, von denen Deilmissen im Amt Lauenstein mit elf betroffenen Wohnhäusern nebst sieben Nebengebäuden (Vergütung von 1350,- Talern) am schlimmsten betroffen gewesen war.

Das Amt Beedenbostel stattete der Königlichen Kammer unter dem 14. Dezember 1774 Bericht über das Vorhandensein von Feuerspritzen in der Amtsvogtei ab. Der Bericht gab vermutlich den Ausschlag, dass für die Anschaffung einer Feuerspritze das nötige Geld bewilligt wurde. Die schließlich für das Amt Beedenbostel für 350 Taler von dem Drechsler Dantzer bezogene Feuerspritze war regelmäßig von den „Spritzengeleitsleuten“ zu überprüfen, einzuschmieren und instand zu halten.[14]

P. P.

Bei der hiesigen Amtsvoigtei sind gar keine Feuer Sprützen vorhanden. In Ansehung der vielen herrschaftl. Gebäude, und wegen der vielen Feuersbrünste, die sich schon wärend unsers Hierseins auch vielfältig vorher ereignet, stünde es sehr zu wünschen, daß dergleichen Sprützen angeschaffet würden. Wir haben die Untertanen zwar verschiedentlich dazu zu vermögen gesucht; Allein der Mangel an Gelde und die nahrlosen Zeiten haben ihren besten Willen wiederstrebet.

Bei hiesiger Amtsvoigtei sind weiter keine herrschaftliche Feuer Gerätschaften als die wenigen auf der Anlage verzeichnete alte wandelbare Feuer Leitern, Feuerhake und ein lederner Feuer Eimer vorhanden.

Es sollen zwar nach Maasgabe des dem Korn Register angehängten Inventarii außerdem noch 2 Waßer=Kümpe auf Schlitten 1 Leiter, 3 Haken und 11. lederne Eimer im Jar 1725. auf Kosten der Herrschaft angeschaft sein; Allein uns ist bei unsern Anteil dergleichen nicht geliefert noch davon das geringste vorrätig gegenwärtig. Die Feuer Anstalten ab Seiten der Herrschaft sind allhier daher nicht in den erwünschten Zustande und müßen ehrerbietigst anheimstellen: ob Ewl. p. zur Sicherheit der herrschaftl. Gebäude nicht hochgeneigtest geruhen mögten für die hiesige Amtsvoigtei die Kosten behuf Anschaffung einer Sprütze, 2 neuer Waßerkümpe, 11 neuer lederner Waßer Eimer,

2 neuer Feuer Leitern und 2. Feuer Hakens zu verwilligen, zumalen da nach Maasgabe unsers unterm 18ten Dec: 1770. erstattenen Berichts die Feuer Anstalten der Untertanen nicht in vollenkommenen guten Stande sind, und nur allein das Dorf Beedenbostel sich auf unsere vielfältiges Anmanen nach der Zeit 10 neue lederne Wasser Eimer angeschaffet.

Von den Kosten, die behuf Anschaffung vorbemeldeter Feuer Geräte erforderlich sein mögten schließen wir anliegenden Anschlag an.

---

[14] Nds. HptStA Hann. 74 Celle Nr. 1270/1.

Dieses ist was wir auf Ewl. p. unterm 29ten Nov. d. J. erlaßenen und allererst am 9ten d. M. alhier eingegangenen Ausschreiben zu berichten ohnermangeln sollen die vollenkommenste Ehrerbietigkeit ist darin wir sind

Ewl. p.

Anschlag

der behuf Anschaffung nachfolgender Feuer=Gerätschaften erforderlichen Kosten

1. *eine Feuer Sprütze mittelmäßiger Größe wie solche von dem Kupferschmidt Bötticher in Celle verfertiget werden 150 bis – 180 rth.*
2. *Zweene Waßer Cümpe auf Schlitten mit Eisen beschlagen undvermahlet nebst 2 Schwengeln jedes 10 rt – – – 20 rth.*
3. *2 Feuer Leitern unten mit Eisen beschlagen und in der Mitte mit Sperr=Ricke versehen à 3 rth – – – – – 6 rth.*
4. *Zwei Feuerhaken à 1 rt 12 gl – – 2 rth. 24 gl*
5. *~~Eilf~~ 12 lederne Eimer à 30 gl – – – 9 rth. 6 gl*

Summa 217 rth. 30 gl

Vermöge Königl: Cammer Rescript d. d. 29t Nov. 74 sind verwilliget:
ad 2 20
ad 3 6
ad 4 2 : 24 gl
und ad 5 statt Eilf Eimer, zwölf,
das Stück zu 30 mgl: 10 :
Sma 38 rth 24 gl
in den nächsten 2 Jahren nicht, in der folge aber bey dem Drechseler Dantzer eine Feuer Sprütze zu 350 rth ...

3 Eiserne Bander à 1 rt 12 gl	*4 rth*	
4 Clammer u 2 Haken à Stck 3 gl.		*18 "*
1 Eichen Schlitten benebst Schwengel	*1 rth*	*18 "*
Ciemann für das Kuben	*3 rth*	*18 "*
anzumalen		*18 "*
=	*10*	

Ein undatiertes Verzeichnis der Amtsvogtei Beedenbostel „der bei jeder Dorfschaft vorhandenen und noch anzuschaffenden ledernen Feuereimer, auch der solcherhalb zu verwendenden Kosten“ gibt Auskunft über 33 Ortschaften. Sie sind in alphabetischer Folge untereinander aufgeführt.

Ahnsbeck hatte in dem Verzeichnis die größte Anzahl von Feuerstellen (Haushalten), nämlich 48, es folgte das Dorf Beedenbostel mit 36 Feuerstellen; die übrigen Dörfer hatten weit weniger Haushalte. In Beedenbostel, in der Liste an dritter Stelle aufgeführt, waren 18 Feuereimer vorrätig und somit 18 weitere anzuschaffen. Man rechnete dabei mit einem Kostenaufwand von 24 Reichstalern und wollte die Anschaffung auf die Jahre 1783 und 1784 verteilen. An dreizehnter Stelle war das Dorf Luttern aufgeführt. Hier waren nur drei Feuereimer bei sieben Feuerstellen vorhanden und somit vier weitere anzuschaffen. In Jarnsen waren bei sieben Feuerstellen vier Feuereimer vorhanden und somit drei weitere anzuschaffen. Die Anschaffung der fehlenden Eimer für Luttern und für Jarnsen sollte 1783 erfolgen. Lachendorf (25 Feuerstellen), an zwölfter Stelle aufgelistet, hatte auffällig wenig Feuereimer, nämlich sechs. Die fehlenden 19 Eimer sollten in den Jahren 1783, 1784 und 1785 beschafft werden. Kostenpunkt: 25 Reichstaler 12 Mariengroschen.[15]

Laut Rundschreiben des Geheimrats Detlef Alexander v. Wenckstern von der Landesregierung in Hannover vom 19. Dezember 1783, welches unter anderem an die Amtsvogtei Beedenbostel gerichtet wurde, war der dortige Hofbauschreiber Johann Georg Schachtrupp angewiesen worden, dem Amt- und Hofkornschreiber Bütemeister in Celle 24 lederne Feuereimer zu je 1 1/6 Reichstaler Kassengeld für das Amt Beedenbostel zuzuschicken. „Uebrigens sind die Eimer selbst in dem Inventario der Herrschaftlichen Feuer-Geräthschaften aufzuführen, und für die bestmöglichste Conservation derselben dadurch pflichtmäßig zu sorgen daß selbige an einem luftigen Orte aufgehänget, und nach deren jedesmaligem Gebrauch wiederum mit Thran eingeschmieret werden."

Die für das Amt Beedenbostel für 350 Taler von dem Drechsler Dantzer bezogene Feuerspritze war regelmäßig von den „Spritzengeleitsleuten" zu überprüfen, einzuschmieren und instandzuhalten. Die „Rechnung was behuef Probir und Einschmierung der herrschafftlichen Feuer Sprüzze verwandt worden" für das Rechnungsjahr 1. Mai 1789/1. Mai 1790 vom 14. August 1790 weist eine Ausgabensumme von 12 Talern 6 Mariengroschen aus. Davon entfielen zwei Reichstaler 12 Mariengroschen auf den ersten Spritzengeleitsmann Horstmann „für Schmiere die herrschafftl. Sprüzze damit einzuschmieren". Sechs Mariengroschen hatte Horstmann für eine Reparatur erhalten, den vier Spritzengeleitsleuten wurden zwei Reichstaler 24 Mariengroschen für das Ausprobieren, Reinigen und Einschmieren der Spritze ausgezahlt, beim Einsatz der Spritze bei einem Brand am 27. und 28. April 1790 in Ummern sowie „für die Fettzuthaten in allen" entstanden Kosten in Höhe von fünf Talern, und Casten Heinrich Brockelmann wurden nachträglich noch zwei Taler ausgezahlt.[16]

In Wittingen brach am 12. April 1792 um 20 Uhr in einem Haus am Markt eine Feuersbrunst aus, die sich trotz fast unmerklichem Nordostwind so schnell ausbreitete, dass 66 Wohnhäuser, ohne Nebengebäude, innerhalb einer Stunde abbrannten. Die meisten Einwohner waren bereits entkleidet und retteten nichts als was sie am Leibe hatten. Viele wurden von den Flammen verletzt, zwei Frauen und auch verschiedenes Vieh kamen um. 387 Notleidende einschließlich Kindern und Mietsleuten waren vorhanden, wie Pastor E. H. Küker in den

[15] Ebenda. Die Berechnung ist nicht schwer: 36 Mariengroschen ergaben einen Reichstaler. Ein Eimer kostete einen Reichstaler (Rthlr) 12 Mariengroschen (mgl). 18 Eimer kosteten also runde 24 Reichstaler. Vgl. MATTHIAS BLAZEK, „Heiratswillige zahlten in die ‚Feuergerätschaftskasse' / Geldmittel für Anschaffung der nötigen Löschgeräte", Sachsenspiegel 25, Cellesche Zeitung vom 24.06.2000.

[16] Der Brand in Ummern am 27. April 1790 hatte noch ein kleines Nachspiel. Hierzu lies ausführlich: Cellesche Zeitung vom 19.08.1959.

„Hannoverischen Anzeigen“ vom 27. April des Jahres mitteilte. 20 Reichstaler 16 Gutegroschen wurden beispielsweise aus den Kirchspielen Beedenbostel, Eldingen und Hohne gespendet („Hannoverische Anzeigen“ vom 27. Juli 1792).

Als allerdings im Jahre 1795 das Dorf Rade bei Wittingen zum größten Teil abbrannte, weigerte sich die Amtsvogtei Beedenbostel, zum Wiederaufbau mit Bauholz beizutragen, da im Mai des Jahres dort Einquartierung lag.[17]

Folgendes Protokoll vom 23. Juli 1806 befasste sich vorrangig mit der Pflege und Wartung der herrschaftlichen Spritze und ging als Abschrift Hausvogt Brenneke und den Spritzengeleitsmännern zu.

Actum Beedenbostel den 23ten July 1806.

Als bis dahin die Sprützengeleitsleute, in Ansehung der jährlichen Reparations= rechnungen in Diferenz gerathen und überhaupt einige Uneinigkeiten unter dieselben entstanden, so wurde heute für die Zukunft folgendes Regulativ festgesetzt:

1. *Sämtliche Sprützen=Geleitsleute haben gleiche Rechte und Befugnisse in Ansehung ihres Dienstes, jedoch dergestalt daß beym Gebrauch der Sprütze, jeder den ihn angewiesenen Platz einnimmt, und auf diesem besonders seine Pflichten beobachtet.*
2. *Die Sprütze wird nach jedem Gebrauche von sämtlichen Geleitsleute auf einen unter sich auszumachenden dem Amte anzuzeigenden Tag untersucht und eingeschmiert, außerdem aber geschieht diese Untersuchung und wenn es nöthig befunden wird auch die Einschmierung jährlich 2 mal, nemlich 8 Tage vor Ostern und 8 Tage vor Michaelis.*
3. *Das Materiale zum Einschmieren wird aus Celle von einem bekannten Kaufmann gegen specificirte quitirte Rechnung angeschaft, zuerst von Horstmann, dann von Heuer, und so ferner von Martens und Meyer besorgt und zubereitet und hiernächst wie schon bemerkt worden die Untersuchung und Einschmierung gemeinschaftlich vorgenommen.*
4. *Die Aufsicht bey diesem Geschäft führt der Hausvoigt Brenneke der auch die deshalb angestellete von sämtlichen Geleitsleuten zu unterschreibende Rechnung attestiret.*
5. *Alle übrigen Reparaturen und Arbeiten werden vorher dem Amte angezeigt und auf dessen Verfügung gemacht oder paßiren nicht in der Rechnung*
6. *Für das Untersuchen der Sprütze werden jedem Geleitsmann 12 g ist aber das Einschmieren damit verbunden 18 g zu rechnen verstattet.*

Vorgelesen hatten die Sprützen Geleitsleute gegen dieses Regulativ nichts zu errinnern, wußten dennselben auch nichts zweckdienliches hinzuzufügen.

Vom 24. September 1820 datiert folgendes „Unterthänigstes Pro Memoria!“, das von Hausvogt Puchell in Beedenbostel an das Königlich Großbritannisch-

---

[17] Samtgemeindearchiv Lachendorf L2 Nr. 96. Vgl. ADOLF MEYER, „Landfolgedienste waren eine arge Last – Gutsherr von der Wense schafft Erleichterung“, Sachsenspiegel 10, Cellesche Zeitung vom 10. März 2001.

Hannoversche Amt daselbst gerichtet wurde: „Nach Absterben der Spritzen-Geleits-Männer Heuer und Horstmann, haben deren Söhne, die hiesigen Einwohner: Schmidt Wilhelm Heuer, und Tischler Johann Heinrich Horstmann, die Stellen ihrer Väter versehen, ohne als solche beeidiget gewesen zu seyn, indem ich solches ehrerbietig zur Anzeige bringe, und pflichtmäßig dafür halte, daß es päßliche Subjecte sind, bitte ich um deren Beeidigung unterthänig, und habe sie zu dem Ende auf Mittewochen den 27 Septb: vor Königl. Amtsstube bestellet."

Durch die Einrichtung der Landdrosteien – der späteren, bis 2004 existent gewesenen Bezirksregierungen – im Jahre 1823, welchen die Feuer- und Baupolizei in den Städten unterstellt wurde, wurden Behörden geschaffen, welche wohl geeignet waren, das Feuerlöschwesen für ihren Bezirk sachgemäß und einheitlich zu regeln. Die zahlreichen Verordnungen und Ausschreiben dieser Behörden im Interesse der Baupolizei und des Feuerlöschwesens legen Zeugnis dafür ab, dass sie ihre Aufgabe nicht gering achteten. Es wurden die alten Polizeiverordnungen, soweit sie noch anwendbar waren, eingeschärft und neue erlassen, wo die alten hinfällig geworden waren.[18]

Feuereimer von H. F. Hoppe in Sandlingen. Foto: Blazek

Ein „Verzeichniß der in den einzelnen Ortschaften vorhandenen Feuer-Löschungs-Geräthschaften" der Hausvogtei Beedenbostel datiert vom August 1823. In Beedenbostel waren zwei Feuerleitern, fünf Feuerhaken und 34 Feuereimer vorhanden. Dazu das Feld „Bemerkungen": „Die Eimer sind beym Geschwornen aufbewahrt." In Luttern waren 3 Feuerleitern, 3 Feuerhaken und 7 Feuereimer vorhanden. Bemerkt wurde dahinter: „Beym Geschwornen in Verwahrung." In Jarnsen waren jetzt 4 Feuerleitern, 2 Feuerhaken und 4 Feuereimer vorhanden. Ahnsbeck hatte mit Abstand die meisten Feuereimer (49), aber fast alle Ortschaften hatten mehr Feuerleitern. Von allen 17 Ortschaften hatte Gockenholz die meisten Feuerleitern und Feuerhaken. Damit war jeder der dortigen Höfe gut ausgerüstet, und jeder Einwohner verwahrte seinen Eimer, seine Leiter und seinen Feuerhaken selbst.

In einem weiteren „Verzeichniß von den Beyträgen heyrathender Personen zu Anschaffung erforderlicher Feuerlöschungs-Geräthschaften", welches im September 1823 begonnen wurde, tauchen aus Beedenbostel der Häusling Johann Michael Krüger (2 Gutegroschen 3 Pfennige), der Vollmeier Casten Heinrich Knoop (4 Gutegroschen 5 Pfennige) und der Häusling Casten Heinrich Hermanns (2 Gutegroschen 3 Pfennige) auf.[19]

[18] Vgl. MATTHIAS BLAZEK, Von der Landdrostey zur Bezirksregierung – Die Geschichte der Bezirksregierung Hannover im Spiegel der Verwaltungsreformen, Stuttgart 2004.
[19] Nds. HptStA Hann. 74 Celle Nr. 1269.

Missstände bei der Brandbekämpfung in den Flecken und auf dem platten Lande veranlassten Landdrost Burchard von der Decken in Lüneburg, am 28. März 1826 in neun Paragraphen eine klare Einteilung der Mannschaften anzuordnen:

§. 1.

Das Hülfspersonal bei Feuerlöschungen zerfällt:

1) in die Sprützen=Leute, an den Orten, wo sich Feuersprützen befinden;
2) in die Hülfsleute; und
3) in die Berger der Effecten.

Rechtsvorschrift für den Brandschutz im Landkreis Celle wurde die unterm 6. August 1830 von der Landdrostei Lüneburg erlassene Feuerordnung für die Flecken und das platte Land des Landdrostei-Distrikts Lüneburg, in welcher zeitgemäße Vorschriften gegeben und alle männlichen Ortseinwohner vom 16. bis 60. Lebensjahr als verpflichtet zum Feuerlöschdienste bezeichnet waren. Ausgenommen waren jedoch außer den durch das Feuer direkt Bedrohten, die Geistlichkeit, die Schullehrer, Ärzte, Wundärzte und Offizianten, ein Zugeständnis, welches nicht verfehlen konnte, auf das Feuerlöschwesen niederdrückend einzuwirken. Auf dem Lande war dadurch die Intelligenz meist ganz davon ausgeschlossen. In dieser Feuerordnung ist zuerst das Tragen von Abzeichen angeordnet. Die Spritzenmeister trugen eine weiße Binde um den rechten Arm, Hilfsleute und Berger des Hab und Guts eine solche Binde um den linken Arm, deren Anführer eine weiße Binde um den Hut.

Auch war die nachbarliche Löschhilfe in der Art geordnet, dass sie erfolgen musste, wenn die Entfernung nicht über eine Meile betrug. Die Dienstmädchen waren verpflichtet, Wasser herbei zu tragen. Für den Transport der Spritzen war ein Reihedienst angeordnet. Die zur Bedienung der Spritzen erforderliche Mannschaft wurde von der Obrigkeit bestellt. Die Leitung der Feuerlöschung übernahm der Offiziant, welcher die Polizeigewalt über die Brandstätte handhabte, bis der ihm vorgesetzte Amtsunterbediente eintraf, dieser wiederum, bis eine obrigkeitliche Person anlangte. Die Zurückschaffung auswärtiger Spritzen erfolgte im Landfolgedienst.

Die Feuergeschworenen erhielten einen umfassenden Aufgabenkatalog. Wenigstens viermal im Jahr sollten sie in ihren Bezirken in Gegenwart der Ortsvorsteher unerwartete Visitationen durchführen. Namen von Gemeinden oder Hauswirten, deren Gerätschaften in einem mangelhaften Zustand angetroffen wurden, waren der Obrigkeit anzuzeigen. Mindestens einmal im Jahr hatten sie sämtliche Küchen, Feuerherde, Öfen, Schornsteine, Rauchkammern, Backöfen, Aschenbehälter, Schmieden, Brennereien, Brauereien und alle sonstigen Feuerstätten ihres Bezirks genau zu untersuchen. Auch hier war „jede wahrgenommene Spur des unvorsichtigen Umgehens mit Feuer oder Licht ungesäumt zur Kenntniß der Obrigkeit zu bringen.“[20]

[20] Die Instruktion für die Feuergeschworenen ist komplett abgedruckt in: HEINRICH HEINECKE/GÜNTER WITZEL, Schillerslage – Chronik eines Lüneburger Dorfes, bearb. v. MATTHIAS BLAZEK, Burgdorf 2005, S. 167 ff.

Der Hausvogt erstattete dem Königlichen Großbritannisch-Hannoverschen Amt Beedenbostel unter dem 3. Januar 1831 Bericht „betr. die zu Feuer-Geschwornen und Bergern der Effecten vorgeschlagenen Personen".

„A. zu Feuergeschwornen.

die sämmtlichen Geschwornen, und ausserdem zu

Beedenbostel	den Köthner Christian Habighorst
Lachendorf	" Vollmeier Johann Jürgen Thies
	" Köthner Johann Heinrich Dralle

(...)"

Ein daraufhin erstelltes „Verzeichniß des in Gemäßheit der Feuer-Ordnung vom 6. August 1830 auf den Dörfern angestellten Personals." der „Hausvoigtei Beedenbostel" nannte dann eingangs unter Beedenbostel folgenden Personenkreis:[21]

Beedenbostel

Feuergeschworner	*Köthner Christian Habighorst*
Berger der Effecten	*Köthner Hauenschildt* *Brinksitzer Hans Heinrich Fehler* *Anbauer Johann Peter Müller*
Patrouillen	*Vollmeier Johann Heinr. Knoop* *Geschworner Johann Heinr. Laue*

Sprützenleute

Sprüttzenmeister	*Tischler Horstmann*
Rohrführer	*Schmidt Heuer mit Hülfe seines ältesten Sohnes* *Köthner Martens + Fricke*
Bindemeister	*Kirchenjurat Meyer*

Drücker bei der Sprütze

1. Friedrich Meyer, 2. Christoph Meyer, 3. Christoph Laue, 4. Johann Hienr. Müller, 5. Hans Heinr. Heese, 6. Johann Heinrich Martens, 7. Casten Heinr. Knoop, 8. Hans Heinrich Cammann, 9. Heinrich Lutterloh, 10. Jürgen Heinrich Meyer, 11. Jurgen Heinrich Brockelmann, 12. Christoph Lindmüller.

Beim Transport der Sprütze stellen Pferde

a der Krüger Brockelmann, Lüchau und Siemann

...

Aufgeführt waren hiernach die Dörfer beziehungsweise Siedlungen Lachendorf, Ahnsbeck, Helmerkamp, Bunkenburg, Jarnsen, Luttern, Höfer, Ohe, Alvern, Gockenholz, Eldingen, Bargfeld, Metzingen, Wohlenrode und Hohnhorst.

---

[21] Nds. HptStA Hann. 74 Celle Nr. 1270/2. Auf der Seite sind Bunkenburg, Jarnsen, Luttern und Höfer präsentiert. Das Original ist abgedruckt in: MATTHIAS BLAZEK, Chronik der Freiwilligen Feuerwehr Ahnsbeck 1891-2001, Adelheidsdorf/Ahnsbeck 2001, S. 17.

Das Königliche Amt Beedenbostel wandte sich am 21. Januar 1831 an den Hausvogt der Hausvogtei Beedenbostel, Gliemann:

„Auf die Berichte vom 10. u. 20. d. M. die Ausführung der neuen Feuer Ordnung betreffend, wird folgendes erwiedert.

1) Einstweilen, ud bis die Erfahrung etwa Nachtheilige dieser Procession dargethan haben wird, wird verstattet, daß die großen, eingemauerten Kessel, statt der im § 38 vorgeschriebenen Wassertonne gelten dürfen. Sollte sich bey den Visitationen diese Verstattung unzweckmäßig zeigen; so ist weiter darüber zu berichten.

2) Insofern, wie es, dem Vernehmen nach hier bey weiten in den meisten Häusern der Fall ist, die Backöfen in den Häusern, aus einem Gewölbe von Backsteinen bestehen, hierüber auch wieder Backsteine gelegt sind, die dann mit Lehm übersetzt werden, ud sonst der Ort, wo der Backofen steht, nichts besonderes feuergefährliches hat, ist deren Beybehaltung unbedenklich. Dagegen dürfen bloß vom Lehm aufgeführte Backöfen in den Häusern durchaus nicht geduldet werden.

3) Die Wasserkufen betreffend, so müssen künftig

für	Ahnsbeck	wenigstens	3
"	Lachendorf	"	2
"	Bargfeld	"	1
"	Eldingen	"	3
"	Hohnhorst	"	1
"	Beedenbostel	"	1

gehalten werden; jedoch wird den Dorfschaften Ahnsbeck ud Eldingen verstattet, in diesem Jahre nur erst 2 die dritte aber spätestens bis zum 1 May 1832 anzuschaffen, ud wird der Termin zu Anschaffung der ersten Kufen für alle bis zum 1 May d.J. hinaus gerückt. Für Beedenbostel ist deshalb nur 1 Wasserkufe angesetzt, weil beyweilen die meisten Häuser dem Wasser so nahe liegen, daß durch eine Kette Menschen, die sich in Eimern das Wasser zureichen, solches eben so schnell als in Wasserkufen wird herbeygeschaffet werden können. Den Geschworenen von Beedenbostel, welche deshalb Vorstellungen gemacht, wolle der HausVoigt hiernach bescheiden. Sollten sich übrigens auf den vom Wasser von entferntesten liegenden Höfen (Jacobsohn, Uetzmann, Krüger, Hirtenhaus) oder in deren unmittelbarer Nähe gute, wasserreiche Brunnen befinden, was der HV untersuchen wolle; so könnte auch einstweilen von Anschaffung der bestimmten Wasserkufe für Beedenbostel abstrahirt werden.

4) An FeuerLeitern ud FeuerHaken genügen

für	Ahnsbeck	–	5 Stück
"	Beedenbostel	–	5 "
"	Lachendorf	–	4 "
"	Bargfeld	–	2 "
"	Eldingen	–	4 "
"	Hohnhorst	–	2 "

5) Für Ahnsbeck ist ein Feuerteich besonders nöthig, daher der Hausvoigt dessen Anlage nicht aus den Augen verlieren wird.

6) In Rücksicht der reitenden Bohlen, läßt man es bey der geschehenen Anordnung bewenden."

Die Anschaffung der Wasserkufen ließ in den Gemeinden Ahnsbeck und Eldingen auf sich warten. Das Königliche Amt Beedenbostel reagierte am 12. August 1831 mit einer Mitteilung an Hausvogt Gliemann: „Unter den einberichteten Umständen, wird die Dorfschaft Hohnhorst einstweilen, ud wenn nicht etwa K. Landdrostey ein anderes befehlen wird, von Anschaffung der Wasser Kufen für die Gemeine dispensirt.

Den Gemeinen Ahnsbeck ud Eldingen ist zu eröffnen: daß man sie zwar für das Mal noch von der wohlverdienten Strafe, wegen Nicht Anschaffung der Gemeine Wasser Kuffen, unter Vorbehalt der Genehmigung K. Landdrostey dispensiren wolle, sie jedoch Martini in die gesetzliche Strafe für jedes als dann noch fehlende Stück sowohl der Gemeine Wasser Kufen, als sonstigen Feuer Lösch-Geräthe ohnfehlbar nehmen müsse ud werde.

Dieses ist documentirt ad Acta zurückzugeben."

Am Montag, dem 19. August 1850, wurde Lachendorf von einer großen Feuersbrunst heimgesucht. Sechs Häuser von Hauswirten, mit ihren Nebengebäuden, gefüllt mit Roggen und Heu, wurden mit fast aller ihrer Habe bei dem heftigen Wind in wenigen Augenblicken ein Raub der Flammen. Sieben Häuslinge, die fast nichts als die Kleidung, die sie trugen, retteten, wurden mit ihren Familien von diesem Unglück betroffen. Das Feuer hatte über die strohgedeckten Dächer ziemlich schnell übergreifen können. Zum Glück wurden weder Mensch noch Tier verletzt. Dem Buchhalter der Papierfabrik gelang es, das komplette Vieh rechtzeitig aus den Ställen zu treiben. Heute weisen die Inschriften an den wieder errichteten Höfen auf das Feuer hin.

Hierzu rief Pastor Dr. Adolf Georg Ferdinand Wolckenhaar in Beedenbostel in den „Celleschen Anzeigen" vom 24. August 1850 zur baldigen Unterstützung auf. Den Hofweinhändler Wierß erklärte der Pastor als Ansprechpartner für die Empfangnahme und Übersendung jeder Gabe an ihn. So finden sich hierzu zwei Anzeigen in den Celleschen Anzeigen vom 28. August.

Die Menschen hatten ein Herz für die Abgebrannten und sammelten, sowohl in der Stadt als auch auf dem Lande. Am 31. August 1850 konnten bereits erste Eingänge vermeldet werden: „Für die Abgebrannten in Lachendorf haben wir erhalten: 1 Thlr. von N. N., 2 Thlr. von C. C. L., hierfür besten Dank sagend, sind wir gern bereit, ferner milde Gaben für dieselben in Empfang zu nehmen und für zweckmäßige Vertheilung zu sorgen, was uns bei unserer Bekanntschaft mit den Verhältnissen der Abgebrannten leicht ist. Celle, den 30. August 1850. / C. C. Lauenstein Söhne."

Am 4. September 1850 wurde in den Celleschen Anzeigen bekannt gemacht: „Für die Abgebrannten in Lachendorf sind bei mir eingegangen: Von Korbmacher K. 16 ggl, v. M. 2 rT, N. N. 2 rT, 16 ggl, Hofr. Sch. 2 rT, v. V. 1 rT, 12 ggl, N. N. 2 rT, Gebr. H. 5 rT. — Dank den gütigen Gebern! — Fernere mir anvertraut werdende Gaben werde ich sehr gern weiter besorgen. Wierß."

Interessant hierbei ist die Anonymität, die in dem Vorläufer der Celleschen Zeitung, der damals nur als Bekanntmachungs- und Annoncenblatt fungierte, an den Tag gelegt wurde. Offensichtlich waren es aber die Adeligen und Geschäftsleute, die sich hier ob ihrer Mittel hervortaten.[22]

Nachdem am 5. Januar 1860 wegen vorangegangenen Verkaufs der herrschaftlichen Spritze in Beedenbostel die Frage nach der Erfordernis des Fortbestehens der „Beedenbosteler Feuergerätschafts-Casse" gestellt worden war, wurde auf der Amtsstube zu Beedenbostel am 10. April 1860 eine Amtsversammlung anberaumt, zu der sich sämtliche Amtsvertreter einfanden. Es wurde beschlossen, „a) daß, was bisher an Beiträgen aus dem Kirchspiele Beedenbostel aufgekommen sei, denjenigen Gemeinden dieses Kirchspiels, welche gegenwärtig eine Feuerspritze angeschafft haben, b) der Rest der Casse dem Vorsteher zu Eldingen zur Asservirung bis zur Anschaffung einer Feuerspritze durch die Gemeinden des Kirchspiels Eldingen überwiesen, und damit c) die Casse als eine bisher unter amtlicher Aufsicht gestandene aufgelöst werde."

Ein Schreiben vom 25. Januar 1860 bestätigt noch einmal die althergebrachte die Anschaffung von Feuerlöschgeräten im Amt Beedenbostel: „Mittelst Rescripts Königlicher Landdrostei vom 14. Juli 1853 ist genehmigt, daß die (seit längeren Jahren auf Grund des Edicts vom 19. November 1695 wegen gehöriger Anschaffung der in Feuersnöthen nöthigen Instrumente von jedem angehenden Ehepaare, und zwar von 1 Voll- oder Halb-Höfner mit 6, von 1 Köther oder Brinksitzer mit 3 Mariengroschen,) eingezahlten Beiträge zur Anschaffung von Feuerlöschgeräthschaften aus denjenigen Kirchspielen, in welchen eine Feuerspritze bislang nicht angeschafft worden, bis zur Anschaffung einer solchen asservirt [aufbewahrt] bleiben sollen ..."[23]

Am 17. Juli 1860 kamen die Gemeindevorsteher Brockelmann, Beedenbostel, Thies, Lachendorf, Trumann, Ahnsbeck, Schmidt, Helmerkamp, Bunkenburg, Bunkenburg, Müller, Luttern, Wegener, Höfer, Schumeyer, Gockenholz, und der Beigeordnete Lilie aus Jarnsen auf der Amtsstube in Beedenbostel zusammen. Vorsteher Brockelmann, der zum Verwalter der Feuergerätschaftskasse gewählt wurde, wurden „Feuercassengelder" in Höhe von 48 Talern, 2 Mariengroschen, 2 Pfennigen ausgezahlt.

Es konnte bei Bränden auch andere erwischen. Als am 25. September des Jahres 1860 in Esens eine Feuersbrunst wütete, bei der ein Drittel der Stadt abbrannte, wurde in unserer Heimat zur Mildtätigkeit aufgerufen. Der Amtmann Eduard Stölting vom Königlichen Amt in Celle machte unter dem 20. Dezember 1860 bekannt, dass „für die Abgebrannten zu Esens, Ellrich und Worbis, wie für die Syrischen Waisenkinder" Gelder aus folgenden Orten eingegangen seien:

---

[22] Ausführlich: MATTHIAS BLAZEK, „Lachendorf 1850 von Feuersbrunst heimgesucht", Sachsenspiegel 1, Cellesche Zeitung vom 03.01.2004.

[23] Nds. HptStA Hann. 74 Celle Nr. 1269: *Acta betr. die s.g. Feuerlöschkasse des vormaligen Amts Beedenbostel und deren Verwaltung (1722-1870).*

aus der Gemeinde Neuenhäusen (nach Abzug der Sammlungs-Kosten)	143 rT 6 g - d
aus Gockenholz	5 rT
aus Spechtshorn	3 rT 2 g 5 d
aus Neustadt-Altenhäusen (nach Absatz der Sammlungs-Kosten)	22 rT 12 g 8 d
aus Bargfeld	1 rT 22 g 5 d
aus Ohe	3 rT 2 g 5 d
aus Beedenbostel	14 rT 12 g 1 d
aus Jarnsen	2 rT 24 g 1 d[24]

Aufgehängte Feuereimer. Foto: Heimatverein Dollbergen

Am 21. April 1864 wurde Beedenbostel von einer Feuersbrunst heimgesucht. Sie war im Haus des Kötners Martens ausgebrochen. Das Feuer griff so schnell um sich, dass die vier im Haus wohnenden Familien nur ihr Leben retten konnten. Der Hauswirt Martens verlor sämtliches Hornvieh, die Schafe, das Getreide etc., die übrigen drei Familien ihre Ziegen, Schweine und fast sämtliche Habe.

In den Celleschen Anzeigen vom 30. April 1864 rief ein Komitee (unter anderem Vorsteher Brokelmann) zur Unterstützung der Abgebrannten auf.

Die Feuerordnung von 1830 wurde durch die „Feuerordnung für das Fürstenthum Lüneburg und die vormals Lauenburgischen Landestheile, mit Ausnahme der selbständigen und amtssässigen Städte", der Lüneburgischen Feuerordnung, vom 14. November 1865 aufgehoben.[25] Bei Neubauten wurde fortan die Errichtung von Schornsteinen gefordert und ihre Konstruktion vorgeschrieben.

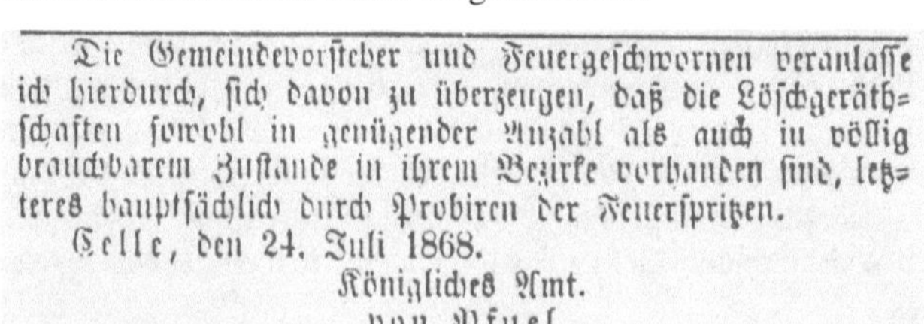

Die Gemeindevorsteher und Feuergeschwornen veranlasse ich hierdurch, sich davon zu überzeugen, daß die Löschgeräthschaften sowohl in genügender Anzahl als auch in völlig brauchbarem Zustande in ihrem Bezirke vorhanden sind, letzteres hauptsächlich durch Probiren der Feuerspritzen.

Celle, den 24. Juli 1868.

Königliches Amt.
von Pfuel.

Appell in den Celleschen Anzeigen vom 26. Juli 1868. Repro: Blazek

[24] Cellesche Anzeigen vom 29.12.1860.

[25] Sammlung der Gesetze, Verordnungen und Ausschreiben für das Königreich Hannover, vom Jahre 1865, S. 544.

Kreishauptmann Ritterschaftsrat Gustav v. Pfuel (1829-1897) in Celle forderte unter dem 24. März 1870 Amtsvogt C.F.L. Samuel zu Beedenbostel auf, die Vorsteher der Ortschaften Beedenbostel, Lachendorf, Ahnsbeck, Helmerkamp, Bunkenburg, Jarnsen, Luttern, Höfer, Gockenholz und Alvern für den 31. März des Monats zu einer Versammlung auf der Amtsstube zu Beedenbostel zu laden, und zwar „unter der Verwarnung, daß von dem Entbliebenen angenommen werde, er stimme dem Beschlusse der Mehrzahl der Erschienenen zu". Es ging um die Wahl eines Nachfolgers für den verstorbenen Rechnungsführer des „Spritzenverbandes zu Beedenbostel".[26]

Beedenbostel bekam nun eine Handdruckspritze, die im Ernstfall auch in den umliegenden Ortschaften eingesetzt werden konnte. In einer Hebeliste vom 22. Mai 1881 heißt es: „Zu den Unterhaltungskosten der gemeinschaftlichen Feuerspritze zu Beedenbostel hat die Gemeinde Lachendorf 39 M 52 Pf beizutragen, welche nach Grund- und Gebäudesteuer gehoben werden".[27]

Am 23. April 1885 zog ein Gewitter zwar an Celle vorbei; in Beedenbostel verursachte es aber eine Katastrophe. Betroffen war die Stelle von Drangmeister, berichtete am 25. April die Cellesche Zeitung: „(Blitzschlag.) Das Gewitter, welches am Donnerstag Nachmittag in der Entfernung von einer Stunde im Südosten an unserer Stadt vorbeizog, brachte mehreren Feldmarken sehr erwünschten Regen, richtete aber auch Schaden an. In Beedenbostel schlug der Blitz in das Haus des Oeconomen Drangmeister und zündete. Das Gebäude wurde fast ganz ein Raub der Flammen, doch blieb der an dasselbe grenzende Saal zum größten Theile verschont."

Zur Vermittlung der Mobiliarversicherungen bei der vereinigten landschaftlichen Brandkasse und des Geschäftsverkehrs mit den Versicherten wurde an Stelle des verstorbenen Gemeindevorstehers Thies in Beedenbostel im März 1890 der Hofbesitzer H. Martens in Gockenholz als Versicherungskommissar für die Gemeinden Ahnsbeck, Alvern, Bargfeld, Beedenbostel, Bunkenburg, Eldingen, Gockenholz, Helmerkamp, Höfer, Hohne, Hohnhorst, Jarnsen, Lachendorf, Luttern, Metzingen, Ohe, Pollhöfen, Spechtshorn, Ummern und Wohlenrode angestellt.[28]

Erst Mitte des 19. Jahrhunderts entstanden die freiwilligen Feuerwehren, wie wir sie heute kennen. Im Bezirk der Landdrostei Lüneburg war die Ausbreitung der freiwilligen Feuerwehren nach einem statistischen Bericht des Niedersächsischen Feuerwehrverbandes am weitesten fortgeschritten. Im Celleschen folgten auf die bereits 1864 gegründete Freiwillige Feuerwehr Celle zunächst das

[26] Nds. HptStA Hann. 74 Celle Nr. 1269. Das Dokument ist abgebildet in: MATTHIAS BLAZEK, Chronik 50 Jahre Ortsfeuerwehr Luttern 1954-2004, Adelheidsdorf 2004, S. 13.

[27] Für jede Mark Grund- und Gebäudesteuer wurden 3 ¼ Pfennig als Beitrag für Handdruckspritze berechnet. Der Fabrikant und Großgrundbesitzer Drewsen hatte mit 7,60 Mark natürlich den Löwenanteil zu zahlen. Insgesamt waren 63 Zahlungspflichtige in Lachendorf. (MARTIN WITTMANN/KURT W. SEEBO, Lachendorf Bd. I, Lachendorf 1988, S. 128.)

[28] Mitteilung der Direktion in Hannover vom 14. März 1890, abgedruckt in der Celleschen Zeitung vom 21. März 1890.

Freiwillige Feuer-Lösch-Corps Celle (1875), dann wurden in Winsen/Aller (1879), Bergen (1881), Bröckel (1886/87), Ahnsbeck (1891), Hermannsburg und Westercelle (1893) und Eschede (1900) freiwillige Feuerwehren gegründet. Lachendorf bekam im Jahre 1895 die Freiwillige Fabrik-Feuerwehr, die Vorgängerin der 1904 gegründeten freiwilligen Feuerwehr.

Im Beisein des Brandmeisters Paul Müller aus Celle wurde im Jahre 1891 in Ahnsbeck die älteste freiwillige Feuerwehr des früheren Amtes Beedenbostel ins Leben gerufen. Sie bestand allerdings zunächst nur bis 1906. Die Cellesche Zeitung berichtete in ihrer Ausgabe vom 2. April 1894: „Ahnsbeck. In unserer Ortschaft ist nunmehr ebenfalls eine freiwillige Feuerwehr gegründet, und mit den erforderlichen Gegenständen ausgerüstet. Zu diesem Zwecke ist seitens des landschaftlichen Kollegiums in Celle eine Beihülfe von 210 Mark bewilligt."

Am 7. Februar 1895 verlautete in der Celleschen Zeitung über die „Verbesserung des Feuerlöschwesens": „Die Landschaft des Fürstenthums Lüneburg hat auf dem letzten allgemeinen Landtage aus dem Hülfsfonds der vereinigten landschaftlichen Brandkasse etc. behufs Verbesserung des Feuerlöschwesens auf Antrag der Brandkassen-Direktion die erhebliche Summe von 10695 Mk. als Beihülfen zur Anschaffung von Feuerspritzen, Schläuchen, zur Ausrüstung freiwilliger Feuerwehren, Anlage von Nothbrunnen und Feuerteichen, zum Ausbau von Spritzenhäusern etc. bewilligt. Die Gesammtsumme vertheilt sich auf 24 Gemeinden und 20 freiwilligen Feuerwehren. Die Höhe der Beihülfen richtet sich nach den Aufwendungen und dem Versicherungsbestande der landschaftlichen Brandkasse in den betreffenden Gemeinden."

Die Gemeindevorsteher des Landkreises Celle wurden unter dem 3. Mai 1895 landratsamtsseitig aufgefordert, bis zum 25. Juni des Jahres eine Revision der Spritzen und sonstigen Feuerlöschgeräte vorzunehmen und über das Resultat derselben „bestimmt bis zum 1. Juli d. J. Bericht zu erstatten". Die Bekanntmachung wurde im Namen Landrats Otto Georg von Bardeleben am 8. Mai 1895 in der Celleschen Zeitung abgedruckt.

Aus der „Nachweisung über die Verhältnisse der im Landkreis befindlichen freiwilligen Feuerwehren" geht hervor, dass folgende Orte im Landkreis Celle per 13. Dezember 1895 über eine Wehr verfügten:

1.	*Ahnsbeck*	*mit 42 Mitgliedern*
2.	*Hermannsburg*	*mit 55 Mitgliedern*
3.	*Westercelle*	*mit 48 Mitgliedern*
4.	*Winsen*	*mit 36 Mitgliedern das Rettungs-Corps*
	Winsen	*mit 59 Mitgliedern das Feuerlösch-Corps*

Es wurde aber damals nicht bedacht, dass auch die Stadt Bergen bereits über eine Freiwillige Feuerwehr verfügte, und das bereits seit dem 23. Januar 1881. Ein Grund für die fehlende Nennung im Jahre 1896 könnte sein, dass Bergen „erst" seit dem 1. April 1885 zum Landkreis Celle gehört hatte.

Am 25. September 1897 wurde in Lüneburg die „Feuerordnung für den Regierungsbezirk Lüneburg mit Ausnahme der Städte, auf welche die Städteordnung von 1859 Anwendung findet“, verfasst. Diese Verordnung regelte in 17 Paragraphen unter anderem „die Verpflichtung zur Hülfeleistung, die Eintheilung der Lösch- und Rettungsmannschaften, die Verpflichtung zum Halten von Feuerlöschgeräten, das Verhalten der Bevölkerung während des Brandes, die Brandhülfe der Nachbargemeinden (benachbarter Spritzenverbände)“. Diese Bau- und Feuerordnung trat am 1. Januar 1898 in Kraft.

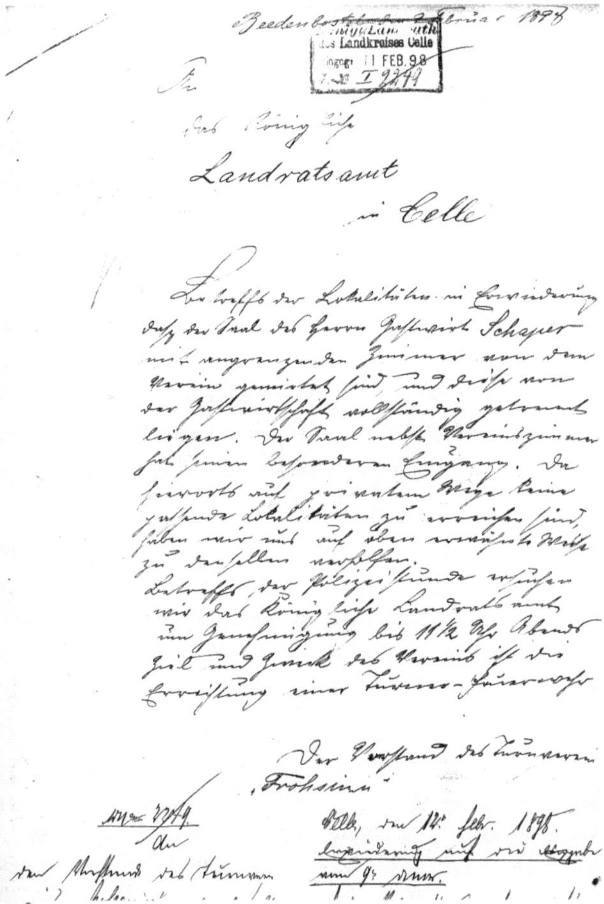

↑ Ein interessanter Hinweis findet sich in der „Acta, betr. das Vereinswesen und dessen obrigkeitliche Ueberwachung (1893-1904)“[29] wieder: In Beedenbostel wurde laut Schreiben vom 2. Februar 1898 der Turnverein „Frohsinn“ gegründet: „Ziel und Zweck des Vereins ist die Errichtung einer Turner-Feuerwehr“. Dieser Verein ging aber offensichtlich ein.

[29] Nds. HptStA Hann. 174 Celle Nr. 7.

Auf Grund einer am 28. Dezember 1898 vom preußischen Innenminister erlassenen Verfügung erließ der Oberpräsident der Provinz Hannover, Se. Exc. Konstantin Graf zu Stolberg-Wernigerode, Major à la suite der Armee, am 27. September 1901 die „Polizeiverordnung, betreffend die Regelung des Feuerlöschwesens“ (Amtsblatt für den Regierungsbezirk Hannover S. 202), die Bestimmungen für die Errichtung von „Gemeinde-Feuerwehren“ (Pflichtfeuerwehren) enthielt. Die preußische Staatsverwaltung hatte damals aber auch allgemein festgestellt: „... in erster Linie wird zur Erreichung einer guten und leistungsfähigen Feuerwehrorganisation die freiwillige Betätigung sowohl von Seiten der Einzelnen wie von Seiten der kommunalen Verbände in Anspruch genommen werden müssen“.

Der entscheidende Paragraph der Verordnung (§ 1) lautet, wie folgt:

In jeder Stadt- und Landgemeinde und in jedem Gutsbezirke, soweit in denselben nicht eine ausreichende Berufsfeuerwehr besteht, oder dieselben nicht einem Spritzenverbande ... angehören, sowie für jeden Spritzenverband ist eine Feuerwehr einzurichten ...

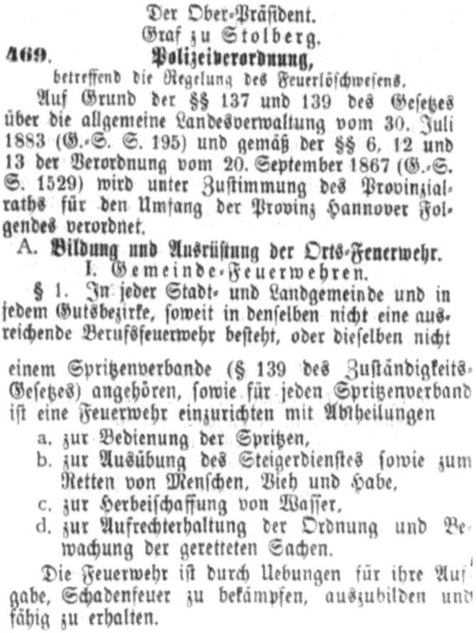
Der Ober-Präsident.
Graf zu Stolberg.

469. **Polizeiverordnung,**
betreffend die Regelung des Feuerlöschwesens.

Auf Grund der §§ 137 und 139 des Gesetzes über die allgemeine Landesverwaltung vom 30. Juli 1883 (G.-S. S. 195) und gemäß der §§ 6, 12 und 13 der Verordnung vom 20. September 1867 (G.-S. S. 1529) wird unter Zustimmung des Provinzialraths für den Umfang der Provinz Hannover Folgendes verordnet.

A. **Bildung und Ausrüstung der Orts-Feuerwehr.**
I. Gemeinde-Feuerwehren.

§ 1. In jeder Stadt- und Landgemeinde und in jedem Gutsbezirke, soweit in denselben nicht eine ausreichende Berufsfeuerwehr besteht, oder dieselben nicht einem Spritzenverbande (§ 139 des Zuständigkeits-Gesetzes) angehören, sowie für jeden Spritzenverband ist eine Feuerwehr einzurichten mit Abtheilungen

a. zur Bedienung der Spritzen,
b. zur Ausübung des Steigerdienstes sowie zum Retten von Menschen, Vieh und Habe,
c. zur Herbeischaffung von Wasser,
d. zur Aufrechterhaltung der Ordnung und Bewachung der geretteten Sachen.

Die Feuerwehr ist durch Uebungen für ihre Aufgabe, Schadenfeuer zu bekämpfen, auszubilden und fähig zu erhalten.

Seitdem taucht in den Statistiken des Verbandes der Begriff „Gemeindelöschmannschaften“ auf, ein anderes Wort für die Pflichtfeuerwehren. Die Führer der Pflichtfeuerwehren trugen den Titel „Brandmeister“, sie und ihre Stellvertreter wurden, ebenso wie die Spritzenmeister und deren Stellvertreter, in den Gemeindeversammlungen gewählt.[30]

Werner Kasolowsky, der sich zum Jubiläum 1985 mit dem Feuerlöschwesen im Dorfe bis zum Jahre 1945 befasst hatte, stellte zum Thema Pflichtfeuerwehr in Beedenbostel fest: „Die Pflichtfeuerwehr wurde mit fortschreitender Technik immer besser ausgerüstet, wenn uns auch heute diese Ausrüstungen abenteuerlich vorkommen. Der erste Fortschritt nach den Ledereimern war die Handdruckspritze. Allerdings musste zunächst noch ständig Wasser in einen Kübel gefüllt werden, aus dem die Spritze dann das Wasser bekam.“

---

[30] Vgl. MATTHIAS BLAZEK, 75 Jahre Ortsfeuerwehr Wienhausen 1930-2005, Adelheidsdorf 2004/05, S. 29 f., MATTHIAS BLAZEK, Helmerkamp – unser Dorf, Hohne 2009, S. 221. Selten sind Gründungsjahre von Pflichtfeuerwehren erwähnt. Eine Ausnahme: Im Jahre 1870 wurde die Pflichtfeuerwehr der Gemeinden Hohne und Spechtshorn gegründet. (MATTHIAS BLAZEK, 50 Jahre Ortsfeuerwehr Spechtshorn 1954-2004, Adelheidsdorf 2004, S. 38 f.)

Mittels Eimerkette waren etwa 500 Meter zu überwinden, wollte man mitten im Dorf einen Gebäudebrand bekämpfen. In Beedenbostel gab es um 1900 zwei solcher Handdruckspritzen, eine größere und eine kleinere.

In den Unterlagen tauchte als Brandmeister der Gemeinde der Bäckermeister Arnold Niemitz auf, der das Amt bis 1910 bekleidete. Der Name Niemitz ist heute in Beedenbostel nicht mehr geläufig.[31]

Am 8. Februar 1901 entstand beim Hausbesitzer B. in Beedenbostel ein größerer Stubenbrand, der aber durch Hinzukommen des B. noch rechtzeitig gelöscht wurde. Der entstandene Schaden belief sich auf annähernd 7-800 Mark.

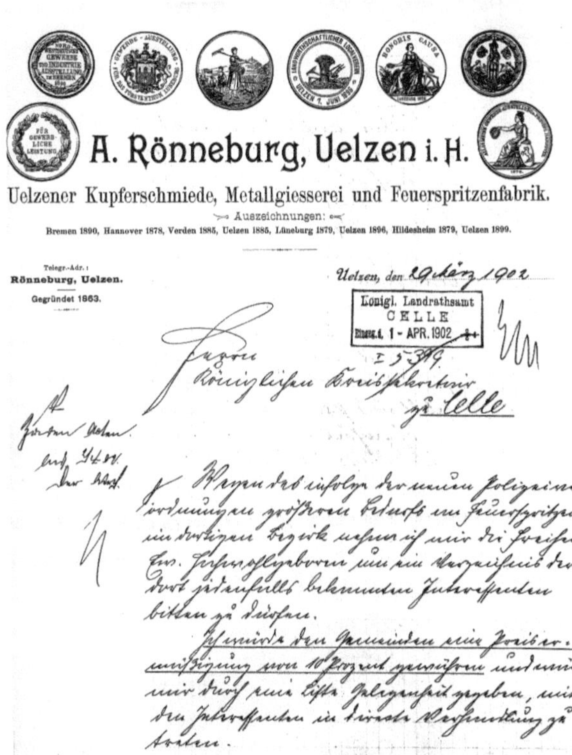

A. Rönneburg, Uelzen i. H.

Uelzener Kupferschmiede, Metallgiesserei und Feuerspritzenfabrik.

Auszeichnungen:

Bremen 1890, Hannover 1878, Verden 1885, Uelzen 1885, Lüneburg 1879, Uelzen 1896, Hildesheim 1879, Uelzen 1899.

Telegr.-Adr.: Rönneburg, Uelzen.

Gegründet 1863.

Uelzen, den 29. März 1902

Königl. Landrathsamt CELLE Eingeg. 1 - APR. 1902

An den Königlichen Kreissekretär zu Celle

Wegen des infolge der neuen Polizeiverordnungen größeren Bedarfs an Feuerspritzen im dortigen Bezirk nehme ich mir die Freiheit, Ew. Hochwohlgeboren um ein Verzeichnis der dort jedenfalls bekannten Interessenten bitten zu dürfen.

Ich würde den Gemeinden eine Preisermäßigung von 10 Prozent gewähren und wäre mir durch eine Liste Gelegenheit gegeben, mit den Interessenten in direkte Verbindung zu treten.

Der Spritzenfabrikant August Rönneburg, der in Uelzen eine Feuerspritzenfabrik betrieb, fragte am 29. März 1902 beim Königlichen Kreissekretär zu Celle nach einem „Verzeichnis der dort jedenfalls bekannten Interessenten" nach, um mit selbigen Kontakt aufnehmen zu können. Rönneburg wollte den Gemeinden von vornherein eine Preisermäßigung von 10 Prozent gewähren.

[31] Der Chronist von 1985 hat den Vornamen des Bäckermeisters mit Arnold bezeichnet. Im Stadtarchiv Celle lagert eine gewerbepolizeiliche Akte vom 2. Februar 1904 mit dem Titel „Meisterprüfung des Bäckergesellen Adolf Niemitz in Celle" (1902, Bestellnummer 9 B 127). In den Kirchenbüchern der Ev.-luth. Kirchengemeinde Beedenbostel finden sich aus dieser Zeit leider keine Informationen zur Person. Aufgebotene und Getraute von 1853 bis 1886 werden neu gebunden und stehen zurzeit dort nicht zur Einsicht zur Verfügung. (Dank für die freundliche Unterstützung an Edelgard Schultz und Pastor Heinz-Georg Gottschalk.)

Ab 1902 musste in Preußen jede neu gelieferte Spritze mit Normal-Kuppel-Stücken ausgerüstet sein (auf einer Seite das passende Gewinde für die Spritze, auf der anderen Seite eine Storz-Kupplung).

Diese Ansichtskarte wurde 1902 auf den Weg gebracht.

Folgende Urkunde aus dem Jahre 1903 gibt Aufschluss über das Pflichtfeuerwehrwesen in Beedenbostel wenige Jahre vor der Wehrgründung:

Spritzengenossenschaft Beedenbostel

Brandmeister: Schlossermeister Meyer erhält jährlich 9 Mark.

Schlauchmeister Schmiedemstr. W. Heyer erhält jährlich 3 Mark.

Die Bedienungsmannschaften, welche zum probieren der Spritze nötig sind, erhalten 8 Mann jedesmal à Person 50 Pf.

Beedenbostel, den 14. April 1903
Drangmeister, Gemeindevorsteher

Ein kleiner finanzieller Anreiz – für 50 Pfennig konnte man sich ein Brot kaufen – sollte wohl die Lust zum Mitmachen fördern. Schließlich war in landwirtschaftlichen Orten Freizeit damals noch weniger möglich als heute.

Laut obrigkeitlicher Bekanntmachung des Königlichen Landrats des Landkreises Celle, Dietrich v. Harlem, vom 15. November 1904 in der Celleschen Zeitung hatte der Herr Regierungs-Präsident „auf Grund des § 31 der Polizeiverordnung vom 27. September 1901, betreffend die Regelung des Feuerlöschwesens, bestimmt, daß die nachbarliche Feuerlöschhülfe in folgender Weise zu leisten ist:

Es haben innerhalb des Landkreises Celle unaufgefordert Löschhülfe zu leisten [Auszug]:

1) **Ahnsbeck** nach Beedenbostel, Gockenholz, Hohnhorst, Jarnsen, Lachendorf, Luttern, Bunkenburg, Spechtshorn, Hohne b. Lachendorf, Helmerkamp und Nordburg.

5) **Beedenbostel** nach Ahnsbeck, Gockenholz, Hohnhorst, Jarnsen, Lachendorf, Luttern, Bunkenburg und Alvern.

23) **Lachendorf** nach Ahnsbeck u. Beedenbostel.

25) **Luttern** nach Höfer und Beedenbostel."

Am Montag, dem 27. November 1905, brach in Beedenbostel eine furchtbare Feuersbrunst aus, wodurch sieben Gehöfte mit 15 Gebäuden eingeäschert und elf Familien schwer betroffen wurden. Um zehn Uhr wurde plötzlich das Feuersignal durch Anschlagen der Glocken gegeben (Kirchturm), das Nebengebäude der Mühle stand in hellen Flammen. Die große Feuerspritze war bald auf dem Mühlenhofe, konnte aber nichts ausrichten; das Feuer breitete sich über die Mühle selbst aus, auch das Wohnhaus fing bald Feuer, wurde aber gerettet. Mit der kleinen Spritze eilten die Schulknaben auf den Hof des Hofbesitzers Veth, denn die brennenden Mehlteile wurden durch den gerade herrschenden Sturm in ungeheurer Menge über die unterm Winde liegenden Gebäude gejagt. Eine kurze Zeit gelang es, das mit Stroh gedeckte Vethsche Wohnhaus zu schützen, bis plötzlich auch hier die Funken zündeten. Zugleich gerieten auch schon die Wohnhäuser von Fritz Müller und Tischler Horstmann in Brand; dieselben, bei der Mühlen anwesend, eilten zurück, konnten aber nur wenig mehr retten. Mittlerweile waren die dazwischen liegenden Häuser, Scheunen und Stallungen, deren Bedachung aus Stroh oder Ziegel mit Docken war, gezündet, und die Luft glich jetzt einem Feuermeer. Schnell waren jetzt die Feuerwehren von Lachendorf und Ahnsbeck zur Stelle, auch die von Eldingen traf bald ein, sodass nun mit vereinten Kräften die noch sehr bedrohten Gebäude, die etwas abseits lagen, beschützt werden konnten. Nach ungefähr drei Stunden kam auch die Dampfspritze von Celle, deren Schläuche bis zur letzten Brandstätte reichten, und nun war man bald Herr des wütenden Elements. Auch das Schulhaus wurde eingeäschert, aber das an dasselbe massiv aufgeführte Schulzimmer, als die Sparren bis zur Hälfte niedergebrannt waren, gerettet. (Von Augenzeugen wurde berichtet, dass die Dampfspritze zunächst nach Lachendorf zurückfahren musste, weil es in Beedenbostel zum Ausladen keine Kopframpe gab.)[32]

Die traurige Bilanz: Mühle, Tischler Kuhls, Moster Kuhls, Veth, Schule, Bührke, Lindmüller (Miethaus Bührke).

Dass die Freiwilligen Feuerwehren Eldingen und Lachendorf an der Brandbekämpfung in Beedenbostel beteiligt waren, belegt die „XVII. Uebersicht über die Tätigkeit der freiwilligen Feuerwehren des Feuerwehr-Verbandes für die

---

[32] REINHARD BETHE/WERNER KASOLOWSKY, 75 Jahre Freiwillige Feuerwehr Beedenbostel 1910-1985, S. 17.

Provinz Hannover bei Bekämpfung von Schadenfeuern im Jahre 1905“[33]. Hauptmann Schacht in Eldingen meldete den Brand von 15 Gebäuden, Hauptmann Haug in Lachendorf sprach von 5 Wohnhäusern, 1 Wassermühle und verschiedenen Nebengebäuden. Haug hatte dem Feuerwehrverband weiterhin gemeldet, dass das „Vieh meistens gerettet“ worden sei. In der Übersicht steht in der zweiten Spalte, „Datum und Stunde des Schadenfeuers“, unter Eldingen fälschlich „27. Dezbr. 10^{00}“, bei Lachendorf richtig „27. Nov. 10^{00}“. Erfasst wurde in dieser Statistik nur der Einsatz der verbandsangehörigen Freiwilligen Feuerwehren.

Im Protokoll der außerordentlichen Korpsversammlung der Freiwilligen Feuerwehr Eldingen vom 3. Dezember 1905 wurde über die Nachbarschaftshilfe der Eldinger Kameraden vermerkt: „Am 27. November rückte die gesammte Wehr zum Brande nach Beedenbostel auf Verlangen der Gemeinde Beedenbostel. Die Manschaften waren pünktlich zur Stelle und die Spritzen und Geräte waren in tadelloser Verfassung.“

Nach mündlicher Überlieferung sind die Eldinger Mannschaften auf Leiterwagen zum Brand ausgerückt. Schwierigkeiten soll es aber beim Abrücken gegeben haben, denn Schluck wurde von den Feuerwehrmännern auch damals nicht verachtet.

Monate später, am 28. März 1906, erhalten wir in der Tageszeitung eine weitere kurze Notiz zum Thema: „Beedenbostel. Mit dem Neuaufbau der im vorigen Herbste eingeäscherten Gehöfte wird jetzt schon begonnen, sodaß dieselben bei Beginn der Ernte wieder fertiggestellt sein dürften.“

Das alte Spritzenhaus von Beedenbostel stand etwa zwischen dem Kirchplatz und dem Hof des Pfarrhauses. Im Jahre 1905 beabsichtigte man, zu einem Arresthaus umzubauen. Hierzu liegt ein Kostenvoranschlag von Willy Müller vor, der für seine Arbeiten insgesamt 189,68 Mark verlangte:[34]

Beedenbostel, den 17. Januar 1906

Kostenvoranschlag
über die Errichtung eines Arresthauses aus dem alten Spritzenhaus

5,20 cbm Mauerwerk herstellen mit Materialien	*104,00 M.*
41,25 qm Kalkputz mit Materialien	*24,75 "*
11,00 qm Rohrdeckenputz mit Materialien	*22,55 "*
7,50 qm Ausfugen der Außenwand	*3,38 "*
5,28 qm Türen mit Beschlag u. Schloß	*36,00 "*
Summa der Fertigstellung	*189,68 "*

Willy Müller

[33] Nds. HptStA Hann. 180 Hildesheim Nr. 948.

[34] Ein weiteres Beispiel eines Umbaus zum Arresthaus ist aus Wiedensahl im Landkreis Schaumburg überliefert (1910). Hierzu siehe die Abbildung in: MATTHIAS BLAZEK, Gott zur Ehr', dem Nächsten zur Wehr! – Die Geschichte der Ortsfeuerwehr Wiedensahl 1909-2009, Adelheidsdorf 2004/09, S. 39.

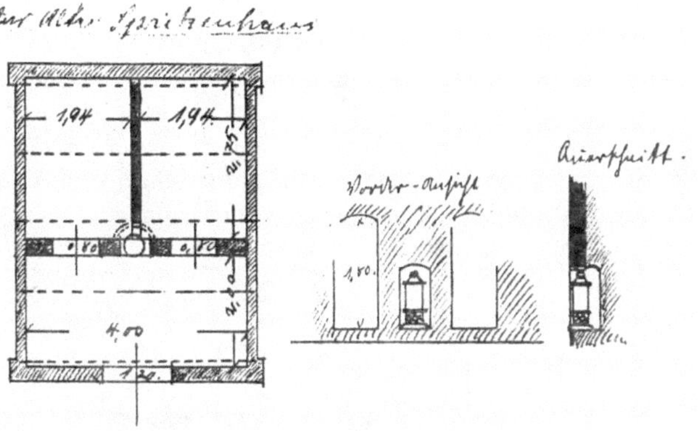

Das alte Spritzenhaus im Grundriss, in der Vorder-Ansicht und im Querschnitt. Abbildung aus der Festschrift von 1985, S. 18. Repro: Blazek

In der Celleschen Zeitung vom 27. November 1905 wurde die „Polizeiverordnung betreffend die Regelung des Feuerlöschwesens" des Oberpräsidenten zu Hannover vom 22. August 1905 bekannt gemacht. Die Verordnung trat mit dem 1. April 1906 in Kraft. Die Polizeiverordnung vom 27. September 1901 wurde gleichzeitig aufgehoben.[35]

Diese Ansichtskarte aus dem Jahre 1906 zeigt den Amtshof, die Apotheke und Aschauthal in Beedenbostel. Foto: www.ansichtskartenversand.com

Auf die neue Polizeiverordnung bezog sich eine obrigkeitliche Bekanntmachung vom 25. August 1906. Für uns von Interesse: Jarnsen hatte unaufgefordert Feuerlöschhilfe zu erwarten von den Gemeinden Ahnsbeck, Beedenbostel,

[35] Das gesamte Regelwerk ist abgedruckt in: MATTHIAS BLAZEK, 100 Jahre organisiertes Feuerlöschwesen in Baven 1907-2007, Baven 2007, S. 99 ff.

Hohnhorst, Lachendorf und Luttern, welche jeweils im Besitz einer Spritze waren, von Bunkenburg und Gockenholz als Gemeinden ohne Spritze, von Eldingen als Gemeinde mit und von Höfer als Gemeinde ohne Spritze nur auf erfolgte Aufforderung. Luttern hatte Feuerlöschhilfe zu erwarten von den Gemeinden Beedenbostel, Eldingen, Hohnhorst und Scharnhorst, welche allesamt Spritzen besaßen, und von den spritzenlosen Gemeinden Jarnsen, Heese, Höfer, Metzingen und Wohlenrode. Im Falle der erfolgten Aufforderung hingegen waren auch Ahnsbeck (mit Spritze) und Bargfeld (ohne Spritze) in der Pflicht.

Die Bekanntmachung wurde in der Celleschen Zeitung vom 4. September 1906 abgedruckt.

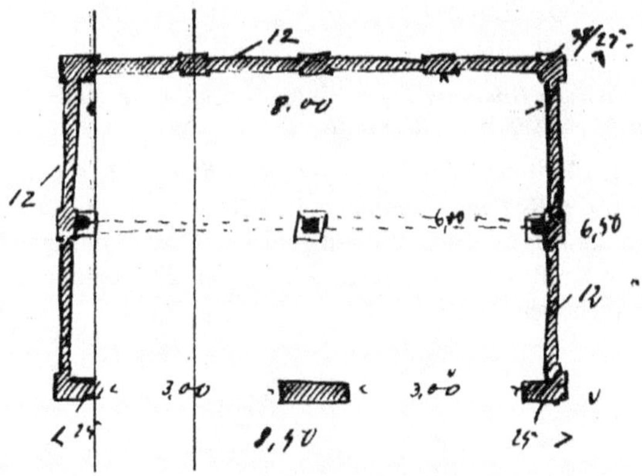

Für das alte, zum Arresthaus umgebaute Spritzenhaus wurde nun im Jahre 1907 ein neues gebaut. Es steht heute noch „Unter den Eichen". Dieses Haus wurde dringend notwendig, denn es sollte eine neue Handdruckspritze, die auf vier Rädern stand, angeschafft werden. Geplant und gebaut wurde dieses Haus nach dieser Skizze mit zwei seitlichen Toren: eine Einfahrt für die neue Spritze, die andere für die beiden alten Handdruckspritzen. Kostenpunkt: 860,00 Mark. Später fand dann ein Umbau statt: Die Haupteinfahrt kam an die Stirnseite des Hauses, so wie es heute noch steht. In ihm wurde auch später noch die dann gekaufte Handdruckspritze aufbewahrt. Abb. aus der Festschrift von 1985, S. 19. Repro: Blazek

Dass eine neue Handdruckspritze gekauft werden sollte, steht vermutlich in engem Zusammenhang mit der Katastrophe von 1905. Die Feuerspritzenfabrik August Rönneburg in Uelzen, die sich bereits 1902 dem Landkreis Celle angeboten hatte und damals neben der Feuerspritzenfabrik von Louis Tidow in Badenstedt bei Hannover Hauptlieferant von Handdruckspritzen in der Provinz Hannover war, legte unterm 9. April 1908 einen Kostenvoranschlag vor. Angeboten wurde eine vierrädrige, auf Federn gebaute Saug- und Druckspritze mit einer Zylinderweite von 122 Millimetern Durchmesser zum Preis von 1776 Mark mit allem Zubehör.

Damit lag man preislich im Trend: In Wathlingen hatte man 1896 für 1800 Mark eine neue Spritze gekauft, in Beckedorf 1907 eine für 2000 Mark. In diesen Fällen hatte allerdings Tidow geliefert.

Hier ein Blick auf einige Details in dem akzeptablen Angebot aus Uelzen:

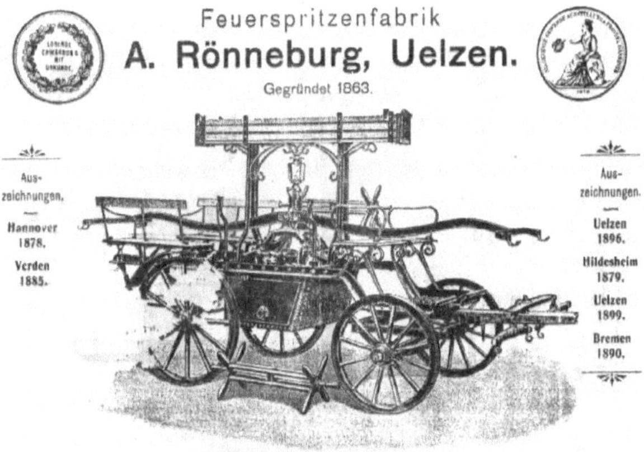

Offerte wegen Lieferung einer Feuerspritze

a) *Die Spritze hat die Spurweite des Landes.*
b) *Die Vorderräder laufen durch,*
c) *haben einen Durchmesser nicht unter 800 mm.*
d) *Die Spritze arbeitet als Saug- und Druckspritze und ist mit zwei Windkesseln versehen.*
e) *Das Spritzenwerk hält einen Druck von 12 Atmosphären aus.*
f) *Das Spritzenwerk saugt das Wasser 7 Meter hoch an.*
g) *Das Spritzenwerk liefert pro Minute 340 bis 350 Liter Wasser bei*
h) *60 Doppelhuben und*
i) *sind zur Bedienung der Spritze 14 Mann als Drücker nöthig.*
k) *Die Strahlhöhe der Spritze beträgt 24 bis 27 Meter bei ruhigem Wetter.*
l) *Die Strahlweite der Spritze beträgt 33-35 m.*
m) *Alle Verschraubungen der Schläuche erhalten das Metz'sche Normal-Gewinde.*
n) *Die Spritze erhält den Namen der Gemeinde Beedenbostel.*

Als Zubehör werden geliefert (im Preis enthalten)

1. *300 Meter Hanfschlauch in 20 Längen mit Verschraubungen.*
2. *9 Meter Saugrohr in passenden Längen mit Schutzkorb.*
3. *2 Laternen*
4. *2 Druckstangen, 1 Abstellvorrichtung der Federn, 1 Glocke, 1 Brems-Hebel, 1 Schlauchwagen, 1 Gabelstück um 2-strahlig zu spritzen*
5. *1 Deichsel mit Schwengel und Waage*
6. *2 Handrohre mit 5 verschiedenen Mundstücken*
7. *Sämtliche Schraubenschlüssel*
8. *Schwamm und Ölkanne*
9. *6 Sitze*
10. *1 Schlauchhaspel, 2 gummierte Schläuche*

Die Zylinder sind aus bestem Messing gegossen 122 mm weit gebohrt, sauber geschliffen, von außen blank abgedreht. Das Saugrohr ist mit einem Dreiweghahn und Windkessel versehen. Beide Windkessel sind aus starkem Kupfer angefertigt, abgedreht und geschliffen. Das zugängliche Ventil ist aus Messing gegossen, mit Rothgußkegel versehen, so eingerichtet, daß dasselbe ohne Werkzeuge und besondere Vorkenntnisse in Zeit von einer Minute zu reinigen ist.

Nach der Übersicht über die Tätigkeit der freiwilligen Feuerwehren des Feuerwehr-Verbandes für die Provinz Hannover bei Bekämpfung von Schadenfeuern im Jahre 1907 rückte die Freiwillige Feuerwehr Eldingen 1907 zu mehreren Brandeinsätzen aus, darunter auch nach Beedenbostel. Auf Seite 3 (noch Abschnitt Regierungsbezirk Lüneburg) heißt es:[36]

27	Eldingen	4. April 5^{00}	Eldingen	Waldbrand M.	—
		8. April 7^{00}	Hohnhorst	Wohnhaus K.	—
		7. August 19^{00}	Beedenbostel	Wohnhaus und Nebengebäude M.	Vieh gerettet
		21. Novbr. 19^{00}	Eldingen	Viehhaus K.	33 Schweine gerettet
		6. Dezbr. 7^{00}	Höfer	Scheune M.	—

Über den Brand in Beedenbostel erfahren wir in der Celleschen Zeitung vom 8. August und 9. August 1907 Näheres. Zunächst verlautete: „In Beedenbostel wütete gestern wieder ein größeres Schadenfeuer, wodurch der Hof des Hofbesitzers H. Fehler ein Raub der Flammen wurde. Wie das Feuer entstanden ist, konnte bisher nicht festgestellt werden." Tags darauf heißt es in der Zeitung: „Zu dem Berichte über den Brand wird uns noch mitgeteilt, daß das Feuer trotz des Windes nicht so rasch um sich griff, weil die Ernte noch nicht eingebracht war. Daraus erklärt es sich, daß das Mobiliar fast ganz gerettet werden konnte ebenso alles Vieh. Mobiliar und Gebäude war bei der Aachener und Münchener Gesellschaft versichert."

Über einen Brand in Höfer am 6. Dezember 1907, bei dem die Freiwillige Feuerwehr Eldingen Löschhilfe leistete, heißt es in der Celleschen Zeitung am Tag nach dem Unglück: „Höfer. Gestern wurde die Scheune des Hofbesitzers Veth, die vollständig mit Getreide gefüllt war und in der sich auch eine Dresch- und Häckselmaschine befanden, durch ein Schadenfeuer eingeäschert. Der der Brandstiftung verdächtige Knecht B. wurde vom Gendarmerie-Wachtmeister Albers aus Eschede festgenommen und in das Gerichtsgefängnis hierselbst eingeliefert."

Dieser Brand bei Friedrich „Fritz" Veth hatte sich um 6 Uhr in der Früh ereignet. Fast sechs Jahre später ereignete sich bei Veth erneut ein Scheunenbrand, zu dem dann die Freiwillige Feuerwehr Beedenbostel ausrückte.

Bei allen vielseitigen organisatorischen, schulischen, technischen und sozialen

---

[36] Nds. HptStA Hann. 180 Hildesheim Nr. 948. Zur Erläuterung: Aufgeführt sind die Einsätze der Verbandsfeuerwehr Eldingen. In der vorletzten (hier der rechten) Spalte erfolgten Angaben über Rettung von Menschen und Vieh. Ganz rechts (mit geschweifter Klammer) steht im Original der Name des Berichterstatters, G. Hagemann. „M" steht für Mittelfeuer, „K" für Kleinfeuer. Die Uhrzeiten der abendlichen Schadenfeuer in Hohnhorst und Beedenbostel sind anders dargestellt.

Arbeiten des Provinzialfeuerwehrverbandes wurde der Gedanke an eine einheitliche gesetzliche Regelung des Feuerlöschwesens nicht aufgegeben. Wiederholt wurden dieserhalb Eingaben gemacht und Verhandlungen geführt, da die Verschiedenheit der Feuerlöschordnungen die Entwicklung der Freiwilligen Feuerwehren hemmte. Ein erster Erfolg wurde mit der Polizeiverordnung des Oberpräsidenten für die Provinz Hannover vom 15. Februar 1908, die die „Regelung des Feuerlöschwesens in der Provinz Hannover" betraf, erreicht.

Wörtlich heißt es in der Verordnung: „§ 1 : In jeder Stadt- und Landgemeinde ... ist eine Feuerwehr einzurichten. Die Feuerwehr ist durch Übungen für ihre Aufgabe, Schadenfeuer zu bekämpfen, auszubilden und fähig zu halten ... § 12 : Im übrigen bleibt den Freiwilligen Feuerwehren die selbständige Regelung ihrer Organisation überlassen."

Die Polizeiverordnung brachte nicht viel Neues. Sie bildete die Grundlage für das zukünftige Feuerlöschwesen und schlug sich besonders auf die folgenden Satzungen nieder. Neu war, dass eine Abteilung zur Herbeischaffung von Wasser nicht mehr zwingend vorgesehen war. Und mit dieser Verordnung wurden die freiwilligen Feuerwehren als Schutzwehren im Sinne des § 113 des Strafgesetzbuches anerkannt.

Der 6. September 1908 war für die damaligen freiwilligen Feuerwehren im Stadt- und Landkreis Celle ein historischer Tag. Sie gründeten im Hotel „Celler Hof" in Celle den Kreisfeuerwehrverband Celle-Stadt und Land mit 11 Wehren. Die Delegierten der Feuerwehren aus Celle (zwei Feuerwehren), Bergen, Eldingen, Eschede, Fuhrberg, Hermannsburg, Klein Hehlen, Lachendorf, Westercelle und Winsen/Aller (zwei Feuerwehren) stimmten einhellig für die Gründung. Die erste Verbandsversammlung des Kreisfeuerwehrverbandes wurde am 9. Mai 1909 in Lachendorf abgehalten.[37]

Paul Müller I, städtischer Brandmeister 1902-1911.

Im Protokoll über die Sitzung des Kreisausschusses des Landkreises Celle am 11. Dezember 1908 heißt es: „Mit der Inspicierung der Feuerwehren im Landkreise Celle durch einen Sachverständigen, etwa durch den städtischen Brandmeister in Celle erklärte der Kreisausschuß sich einverstanden und bewilligte zu diesem Zwecke 150 M. jährlich aus seinem Dispositionsfonds."[38]

[37] Ausführlich: MATTHIAS BLAZEK, „Gründungsversammlung im Hotel Celler Hof / Erster Kreisfeuerwehrtag 1909 in Lachendorf – Die ersten Jahre des Kreisfeuerwehrverbandes Celle 1908 bis 1914", Sachsenspiegel 23, Cellesche Zeitung vom 07.06.2008.

[38] KrA-Ce 547 Nr. 5. MATTHIAS BLAZEK, „Revision der Feuerwehren und Löscheinrichtungen durch den städtischen Brandmeister im Jahr 1909 – Sämtliche Wehren im Landkreis Celle wurden im Jahresrhythmus auf ihre Einsatzfähigkeit hin überprüft", Sachsenspiegel 24, Cellesche Zeitung vom 18.06.2005. BLAZEK, Feuerlöschwesen in Baven, a. a. O., S. 87 ff.

Feuerwehrtechnisch war 1910 für Beedenbostel ein bewegtes Jahr. So liegt zunächst ein Gemeindeversammlungsbeschluss vom 26. Juni 1910 vor, in dem es noch um die Ausrüstung der Pflichtfeuerwehr ging:

TOP 2 : Feuerwehrsache

Sodann wurde der Gemeindeversammlung ein Schreiben des Landrats mitgeteilt, nach welchem die Gemeinde noch verschiedene Gegenstände für die Pflichtfeuerwehr zu beschaffen hat. Die Beschaffung dieser Gegenstände wird dem Gem.-Vorsteher überlassen. Eine freiwillige Feuerwehr zu gründen, hält die Versammlung für noch etwas verfrüht, es sollen vielmehr die Feuerwehrleute, die sich dazu gemeldet haben, ohne besondere Uniform und ohne besondere Verpflichtung sich zusammenschließen und erst ein oder zwei Jahre üben, erst dann will die Gemeinde der Sache nähertreten.

Im Protokoll der Gemeindeausschusssitzung vom 14. September 1910 wurde dann zum Thema Unfallversicherung der Pflichtfeuerwehrmänner festgehalten:

Nach Beschluß der Gemeindeausschußsitzung vom 16. Juni 1902 sollten die Feuerwehrleute der Gemeinde gegen Unfälle im Beruf seitens der Gemeinde versichert werden. Es ist dieses aber bis jetzt nicht geschehen. Die Gemeindeausschußsitzung beschließt nun einstimmig nochmals diese Versicherung und ersucht den Gemeindevorsteher, die Angelegenheit in die Wege zu leiten, und dem Ausschuß in der nächsten Sitzung Näheres über Kosten etc. vorzulegen.

Just in dieser Zeit erfolgte auch ein Führungswechsel in der örtlichen Pflichtfeuerwehr. Das geht aus einem Schriftwechsel vom 16./23. September 1910 hervor:

Beedenbostel, den 16. September 1910

An das königliche Landratsamt in Celle.

Der bisherige Brandmeister der Gemeinde Beedenbostel, Herr Bäckermeister A. Nemitz, ist verzogen nach Lüneburg.

Seitens der Gemeindebehörde ist nunmehr der Vollhöfner Otto Knoop, hier, zum Brandmeister bestellt, und ersuche ich um gütige Bestätigung des Herrn Knoop als Brandmeister der Gemeinde, resp. des Spritzenverbandes Beedenbostel.

Der Gemeindevorsteher

Die Mühlen der Verwaltung brauchten eine Woche zum Mahlen. Reine Formsache. Der Landrat antwortete:

C., den 23.9.1910

An den Herrn Gemeindevorsteher in Beedenbostel.

In Gemäßheit des § 9 der Polizeiverordnung vom 15. Februar 1908, betreffend die Reglung des Feuerlöschwesens, wird hierdurch die Bestellung des Vollhöfners Otto Knoop zum Brandmeister der dortigen Gemeinde von mir bestätigt.

Sie wollen den Genannten hiervon in Kenntnis setzen und die erfolgte Bestätigung ortsüblich bekannt machen.

D. L.

Es ist bezeichnend, dass jener Vollhöfner Knoop soeben als Brandmeister der Pflichtfeuerwehr bestellt worden war und schon gut zwei Wochen später die Freiwillige Feuerwehr unter seiner Führung ins Leben gerufen wurde.

So datiert bereits vom 6. Oktober 1910 folgender Gemeindeversammlungsbeschluss:

In der Gemeinde bildet sich eine freiwillige Feuerwehr und erklärt sich die Versammlung damit einverstanden, wenn dann die freiwillige Feuerwehr die Spritze der Gemeinde und auch die sonst. Ausrüstungsgegenstände für Feuerwehrleute der Gemeinde leihweise benutzt.

Der Gründungstermin stand fest und unmittelbar bevor. Die Freiwillige Feuerwehr Beedenbostel wurde drei Tage später, am 9. Oktober 1910, gegründet.

Etwa zeitgleich, kurz zuvor, am 19. Juni 1910, hatte man in Habighorst ebenfalls eine freiwillige Feuerwehr ins Leben gerufen, welche am 12. Juli des Jahres bestätigt worden war. Damit gab es jetzt im Landkreis Celle insgesamt 13 freiwillige Feuerwehren, und zwar: Freiwillige Feuerwehr Celle (gegründet 1864), Freiwilliges Feuer-Lösch-Corps Celle (1875), Freiwilliges Rettungskorps Winsen/Aller (1879), Freiwilliges Feuerlöschkorps Winsen/Aller (1879), Freiwillige Feuerwehr Bergen (1881), Freiwillige Feuerwehr Hermannsburg (1893), Freiwillige Feuerwehr Westercelle (1893), Freiwillige Feuerwehr Eschede (1900), Freiwillige Feuerwehr Klein Hehlen (1903), Freiwillige Feuerwehr Eldingen (1904), Freiwillige Feuerwehr Lachendorf (1904), Freiwillige Feuerwehr Habighorst (1910) und Freiwillige Feuerwehr Beedenbostel (1910).

In Ahnsbeck, Bröckel und Offensen war man zwischenzeitlich zum Pflichtfeuerwehrwesen zurückgekehrt.

Die Stamm-Liste der Feuerwehr, im Anhang dieser Chronik abgedruckt, nennt 48 Männer der Geburtsjahrgänge 1861 bis 1894 mit ihrem Beruf und etwaigen Amt in der Feuerwehr sowie dem Eintrittsdatum 9. Oktober 1910. Mitgliederbewegungen sind dort aber nicht zu erkennen, die Handschrift ist bis zur Position 52 (1912) identisch.

46 Kameraden waren im I. Quartal 1911 beitragspflichtig, wovon das mit der Stamm-Liste nahezu deckungsgleiche Mitgliederverzeichnis, mit dem das „Kassabuch der freiw. Feuerwehr zu Beedenbostel" eingeleitet wird, zeugt. Danach hatten die Mitglieder je Quartal 30 Pfennig gezahlt. 52 Namen sind hier insgesamt genannt, darunter W. Bührke, H. Gillicke, M. Mansky, A. Meyer und E. Heers (Heers mit nur einem einzigen Zahlungseingang, und zwar von 30 Pfennig für das III. Quartal), die wir sonst nicht wieder in den Unterlagen finden – ein weiteres Indiz dafür, dass die Stammliste erst im Herbst 1912 erstellt wurde, als sich der Mitgliederstand gefestigt hatte. Ferner finden wir eine Zäsur unter der laufenden Nummer 46 (bis hierher wurden Beiträge für alle vier Quartale eingestrichen) und wieder eine unter Position 51 (nur III. und IV. Quartal).

In der Stamm-Liste werden Neueintritte nach dem 9. Oktober 1910 erst seit dem 26. November 1911 (Nr. 49) verbucht. Nach dem Gründungstag bis zum Ausbruch des Ersten Weltkriegs traten laut Stamm-Liste insgesamt gerade einmal sieben weitere Männer der Wehr bei.

Die Stamm-Liste gelangt übersichtlich in den Anhang, das Mitgliederverzeichnis, das zur übersichtlichen Darstellung der eingegangenen Mitgliedsbeiträge im Rechnungsjahr 1911 angelegt worden ist, nennt folgenden Personenkreis (mit der Orthographie und Spaltenunterteilung entsprechend der Vorlage):

1. Otto Knoop
2. Carl Marwede
3. W. Wolter
4. W. Hackemann
5. R. Brunkau
6. W. Lindmüller
7. C. Klinze
8. H. Bergmann
9. H. Lüchau
10. W. Bührke
11. W. Müller
12. H. Weber
13. K. Henke
14. V. Vilvock
15. F. Cammann
16. F. Behrens
17. A. Meyer
18. W. Heyer
19. A. Schulz
20. A. Striepe
21. C. Heyer
22. W. Danehl
23. A. Veth
24. H. Cammann (Gr.)
25. W. Dannheim
26. F. Meyer
27. H. Franke
28. W. Thies
29. W. Scheffler
30. M. Mansky
31. H. Cohrs
32. H. Müller
33. F. Kuhls
34. F. Matthies
35. H. Olvermann
36. F. Dralle
37. W. Lilie
38. H. Cammann (Sch.)
39. F. Törl
40. C. Alps
41. W. Molitz
42. H. Cammann (S.)
43. H. Gillicke
44. E. Lüßmann
45. H. Thiele
46. F. Heyer
47. E. Heers
48. H. Heuer
49. G. Heyer
50. F. Camman (G.)
51. W. Heuer
52. H. Dannheim

Otto Knoop, Hauptmann
**** 16.11.1876, † 08.01.1971***

Die gewählte Führerschaft sah zunächst so aus:

Hofbesitzer Otto Knoop: Hauptmann
Hofbesitzer Carl Marwede: stellvertretender Hauptmann
Zimmermeister Wilhelm Wolter: Zugführer der Steigerabteilung
Hofbesitzer Heinrich Lüchau: Zugführer der Spritzenmannschaften
Hofbesitzer Heinrich Müller: Zugführer der Schlauchmannschaften
Zimmermeister Willi Hackemann: Obersteiger
Maurermeister Willy Müller: Schriftführer (zog später nach Lachendorf)

Laut Stamm-Liste waren außerdem anfangs Friedrich Kuhls stellvertretender Zugführer der Wassermannschaften und Friedrich Matthies Signalbläser.

Von anderer Hand lesen wir nachgetragen Führerstelle oder sonstige Ämter in der Feuerwehr bei folgenden Gründungsmitgliedern: Fritz Cammann (Kapellmeister), Karl Heyer (Spritzenmeister), Wilhelm Heyer (zweiter Spritzenmeister), Fritz Behrens (Signalbläser), Albert Veht (Rechnungsführer).

Die neu gegründete Beedenbostler Wehr beschloss das allgemein übliche Statut, das vom Wortlaut her weitgehend mit der Eldinger Satzung übereinstimmt.[39] Man legte sich auf 19 Paragraphen fest, und zwar:

§ 1. Zweck der freiwilligen Feuerwehr.
§ 2. Mitgliedschaft.
§ 3. Einteilung der Mitglieder.
§ 4. Die Führerschaft.
§ 5.Das Kommando.
§ 6. Korpsversammlungen.
§ 7. Wahlen.
§ 8. Vertretung.
§ 9. Rechte und Pflichten des Hauptmanns.
§ 10. Rechte und Pflichten der übrigen Führer.
§ 11. Rechte und Pflichten der Mitglieder.
§ 12. Ausrüstung.
§ 13. Uebungen.
§ 14. Bekämpfung von Schadenfeuern.
§ 15. Kassenwesen.
§ 16. Strafen.
§ 17. Das Ehrengericht.
§ 18. Abänderung der Statuten.
§ 19. Auflösung der freiwilligen Feuerwehr.

Signalbläser. Repro: Blazek

[39] Das Statut der Freiwilligen Feuerwehr zu Eldingen ist vollständig übertragen in: MATTHIAS BLAZEK, Chronik 100 Jahre Ortsfeuerwehr Eldingen 1904-2004, Adelheidsdorf 2003, S. 25 ff. Dort war den unbescholtenen, gesunden und männlichen Dorfbewohnern eine Mitgliedschaft bereits ab einem Alter von 17 Jahren möglich.

Der Einstieg sieht so aus:

Statut

der

Freiwilligen Feuerwehr

*zu **Beedenbostel.***

---

§ 1.

Zweck der freiwilligen Feuerwehr.

Die freiwillige Feuerwehr ist ein Verein gesunder und kräftiger Männer, welche die Ehrenpflicht übernommen haben, sich durch regelmäßige Übungen bei militärischer Disziplin, die Gewandtheit, den Mut und die Ruhe anzueignen, die nötig sind, um bei Feuersgefahr möglichst rasch und in zweckmäßiger Weise Hilfe leisten zu können.

Die freiwillige Feuerwehr hat den Zweck, die Errichtung einer Gemeinde-Pflicht-Feuerwehr entbehrlich zu machen, übernimmt die Einrichtung der im § 1 der Polizei-Verordnung vom 15. Februar 1908, betreffend die Regelung des Feuerlöschwesens, vorgeschriebenen Abteilungen:

a) zur Bedienung der Spritze,
b) zur Ausübung des Steigerdienstes, sowie zum Retten von Menschen Vieh und Habe,
c) zur Herbeischaffung des Wassers,
d) zur Aufrechterhaltung der Ordnung und Bewachung der geretteten Sachen,

und bildet die vorgeschriebene Ortsfeuerwehr.

§ 2.

Mitgliedschaft.

Jeder unbescholtene, gesunde, männliche Bewohner der Gemeinde Beedenbostel im Alter von 18 bis 50 Jahren kann der freiwilligen Feuerwehr als Mitglied beitreten. Anmeldungen sind schriftlich an den Hauptmann zu richten.

(...)

Die Möglichkeit des Austritts stand den Mitgliedern erst nach drei Jahren frei! Dazu heißt es ebenfalls im Paragraph 2: „Jedem Mitgliede steht der Austritt aus der freiwilligen Feuerwehr nach Ablauf einer dreijährigen Mitgliedschaft nach einer 6 Monate vorher beim Hauptmann einzureichenden schriftlichen Kündigung frei.“

Das sollte man schon bedenken, ehe man seinen Beitritt per Unterschrift besiegelte.

Die Aufgaben, die ein jedes Mitglied wahrzunehmen hatte, wurden vom Kommando bestimmt. Anders war es auch nicht beim Musikkorps, dessen Mitglieder von der Versammlung gewählt wurden.

Dienstvergehen aller Mitglieder konnten durch ein Ehrengericht abgeurteilt werden. Seine Befugnisse regelte Paragraph 17:

Das Ehrengericht ist befugt:

1. *Verweise zu erteilen, eventuell mit der Verschärfung, daß dieselbe vor versammeltem Korps verlesen werden sollen.*
2. *Geldstrafen bezw. Bestätigung der vom Hauptmann erkannten Geldstrafen zu verfügen.*
3. *Den Ausschluß aus der freiwilligen Feuerwehr gegen die Angeschuldigten zu beschließen.*

Die Freiwillige Feuerwehr Beedenbostel genehmigte die Satzung in der ersten Versammlung nach ihrer Gründung, und zwar am 29. Oktober 1910. Die Bestätigung des Statuts erfolgte unter Vorbehalt jederzeitigen Widerrufs durch das Landratsamt in Celle.

In dieser Versammlung vom 29. Oktober wurden auch gleich die Strafgelder festgesetzt, und zwar in

Tagesordnungspunkt 2)

Wenn Mitglieder einer Versammlung oder Übung, bisher nur unregelmäßig zur bestimmten Zeit angesagt, und Zeit und Uhr angegeben waren, wann dieselben stattfinden sollen, nicht pünktlich erschienen, beziehungsweise beim zu spät kommen von 15 Minuten soll eine Strafe von 25 Pf. und wenn Mitglieder ganz ohne genügende Entschuldigung fehlen, eine Strafe von 50 Pf. erhoben werden.

Nach den Unterlagen des späteren Kreisbrandmeisters Müller wurde die Feuerwehr am 14. November des Jahres bestätigt.

Personalia, Musikkorps und Beiträge waren dann Gegenstand der Versammlung am 15. Dezember 1910:

Tagesordnungspunkt 1)

Zum Ehrengericht wurden nachstehende Mitglieder ernannt: C. Marwede, W. Wolter, H. Lüchau aus der Führerschaft und aus den Mannschaften: H. Weber, W. Lindmüller, F. Meyer.

Punkt 2) In das Musikkorps wurden nachfolgende Mitglieder gewählt: F. Cammann, F. Behrens, F. Matthies, F. Kuhls, H. Olfermann, W. Lindmüller, F. Törl, W. Lilien, W. Heuer, H. Dannheim.

Punkt 3) Ferner wurde beschlossen den Beitrag wie in der Versammlung (Statuten gemäß) festgesetzt mit 10 Pf. pro Monat zu erheben.

Feuerwehrgeschichte und Ortsgeschichte sind ja irgendwo Dinge, die nicht immer leicht voneinander abzugrenzen sind, daher hier eine Zeitungsnotiz aus der Celleschen Zeitung vom Mittwoch, 11. Januar 1911:

– Beedenbostel. Durch den Gendarmerie=Wachtmeister Harter wurde der Händler Gipfel wegen Gewerbesteuerkontravention verhaftet und dem Königlichen Amtsgericht Celle zugeführt.

Kurzer Abstecher, aber wieder zurück zur Feuerwehr. Aus den Protokollen der Feuerwehr des Jahres 1911:

16. Februar 1911:

Der Hauptmann gab bekannt, dass bei dem letzten Schadenfeuer, welches am 6. Januar entstanden war, die Wehr sich gut gezeigt und die Ortsbehörde sich über die Stiftung lobend ausgesprochen habe.

21. April 1911:

Durch die freiwilligen Gaben aus der Gemeinde wurde ein Betrag von 203,60 Mark eingenommen. Es wurde einstimmig beschlossen, für diese Summe neue Instrumente anzuschaffen.

20. Mai 1911:

Als Spritzenzugführer schied A. Meyer aus. Als Spritzenzugführer wurde einstimmig H. Lüchau und als ersten Spritzenmeister Karl Heyer gewählt.

4. Oktober 1911:

Es wurde beschlossen, am 26. November 1911 das erste Stiftungsfest zu feiern. Eintritt: 50 Pfennig.

11. November 1911:

Das Festprogramm wurde festgelegt. Es wechselte zwischen Musikstücken und kleinen Theaterszenen ab:

Konzertstücke der FFW
„Alarmiert“
Konzertstück
„Feuerwehrmann“
Konzertstück
„Aber der Mann“
„Frechdachs“
Konzertstück
Buchholz Landpartieen
Konzertstück
Ball

Was sonst noch im Zeitraum 1. Oktober 1910 bis 1. Januar 1912 im Vereinsleben passierte, ergeht aus der Rechnungsablage. Da ist beispielsweise zu ersehen, dass im Zeitraum 1.1. bis 31.3.1911 insgesamt 44 Kameraden ihren Quartalsbeitrag von 30 Pfennig entrichteten, dass 203,60 Mark für Musikinstrumente gesammelt wurden, dass Herr Koch so manche Unterrichtsstunde gab und dass das Versammlungslokal regelmäßig jenes von Mitbegründer Gastwirt August Schulz war.

Die Einnahmeseite ist der Ausgabeseite im alten Kassabuch übersichtlich gegenübergestellt:

Einnahme

vom 1. Okt. 1910.-1. Jan. 1912.

	Mk.	Pf.
Beitrag I Quartal	*13*	*20*
Beitrag II Quartal	*13*	*80*
Beitrag III Quartal	*15*	*30*
Beitrag IV Quartal	*15*	*30*
durch Sammlung für Instrumente	*203*	*60*
Beitrag V Quartal	*14*	*70*
Überschuß beim Freibier am 1. Okt.	*2*	
Bei d. Proben am 25 Nov. an Eintritt	*1*	*25*
Beim Ball an Eintritt	*100*	
Tanzbänder	*60*	*50*
Hiesige Feuerwehr an Eintritt	*20*	*50*
An Strafgelder		
Summa	***460***	***15***

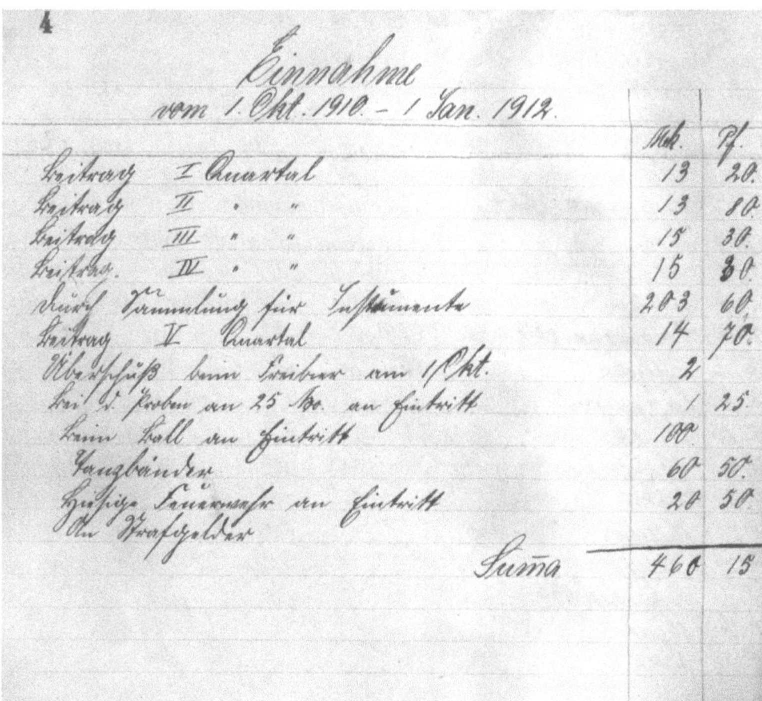

1910-1912 – erste Rechnung im Kassabuch der Freiwilligen Feuerwehr Beedenbostel.

Ausgabe

vom 1. Okt. 1910.-1. Jan. 1912.

	Mk.	Pf.
Für Instrumente	*224*	*10*
Für Bier an Schulz	*5*	*80*
Für Kassabuch	*2*	*25*
Herrn Koch für 3 Unterrichtsstunden u. Noten	*13*	*70*
Für ein Buch		*50*
Herrn Koch für Unterrichtsstunden u. Noten	*13*	*50*
Herrn Koch für 4 Unterrichtsst. u. Porto	*12*	*20*
Für Musik	*36*	
Herrn Hogrewe	*3*	
Herrn W. Müller laut Rechnung	*18*	*70*
Herrn W. Wolter für Theater Rollen	*6*	
Herrn A. Schulz für Getränke an d. Theaterspieler	*8*	*95*
Tanzbänder		*20*
Aufnahmegebühren	*10*	
Beitrag zu d. Kosten d. Ausrüstungs Gegenstände an d. Gem.	*58*	*15*
Herrn Koch für 4 Unterrichtsstunden a 2,50.	*10*	
Herrn W. Müller für Theater Rollen	*7*	*85*
Ausrüstungs Gegenstände	*16*	*10*
Summa	***447***	***00***
Einnahme	***460***	***15***
Ausgabe	***447***	***00***
Kassenbestand 1.1.12	***13***	***15***

Die Einnahmen und Ausgaben für das Rechnungsjahr 1911 sind geprüft, und in der Zusammenziehung der Ausgaben ist ein Fehler von einer Mark gefunden worden. Die Summe der Ausgaben ist nicht 447 Mark sondern 448 Mark. Also der Kassenbestand ist demnach 12,15 M.

Beedenbostel den 25 Jan. 1912. Die Revisoren / Alb. Striepe. W. Wolter

Die Musik in der Feuerwehr wurde offensichtlich in der Anfangszeit besonders groß geschrieben. Auch in der nachfolgenden Jahresrechnung spielt die Musik in der Feuerwehr eine exponierte Rolle. Die Darstellung der Tabelle wurde jetzt leicht verändert:

Einnahme
von 1912.

		Mk.	Pf.
An	*Kassenbestand von 1911*	*12*	*15*
"	*Beitrag I Quartal*	*15*	
"	*3 Abzeichen*	*1*	*20*
"	*Herr Kuhn auf eine Joppe*		*90*
"	*Sammlung bei der Feuerwehrübung am 17. III.*	*27*	
"	*Strafgelder*	*6*	*50*
"	*Beitrag II Quartal*	*15*	
"	*Sammlung b. d. Übung am 4. Aug.*	*3*	*35*
"	*Freiwillige Gaben z. Anschaffung einer neuen Trommel*	*46*	*50*
"	*Beitrag III Quartal*	*15*	
"	*Beitrag IV Quartal*	*14*	*70*
"	*Eintrittsgeld von 2 Mitgliedern*	*2*	
"	*Eintritt beim Ball am 1. Dez.*	*97*	*50*
"	*Tanzbänder*	*67*	*50*
"	*Strafgelder*	*12*	*25*
	Eintritt beim Ball	*1*	
	Einnahme	***337***	***55***

Ausgabe
von 1912.

		Mk.	Pf.
Für	*1 Joppe, Stoff, Knöpfe, Litze, Abzeichen an Herrn Schmedt*	*16*	*20*
"	*4 Unterrichtsstunden an Herrn Koch*	*10*	
"	*3 Unterrichtsstunden für Herrn Koch*	*7*	*50*
"	*Noten*	*1*	*30*
"	*1 Trompete u. Feuerwehrsachen an Herrn O. Knoop*	*28*	*55*
"	*Restzahlung für Herrn Danner, Mühlhausen a. W. Müller*	*1*	*05*
"	*Beitrag an den Feuerwehrverband 5 M. Porto 0,45 M*	*5*	*45*
"	*Bier an Herr Schulz*	*14*	*50*
"	*Trommel u Zubehör*	*32*	*50*
"	*3 Unterrichtsstunden u Noten an Herrn Koch*	*9*	
"	*Musik am 1. Dez.*	*60*	
"	*Tanzbänder u Eintrittskarten*	*1*	*50*
"	*Theaterrollen, Porto u Auslagen an W. Wolter*	*13*	
"	*Theatergarderobe mit Transport*	*4*	
"	*Perücken an Herrn Törl*	*5*	
"	*Getränke an Herrn A. Schulz*	*18*	
"	*1 Reuter u. Bemühungen an Herrn Hogrefe*	*6*	*75*
"	*3 Unterrichtsstunden an Herrn Koch*	*7*	*50*
"	*Inserat der Celler Zeitung*	*3*	
"	*Herrn C. Klinze*	*5*	
	Überschuß	*87*	*75*
	Ausgabe	***337***	***55***

Die Einnahmen und Ausgaben für das Rechnungsjahr 1912 sind geprüft und für richtig befunden.

Beedenbostel den 22 Febr. 1913. Die Revisoren / W. Wolter / Alb. Striepe.

Die Höhe der Ausgaben entsprach also exakt der Höhe der Einnahmen! Das Inserat in der Celleschen Zeitung stand vielleicht im Zusammenhang mit dem Feuerwehrball. Bei den Übungen wurden Gelder eingesammelt, und Herr Kuhn, der Gastwirt, am 5. Januar 1871 geboren und am 26. November 1911 der Wehr beigetreten, gab (gerade einmal) 90 Pfennig „auf eine Joppe".

Die einzelnen Positionen sind im Kassabuch meistens nicht datiert, etwaige Feuerlöschprämien sind nicht verbucht worden, auch nicht im Zusammenhang mit dem Flächenbrand, der sich im April 1912 in der Feldmark Beedenbostel ereignet hatte. So hatte die Cellesche Zeitung am 25. April 1912 berichtet:

Beedenbostel. In der Feldmark Beedenbostel, etwa 1 Km. nordwestlich vom Orte entfernt, kam kürzlich ein Feuer aus, welches etwa zwei Morgen 15–20jährigen Fuhrenbestand vernichtete. Besitzer ist der Schuhmachermstr. L. hierselbst, dem durch das Feuer ein Schaden von ca. 150 M. entstanden ist. Die Ermittelungen nach der Entstehung des Brandes ergaben, daß zwei Schulknaben aus dem hiesigen Orte sich mit brennenden Zigaretten in den fraglichen Fuhrenbusch begaben und hier einen Haufen Streuheide anzündeten. Bei der zur Zeit herrschenden Trockenheit ist dann das Feuer, das sofort von hiesigen Einwohnern gelöscht werden konnte, auf den Fuhrenbestand übergesprungen, von dem etwa zwei Morgen vernichtet worden sind.

Am 1. Oktober 1912 trat der Knecht Heinrich Thiele, 1888 geboren und 1910 bei der Wehrgründung mit von der Partie, laut Bemerkung in der Stamm-Liste aus der Wehr aus. Er hatte bei den Wassermannschaften gedient.

Am 30. April 1913 ereignete sich zwischen Habighorst und Rebberlah ein großer Waldbrand. Außer einer Anzahl von Soldaten waren die Wehren und Bewohner der umliegenden Dörfer im Löscheinsatz, darunter die Freiwilligen Feuerwehren Beedenbostel und Eschede.[40] Dramatische Szenen müssen sich dort abgespielt haben, wie der Celleschen Zeitung vom 2. Mai des Jahres zu entnehmen ist:

— Ein bedeutender Waldbrand wütete in den Forsten von Höfer, Habighorst, Rebberlah und Ohe. Er entstand Mittwoch vormittag bei Höfer und dehnte sich, trotzdem die Wehren und Bewohner der umliegenden Dörfer sofort zur Stelle waren, mit rasender Geschwindigkeit aus. Mittags wurde Hilfe vom Infanterie=Regiment 77 erbeten, die mit dem Zuge 3.29 Uhr nachmittags an die Brandstelle gebracht und und (sic!) um 6 Uhr noch erheblich verstärkt wurde.

---

[40] BETHE/KASOLOWSKY, a. a. O., S. 69: Einsätze der Beedenbostler Wehr: (...) 1913 Waldbrand Ohe/Burghorn; S. G., 75 Jahre Freiwillige Feuerwehr Eschede 1900-1975, Eschede 1975, o. S. (S. 9). Der Zeitungsbericht ist im Original abgedruckt in: MATTHIAS BLAZEK, Chronik 50 Jahre Ortsfeuerwehr Gockenholz 1953-2003, Adelheidsdorf/Gockenholz 2003, S. 29.

Im ganzen waren vier Kompagnien unter persönlicher Leitung des Herrn Oberst v. Oertzen tätig. Auch der Herr Landrat v. Harlem und Herr Kreissekretär Stolze waren zur Brandstelle geeilt. Das Hauptaugenmerk mußte man darauf richten, die Königliche Forst zu schützen, was denn auch gelang. Arg gefährdet war längere Zeit die Ortschaft Rebberlah, jedoch war es auch hier möglich, die Gefahr abzuwenden. An mehreren Stellen übersprang das Feuer den breiten Bahndamm der Linie Celle=Hamburg, sodaß die Züge, da es unmöglich war, durch das Flammenmeer hindurch zu kommen, auf offener Strecke längere Zeit liegen bleiben mußten und dadurch erhebliche Verspätungen eintraten. Mehrere Löschmannschaften erlitten Brandwunden. Viel Wild ist dem Feuer zum Opfer gefallen, Hirsche und Rehe sah man in Rudeln flüchten. Auch zwei Bienenzäune sind verbrannt. Dem Feuer fielen ca. 10000 Morgen Heide und Wald, größtenteils alter Bestand, zum Opfer. Den Schaden, der sich auf ca. 3—400000 M. belaufen dürfte, tragen in der Hauptsache die Hofbesitzer Voigts und Bühmann=Rebberlah und Rittergutsbesitzer Thies=Habighorst, namentlich letzterer, dessen gesamter Holzbestand dem Feuer zum Opfer fiel. Erst gestern mittag war die Hauptgefahr beseitigt, und konnten die Löschmannschaften sowie das Militair, welches zumteil die Nacht über draußen geblieben war, abrücken. Regenschauer halfen, den Brand zu löschen. Wodurch der Brand entstanden ist, ob durch Funkenauswurf eines Dampfpfluges, der bei Höfer arbeitete, Unvorsichtigkeit beim Kaffeekochen oder aus einer anderen Ursache, ist noch nicht festgestellt.

Dieser Waldbrand, der sich von Höfer her ausbreitete, konnte kurz vor der Gemarkungsgrenze Gockenholz durch gemeinschaftlichen Einsatz aller verfügbaren Kräfte in Schach gehalten werden.

Am 4. Mai 1913 fand im Krügerschen Restaurant in Westercelle der 5. Verbandstag der Freiwilligen Feuerwehren des Stadt- und Landkreises Celle, verbunden mit dem 20-jährigen Stiftungsfest der Freiwilligen Feuerwehr Westercelle, statt. Die Gemeindevorsteher Olshausen/Westercelle, Hecht/Eschede, Molke/Altenhagen, Thies/Wietze und der gesamte Gemeindeausschuss von Westercelle nahmen teil, ferner auch die Brandmeister Rehwinkel/Westercelle, Vieth/Altencelle, Friedebold/Wienhausen, Mohwinkel/Adelheidsdorf und Müller/Burgdorf. Dem Verband gehörten im Jahre 1913 insgesamt 14 Wehren mit 772 Mitgliedern (gegenüber zwölf Wehren mit 718 Mitgliedern im Vorjahr) an.

Den Eintragungen im Kassabuch der freiw. Feuerwehr Beedenbostel zufolge nahm das Beedenbostler Musikkorps an der Veranstaltung teil.

Der Mitbegründer Carl Alps, wie der im Vorjahr ausgetretene Heinrich Thiele bei den Wassermannschaften engagiert, allerdings auch bei der Musik eingesetzt, kam am 13. Oktober 1913 zum Militär und trat erst am 16. März 1919 wieder ein. Gleichzeitig wurde auch der Mitbegründer Friedrich Dralle eingezogen. Der junge Landwirt, 1890 geboren, kehrte aus dem bald ausbrechenden Krieg nicht wieder heim.

Am 8. November 1913 sprach die Freiwillige Feuerwehr Beedenbostel in ihrer Versammlung über den Brandschaden bei Fritz Veth in Höfer am 4. November des Jahres. Der Hauptmann berichtete, dass vor dem Abrücken „Unregelmäßigkeiten" vorgekommen seien; beim Brand hingegen habe sich die Wehr gut gezeigt. Unter Tagesordnungspunkt „Verschiedenes" wurde beschlossen, dass Wochatz und der Wachtmeister, wenn sie bestimmt wussten, wo außerhalb des Ortes Feuer ausgebrochen war, berechtigt seien, die Feuerwehr zu alarmieren.

Aufschluss über Aktivitäten der Wehr im Jahre 1913 geben auch die beiden Seiten im Kassabuch. Die vier Quartale des Jahres brachten der Kasse jeweils 15,30 Mark. Man darf also von 51 zahlenden Mitgliedern ausgehen. Hermann Kuhls und Otto Matthies entrichteten ihr Eintrittsgeld in Höhe von jeweils einer Mark. Am 23. November wurde gefeiert, daher unter besagtem Datum die Einnahme von 60,- Mark für Tanzbänder. Von fünf Mitgliedern wurde Tanzgeld erhoben (zusammen 5,- Mark), und für die Brandbekämpfung in Höfer bekam die Wehr stattliche 67,30 Mark.

Und die Ausgabeseite? Bier an Herrn Kuhn am 22. Februar: 17,20 Mark, zwei Unterrichtsstunden und Noten an Herrn Koch: 8,- Mark, Beitrag an den Feuerwehrverband: 5,- Mark, Unterrichtsstunden: 5,50 Mark, Getränke für die Musik: 1,- Mark, Unterrichtsstunden an Herrn Koch: 10,- Mark, 1 Joppe an Herrn Schmedt: 5,90 Mark, 50 Paar Achselschnüre: 32,- Mark, 1 Lederhelm, den Selbstkostenpreis von 3,50 Mark, ein Wollgurt: 1,60 Mark, Fahrt der Musik nach Westercelle: 11,- Mark, Msuik am 23. November: 48,- Mark, Unterrichtsstunden an Herrn Koch: 10,- Mark, vier Runden Bier für die Musik: 1,60 Mark, eine Trompete: 29,- Mark und noch einmal Unterrichtsstunden an Herrn Koch: 2,50 Mark.

Die Jahresrechnung schloss in Einnahme und Ausgabe mit 283,25 Mark (Überschuss diesmal: 91,45 Mark) und wurde am 14. Februar 1914 von den Revisoren Wilhelm Wolter und Albert Striepe geprüft und für richtig befunden.

Der Mitbegründer Sattlermeister Willi Dannheim, Jahrgang 1874, wurde laut Stamm-Liste am 25. Februar 1914 wegen ungebührlichen Betragens aus der Wehr ausgeschlossen.

Am 2. Mai 1914 wurde für die Beedenbostler Wehr festgelegt, dass 26 aufgelistete Mitglieder folgende Gerätschaften mitzunehmen hätten: Heidehacke, Spaten oder Schaufel.

Im Jahre 1914 feierte die Freiwillige Feuerwehr Celle ihr 50. Stiftungsfest. Verbunden mit diesem Stiftungsfest, welches vom 13. bis 15. Juni stattfand, hielt der Kreisfeuerwehrverband dort seinen 6. Verbandstag ab. Die Feuerwehren aus dem Landkreis, dazu eine große Anzahl von Abordnungen aus der ganzen Provinz, überbrachten ihre Glückwünsche.

Dass das Beedenbostler Musikkorps daran teilnahm, ergeht wieder aus den Eintragungen im Kassabuch, wo es – undatiert – heißt: „Fahrt zum Feuerwehrfest in Celle an Fr. Cammann, Fr. Behrens, Fr. Matthies u. Törl, a 1,10 M. W. Lindmüller – 5,50".

Ansonsten verlief das Jahr 1914 zunächst in ruhigen Bahnen. Gleich die erste Einnahmeposition im Kassabuch begreift das stolze Strafgeld von Mitbegründer Schlossermeister Willi Hackemann, damals 38 Jahre, in Höhe von 17,- Mark. Der 25-jährige Schlossermeister Louis Küker, der Wehr zum 1. Februar 1914 beigetreten und der Spritzenmannschaft zugeteilt, entrichtete sein Eintrittsgeld in Höhe von 1,30 Mark. Dass die Beitragsleistung von 30,60 Mark im I. Quartal über 28,80 Mark im II. Quartal auf jeweils 20,40 Mark im III. und IV. Quartal schrumpfte, liegt gewiss in der Beitragsbefreiung der im Felde stehenden Kameraden begründet.

Das Musikkorps 1914. V.l.n.r. Olfermann, Wilh. Lindmüller, Heinr. Olfermann, Wilh. Lilie, Oswald Naumann, Fritz Behrens, Friedrich Matthies, Friedrich Kuhls, Fritz Cammann.

Auch die Ausgabeseite zeigt die üblichen Angaben. Für 27 Liter Bier gingen zunächst 8,10 Mark an den Gastwirt Kuhn. Das dürften die Getränke bei der Hauptversammlung im Frühjahr gewesen sein. Adolf Havekost aus Oppershausen tritt als neuer Übungsleiter des Musikzugs in Erscheinung. Er bekam für vier Unterrichtsstunden 16,- Mark vergütet, für Noten 4,70 Mark, für weitere vier Unterrichtsstunden 16,- Mark und dann noch einmal denselben Betrag für den gleichen Zweck. Eine Fahrkarte von Beedenbostel nach Celle wurde ihm aus der Wehrkasse vergütet. 24,- Mark gingen schließlich an Havekost für drei Unterrichtsstunden und Fahrt nach Celle. Die Musik wurde auf ganzer Linie gefördert, selbst das Bier hatten die Musiker scheinbar bei ihren Proben und Auftritten frei, was aus den Ausgabepositionen „Bier an die Musik Herrn Schulz – 2,20“ und „Bier – " " Kuhn – 1,50“ geschlossen werden darf.

Außerdem zahlte die Kasse den Beitrag an den Feuerwehrverband in Höhe von 5,15 Mark, für Schuppenketten und einen Helm 15,50 Mark an Herrn Bertz, für Ausrüstungsgegenstände 24,35 Mark an Herrn W. Müller und für einen Handfeger 65 Pfennig.

Hohe Verluste an Menschenleben zog der Krieg der Jahre 1914-1918 nach sich. Erstmals war von einem „Weltkrieg“ die Rede. Ausgebrochen war er im August 1914, nachdem am 28. Juni 1914 der österreichische Thronfolger und seine Gattin in Sarajewo erschossen worden waren.

Über 40 Jahre ist es nunmehr her gewesen, dass die Deutschen ins Feld ziehen mussten. Jetzt beherrschte Kriegstreiben wieder das Tagesgeschehen in Beedenbostel. Wieder wurden junge Männer aus Beedenbostel an die Front gerufen.

Das stellte man dann auch in der Versammlung am 29. August 1914 fest. Durch die Mobilmachung waren mehrere Kameraden zu der Fahne berufen worden. Ferner wurde beschlossen, dass die zur Fahne Einberufenen von sämtlichen Beiträgen zu der freiwilligen Feuerwehr entbunden seien. Zu den allgemeinen Kriegszwecken wurden dem Gemeindevorsteher 50 Mark von der Feuerwehr überwiesen. Zu einem bei Veth in Ahnsbeck am 26. August ausgebrochenen Schadenfeuer „war Besonderes nicht zu erwähnen".

Zu dem Brand bei Veth ist Folgendes zu sagen: Am Mittwoch, dem 26. August 1914, etwa 8.30 Uhr, entstand auf unaufgeklärte Weise ein größeres Schadenfeuer bei dem Hofbesitzer Heinrich Veth. Viele Leute waren bereits auf dem Felde. Mit großer Mühe wurde das Vieh gerettet, welches von den Schulkindern auf die Weide getrieben wurde. Infolge der völligen Windstille blieb das Feuer auf das Wohnhaus und die damit verbundene Scheune beschränkt. Die Wasserleitung tat außerordentlich gute Dienste.

Die Gemeinde Lachendorf erhielt am 17. September 1914 vom Landrat eine Spritzenprämie in Höhe von 44,80 Mark, weil die Lachendorfer Wehr zur nachbarlichen Löschhilfe ausgerückt war.[41]

Die Freiwillige Feuerwehr Beedenbostel erhielt ebenfalls eine Spritzenprämie, die mit 56,75 Mark höher ausfiel als aufgrund des Einsatzes der Lachendorfer Löschmannschaften. Die Einnahmeseite im Beedenbostler Kassabuch weist allerdings auch eine „Prämie beim Brand in Luttern" in Höhe von 67,25 Mark aus. Die undatierte Position taucht unmittelbar vor der Prämie beim Brand in Ahnsbeck auf, was aber nicht bedeuten muss, dass das Ereignis vorher eingetreten war.

Die Entwicklung der Freiwilligen Feuerwehr Beedenbostel, die bis zum Ausbruch des Ersten Weltkriegs im Jahre 1914 in ruhigem Aufbau und festgefügten Bahnen verlief, wurde jäh durch das Kriegsgeschehen unterbrochen. Die anfängliche Begeisterung, die auch die Beedenbostler Feuerwehrmänner zum größten Teil zu den Fahnen ihrer Regimenter eilen ließ, machte bald einer gewissen Ernüchterung Platz: als nämlich die ersten Gefallenen des Ortes gemeldet wurden, der Vormarsch an den Fronten zum Stehen kam und der verlustreiche Stellungskrieg begann. Niemand konnte sagen, wann das Blutvergießen ein Ende haben würde.

Dennoch blieb die Freiwillige Feuerwehr intakt. Die älteren Männer füllten die Lücken, die durch den Wehrdienst der jüngeren entstanden waren. In der Zeit des Ersten Weltkriegs sind in Beedenbostel keine Protokolle geführt worden. Wahrscheinlich sind in dieser Zeit auch keine nennenswerten Versammlungen gewesen. Die alte Pflichtfeuerwehr, die ja immer noch bestand, wurde sicher bedeutungsvoller.

Und es zeigt sich in dieser schlimmen Zeit ein sonst selten nachgewiesenes Maß

---

[41] Hans-Jörg Seiler/Dieter Rodewoldt/Hennerk Blidon, Chronik 100 Jahre Freiwillige Feuerwehr Lachendorf, Lachendorf 2004, S. 25.

an Solidarität der Feuerwehr gegenüber ihren im Felde stehenden Mitgliedern und hinterlassenen Ehefrauen.

So finden sich auf der Ausgabeseite von 1914 folgende Positionen, die mit dem eben Gesagten in Zusammenhang zu stehen scheinen: Eine Kriegsspende in Höhe von 50,- Mark wurde an Herrn Martens abgeliefert, die Frauen Scheffler und Heine erhielten jeweils eine Unterstützungsleistung in Höhe von 20,- Mark, 15 Kartons zum Verschicken von Zigarren schlugen mit 1,50 Mark zu Buche. Ein Inserat (Nachruf von Heine) kostete 4,- Mark. Für „Liebespakete" wurden 26,35 Mark aus der Vereinskasse genommen. Zusammenstellung und Versand übernahm laut Eintrag Gastwirt Kuhn. Die Frauen Scheffler und Heine erhielten nochmals eine Unterstützung, diesmal in Höhe von je 10,- Mark. Und nochmals wurde Geld aus der Kasse für Liebespakete genommen, und zwar 37,65 Mark, die diesmal zur weiteren Veranlassung an Gastwirt August Schulz übergeben wurden.

Die Jahresrechnung schloss in Einnahme und Ausgabe mit 360,45 Mark ab. Der Überschuss wurde am 1. Januar 1915 mit 40,30 Mark beziffert. Fritz Meyer und Herbert Fehler prüften die Kasse und befanden sie für richtig.

Das Kassabuch wurde nur noch in den Jahren 1915 und 1916 geführt. Die Zahl der Einnahmen und Ausgaben ist recht überschaubar. Neben den Monatsbeiträgen, die auch weiterhin bis 1918 erhoben wurden, finden wir auf der Einnahmeseite 1916 Einnahmen aus freiwilligen Sammlungen von 20,12 beziehungsweise 21,- Mark und eine Einnahme von 3,- Mark als „freiwillige Gabe von H. Meyer am Felde". Als letzte Einnahmeposition von 1916 taucht eine Prämie für einen Brand in Beedenbostel in Höhe von 36,- Mark auf.

Auf der Ausgabeseite finden wir 1916 52,50 Mark, die für Pakete für die Kameraden im Felde an Gastwirt August Schulz übergeben wurden, das Porto dafür in Höhe von 4,40 Mark, dann 4,- Mark für den Nachruf Heinrich Müller, 4,40 Mark für den Nachruf Heinrich Olfermann und schließlich 7,53 Mark für einen Dienstrock für Dannehl. Heinrich Müller, Feuerwehr-Mitbegründer und Zugführer der Schlauchmannschaften, war am 6. Mai 1915, Mitbegründer Heinrich Olfermann (Wassermannschaft und bei der Musik) am 17. August 1915 gefallen.

Fritz Behrens, der Signalbläser, und Carl Klinze prüften die Jahresrechnung von 1915 und befanden sie für richtig.

1916 wurden Monatsbeiträge in Höhe von 31,60 Mark einkassiert und für Liebespakete an die Krieger im Felde 74,80 Mark ausgegeben. 1917 und 1918 schlug lediglich die Einnahme der Monatsbeiträge von 26,40 Mark beziehungsweise 28,80 Mark zu Buche. Undatiert finden wir schließlich noch Auslagen für ein Inserat Willi Thies in Höhe von 11,20 Mark. Der Feuerwehr-Mitbegründer, am 2. September 1879 geboren, war im Krieg gefallen.

Die Kasse prüften wieder Behrens und Klinze, allerdings erst nach dem Krieg. Der Kassenbestand betrug jetzt 102,74 Mark.

Nach dem durch den Waffenstillstand von Compiègne am 11. November 1918 beendeten Krieg und nach Rückkehr von der Front oder aus der Gefangenschaft war es für die Männer der Feuerwehr eine Selbstverständlichkeit, sofort (1919) ihren Dienst wieder aufzunehmen und wieder fortzusetzen.

Folgende Feuerwehrkameraden hatten laut den Bemerkungen in der Stamm-Liste im Ersten Weltkrieg ihr Leben verloren: Heinrich Müller (6. Mai 1915), Friedrich Dralle, Wilhelm Lilie, Heinrich Olfermann (17. August 1915), Willi Thies, Wilhelm Scheffler (29. September 1914), Fritz Heine (15. September 1914).

Die Tafel am Ehrenmal gibt die Namen aller Gefallenen aus Beedenbostel preis. Danach verloren 20 junge Männer 1914-1918 ihr Leben fürs Vaterland. Auch sind leichte Abweichungen zu erkennen:[42]

Fritz Henke	Theodor Klinze
Wilhelm Scheffler	Friedrich Bangemann
Martin Veth	Wilhelm Krüger
Karl Krekenbaum	Friedrich Schrader
Otto Molitz	Werner Drangmeister
Heinrich Müller	Wilhelm Thies
Otto Henke	Heinrich Franke
Heinrich Olfermann	Georg Placke
Friedrich Dralle	Otto Matthies
Heinrich Bergmann	Rudolf Gedat

Die erste Versammlung nach dem Krieg fand am 16. März 1919 statt. Die Wehr verzeichnete gleich 14 Neuzugänge, von denen der Maurer Gustav Mette, der als Einziger der Steigerabteilung zugeteilt wurde, bereits am 1. März 1920 wieder austrat. Und Carl Alps, der sechs Jahre zuvor zum Militär gekommen war, kam ebenfalls wieder hinzu.

Laut Stamm-Liste der Feuerwehr bekleidete der 1911 beigetretene Landwirt Herbert Fehler seit diesem Datum das Amt des Zugführers der Schlauchmannschaft.

Ab sofort wurden die Ausgaben im Kassabuch datiert. So ist zu sehen, dass die erste Ausgabe nach dem Krieg am 7. Juni 1919 für die Reparatur der Tuba getätigt wurde (8,- Mark) und am 19. Juli und 13. September des Jahres Adolf Havekost jeweils drei Unterrichtsstunden à 30,- Mark vergütet wurden.

Der Schneidermeister Karl Henke, Mitbegründer und einer der Senioren in der Wehr (Jahrgang 1862), trat am 1. Oktober 1919 aus der Wehr aus. Sattlermeister Carl Klinze, 1868 geboren, tat es ihm am 1. Januar 1920 gleich.

Am 16. November 1919 und am 14. November 1920 feierte die Freiwillige Feuerwehr Beedenbostel ihren Ball.

[42] Herzliches Dankeschön an Gerhard Bergmann, Altersabteilung der Ortsfeuerwehr Beedenbostel, und Barbara Burmeister, Samtgemeinde Lachendorf.

Aus den Protokollen des Jahres 1921:

3. Februar 1921:

Über die Arbeit der Wehr bei den Bränden (wo, war nicht vermerkt) sprach sich der Hauptmann befriedigend aus. Es wurde nochmals betont, dass die Mannschaften stets zuerst zum Spritzenhaus zu gehen hatten; ausgenommen waren nur die Nachbarn der Feuerstätte.

1. Juni 1921:

Das Strafgeld wurde bei Fehlen bei Übungen und Versammlungen auf zwei Mark, bei Nachtübungen auf drei Mark erhöht.

Verbunden mit dem 40-jährigen Stiftungsfest fand am 13. Juni 1921 in Bergen der 6. Kreisfeuerwehr-Verbandstag statt. Es gehörten dem Verband 15 Feuerwehren mit ungefähr 650 Mitgliedern an. Der Beitrag betrug 50 Pfennig pro Mitglied. Kassenbestand: 271,76 Mark. Folgende Feuerwehren beteiligten sich am Festzug: Beedenbostel, Beckedorf, Bergen, Celle, Eldingen, Eschede, Habighorst, Hermannsburg, Klein Hehlen, Lachendorf, Wardböhmen, Westercelle, Wietze, Wietzenbruch, Winsen und aus dem Landkreis Fallingbostel die Wehren Fallingbostel und Walsrode.[43]

1921 beteiligte sich die Freiwillige Feuerwehr Beedenbostel an einem zwei Tage wütenden Waldbrand in der Wulfsloh. Das Kassabuch offenbart auf der Ausgabeseite 1921 Belohnungen für ihren Einsatz bei einem Brand bei Carl Fehler seitens der Landschaftlichen Brandkasse (53,40 Mark), bei einem Brand in Bunkenburg (135,- Mark) und nochmals von der Brandkasse in Höhe von 50,- Mark.

In der Versammlung der Freiwilligen Feuerwehr Beedenbostel vom 14. November 1921 wurden die Eintrittsgelder für eine Festlichkeit am 27. November festgelegt. Damen sollten drei Mark und Nichtmitglieder acht Mark zahlen, den Rest sollten sämtliche Mitglieder zahlen.

Der Feuerwehrverband für die Provinz Hannover veranstaltete vom 25. bis zum 27. Februar 1922 in Uelzen einen Wander-Unterrichtskursus für Mitglieder der freiwilligen Feuerwehren im Regierungsbezirk Lüneburg. Es wurden dort verschiedenste Feuerlöscheinrichtungen vorgeführt. Ferner stand eine ganze Anzahl interessanter Vorträge auf der Tagesordnung, so beispielsweise die Bekämpfung von Waldbränden, die Gliederung des Feuerlöschwesens im Reich, die Gefahr der Elektrizität für die Feuerwehr, Feuerschutz auf dem flachen Lande und so weiter.

Der Kreisausschuss beschloss am 22. März 1922, den Klempnermeister Paul Müller (II) zu Celle als Kreisbrandmeister des Landkreises Celle anzustellen. Ihm stand vor allem das Recht zu, „sich von der gehörigen Ausbildung, der Diensttüchtigkeit und Schlagfertigkeit der amtlich anerkannten freiwilligen und

[43] ALBERT MICHAELIS, 75 Jahre Kreisfeuerwehrverband Celle, Bergen 1984, S. 36. Otto Knoop und Wilhelm Dannehl vertraten die Beedenbostler Wehr in Bergen.

Fabrik-Feuerwehren und der Pflichtfeuerwehren zu überzeugen".[44] Alsbald stellte Paul Müller einen Turnus auf, in dem er die Feuerwehren des Kreises revidieren wollte. Am 14. April 1922 brachte er, adressiert an das Landratsamt zu Celle, zu Papier:

Betr. Revisionen der Feuerwehren innerhalb 3 Jahren, habe ich den nachfolgenden Turnus aufgestellt und bitte denselben einer Prüfung zu unterziehen und mir zu genehmigen. Die Ortschaften, welche keine Spritze haben oder unter 200 Einwohnern sind, sind wie in früheren Jahren fortgelassen.

I. 24 Orte.

Ahnsbeck, Altenhagen, Bargfeld, ***Beedenbostel,*** *Bockelskamp, Eldingen, Endeholz, Eschede, Garßen, Gockenholz, Habighorst, Höfer, Hohne ᵇ/L., Hohnhorst, Hustedt, Lachendorf, Lachtehausen, Luttern, Scharnhorst, Scheuen, Schmarbeck, Ummern, Unterlüß, Wienhausen.*

II. 25 Orte.

Baven, Beckedorf, Becklingen, Belsen, Bergen ᵇ/Celle, Bleckmar, Bonstorf, Diesten, Dohnsen, Eversen, Gr. Hehlen, Hagen, Hermannsburg, Hohne ᵇ/B., Meißendorf, Müden/Oertze, Nindorf, Offen, Oldendorf, Sülze ⁱ/H., Walle, Wardböhmen, Weesen, Winsen ᵃ/Aller, Wolthausen.

III. 25 Orte.

Altencelle, Bannetze, Bröckel, Gr. Eicklingen, Hambühren, Hohnebostel, Hornbostel, Jeversen, Kl. Eicklingen, Kl. Hehlen, Langlingen, Neuwinsen, Nienhagen ⁱ/H., Nordburg, Offensen, Oldau, Oppershausen, Sandlingen, Steinförde, Südwinsen, Thören, Wathlingen, Westercelle, Wieckenberg, Wietze.

Der Landrat erklärte sich unter dem 22. April 1922 „ergebenst einverstanden".[45]

Auf Initiative des Feuerwehrhauptmanns von Habighorst, Wilhelm Thies jun., wurde ein Feuerwehrbezirk gegründet, dem zunächst Habighorst, Lachendorf und Garßen angehörten. Die Garßener stimmten dem Beitritt am 19. April 1922 zu. Später gesellten sich auch Eschede und Beedenbostel hinzu. Innerhalb dieses Bezirks war alljährlich in den Wehren der Reihenfolge nach wechselnd eine größere Bezirksübung, die dann anschließend gemeinsam kritisiert wurde.[46]

---

[44] KrA-Ce 547 Nr. 9. Über Paul Müller berichten die archivierten Akten in Nds. HptStA Hann. 122a Nr. 142: „Müller ist Inhaber eines guten Klempnerei- und Installationsgeschäfts. Seiner Dienstpflicht hat er in den Jahren 1889-1891 im Infanterie-Regiment № 77 genügt; er ist Landwehr-Unteroffizier. Müller ist bei der freiwilligen Feuerwehr in Celle am 1. April 1893 eingetreten, wurde 1900 Zugführer, 1905 II. Kommandeur und 1910 I. Kommandeur. Während seiner ganzen Dienstzeit bei der Feuerwehr hat er jederzeit in besonders verdienstvoller Weise sein Interesse für das Feuerlöschwesen betätigt. In Anerkennung seiner Verdienste ist er nach dem Ableben seines Vaters, der diesen Posten bis dahin bekleidete, am 22. Dezember 1911 zum städtischen Brandmeister ernannt."

[45] KrA-Ce 547 Nr. 8.

[46] Festschrift Feuerwehr Garßen 1921-1971: Ausführungen des damaligen 1. Kommandeurs Ernst Buchholz vom 21. Mai 1931.

Auch 1922 feierte die Freiwillige Feuerwehr Beedenbostel. Am 15. November 1922 wurden die Eintrittsgelder für die Festlichkeit am 3. Dezember wie folgt festgelegt: Damen und Nichtmitglieder 30 Mark, Tanzgeld für Herren 40 Mark, den Rest zahlten sämtliche Mitglieder.

Zur Bekanntmachung im Kreisblatt brachte das Landratsamt Celle am 26. Januar 1923 zu Papier: „Bekanntmachung, betr. die Vornahme einer Revision der Feuerlöschgeräte. Die Herren Guts- und Gemeindevorsteher des Kreises werden hierdurch beauftragt, alsbald die sog. Feuervisitation vorzunehmen und insbesondere die Feuerlöschgeräte auf ihre Brauchbarkeit zu prüfen. Soweit in den Gemeinden Feuerwehren (Pflicht- und freiwillige Feuerwehren) bestehen, sind mit den Revisionen Übungen der Wehren zu verbinden. Einem Berichte über das Ergebnis sehe ich binnen 4 Wochen entgegen.“[47]

Strafgelder, Brandeinsätze, Parademärsche des Musikkorps – es gibt gerade aus den zwanziger Jahren so manche Anekdote zu erzählen. Werner Kasolowsky, der damals nur wenig Zeit für seine Recherchen für die erste Wehrchronik hatte, hatte sie aufgrund von Erzählungen damaliger Zeitzeugen zu Papier bringen können.

Anfang der 20er Jahre, Begebenheit Nr. 1

Zur Übung mußte jedes Mitglied kommen. Es sei denn, es war jemand krank oder verreist. Sonst drohte ja ein Strafgeld von 25 oder 50 Pf. Wenn nun die Züge angetreten waren, wurde die Anwesenheitsliste verlesen. Dabei wurde dann natürlich ab und an ein kleiner Scherz getrieben. So wurde auch jemand aufgerufen mit dem Namen: Baars-Cammann, worauf der Aufgerufene jedesmal rief: Ich bin nicht Baars-Cammann, ich bin Cammann 27. Dieses Spilechen ist wohl recht oft getrieben worden, aber erzürnt hat man sich wohl niemals darüber. Das Haus Nr. 27 besteht heut noch (Höfersche Str. Nr. 8) als eines der ältesten Häuser in Beedenbostel.

Anfang der 20er Jahre, Begebenheit Nr. 2

Fehlers Scheune brennt (heute Prengel). Alarm natürlich für alle Mitglieder der freiwilligen Feuerwehr. Man stellt sehr bald fest, daß man Hilfe braucht. Die Feuerwehr aus Lachendorf wird angefordert. Und wie das so unter Kameraden aus verschiedenen Orten üblich ist, wird auch ein bißchen freundschaftlich geflachst. Sagt ein Beedenbostler zu seinem auswärtigen Kameraden: "Hätt ju ok ne Leer mitgebroak?" Darauf die Antwort: "Glöft ihr Beedenbostler denn, wenn je Füer moken deit, denn liefern wir euch ok noch die Strikhölter?"

Anfang der 20er Jahre, Begebenheit Nr. 3

Die Kapelle übte den Parademarsch auf dem Grashof von Kapellmeister Fritz Cammann. Feuerwehrhauptmann Otto Knoop war Beobachter. Er kam mit ei-

---

[47] KrA-Ce 547 Nr. 5. Beachtet wurde der Aufruf nicht allerorts. Am 20. April 1923 gab der Landrat eine neue Bekanntmachung (wie 26.01.1923) in gleicher Sache heraus, in der der Angelegenheit schon etwas mehr Nachdruck verliehen wurde. Gleichlautende Bekanntmachungen datieren vom 5. März 1924, 15. Januar 1925, 2. März 1926.

ner Flasche Korn und hing sie zum Kühlen in Cammanns Brunnen. "Wenn es klappt, gibt 's nen Schluck." Es klappte nicht und gab auch keinen Schluck. Den Brunnen gibt es heute noch. Die Flasche hängt aber nicht mehr drin. Es muß also irgendwann einmal doch geklappt haben.

Aus den Protokollen der Jahre 1923-1926:

18. März 1923:

Als Beitrag wurde beschlossen ....100 Mark
als Strafgeld ....200 Mark
Eintritt .... 10 Mark

Zwecks Unterrichts in der Musik wurde der Steuerbeamte Bartels gewählt. Die Gegenleistung sollte in Naturalien erfolgen.

20. Juli 1923:

Die Inflation war auf ihrem Höhepunkt. Da man in der Wirtschaft und im Haushalt nur noch Millionen und Milliarden rechnete, wurde auch bei dieser Versammlung eine Erhöhung des Beitrags und der Strafgelder beschlossen. Zahlen sind allerdings nicht genannt.

Die Entwertung der deutschen Mark hatte bereits im Kriege begonnen. Danach kamen Milliardenbeträge für die Kriegsentschädigung hinzu, außerdem eine weiche Finanzpolitik und eine ständig steigende Flut neuer Banknoten. Im Sommer 1923 sank die Mark ins Bodenlose.

Der Stellmachermeister Heinrich Heyer trat 1923, nach vier Jahren Dienstzeit, wieder aus der Wehr aus.

7. Mai 1924:

Mit dem Ende der Inflation wurden die Preise wieder normal.

TOP 2: Es wurde beschlossen, an Beiträgen vierteljährlich 50 Pfennig, als Strafgelder bei Übungen und Versammlungen 50 Pfennig und bei Nachtübungen zwei Mark zu zahlen.

26. November 1925:

Wegen der schlechten Verhältnisse wollte man in diesem Jahr von einem Vergnügen absehen.

Dass sich 1925 ein Brand in Luttern ereignete, ist aus einer Einnahmenotiz im Kassabuch der Beedenbostler Wehr von 1925 zu ersehen. Dort ging nämlich vom Landratsamt eine „Vergütung wegen Hilfeleistung beim Brande in Luttern“ in Höhe von 25,- Reichsmark ein.

Gemeindevorsteher Hermann Martens in Gockenholz antwortete unter dem 4. Januar 1926 auf eine Verfügung des Landrats in Celle Folgendes: „(...) Dagegen muß ich auf das Entschiedenste den Vorwurf, daß die Mannschaften nicht in der Lage waren, die Spritze zu bedienen, ablehnen. Die Gockenholzer Spritze ist sehr einfach zu handhaben, und da das Bedienungspersonal zum größten Teil aus stets wechselnden Knechten u.s.w. besteht, haben immer regelmäßig Übungen stattgefunden. Als Beweis führe ich an, daß in den letzten 6 Jahren, wo ich Brandmeister war, einmal eine sehr gut funktionierende Übung vor dem Kreisbrandmeister stattfand, sodann die hiesige Pflichtfeuerwehr für schnelles Eingreifen bei Bränden in Beedenbostel und Lachendorf 2 Prämien erhalten hat. (...)“[48]

Versammlungsprotokoll vom 11. Februar 1926:

In Anbetracht des guten Kassenbestandes wurde beschlossen, den Beitrag des I. Quartals ausfallen zu lassen. Bei der nächsten Übung sollte gemeinschaftlich ein Fass Bier getrunken werden.

Welches Bier in Beedenbostel damals getrunken wurde, ergeht aus der auf diese Versammlung bezogene Ausgabenotiz von 1926: „53 Liter Spaten an Kuhn a 1,00 – 53 M“. Spatenbräu, seit 1922 Teil der Spaten-Franziskaner-Bräu GmbH, war ein traditionsreiches Bier aus München. Das Bier wurde bei Kuhn aus dem Glas getrunken.

Dieses Foto des Beedenbostler Musikkorps stammt offensichtlich aus dem Jahre 1929. Auf dem Bild sind zu sehen, hintere Reihe von links: Paul Badermann, Wilhelm Schrader, Hans Kuhn, August Ebel, Wilhelm Lindmüller I (Gründungsmitglied), Oswald Naumann, Friedrich Kuhls, Friedrich Matthies, Fritz Cammann, vordere Reihe: Wilhelm Lindmüller II, Carl Laue, Fritz Behrens und Adolf Lüchau. Angaben von Wilhelm Lindmüller III (Enkel des Gründungsmitgliedes) gegenüber Hanna Schramm. Repro: Hans-Jürgen Tietje

[48] KrA-Ce 547 Nr. 5.

Und warum war der Kassenstand so gut? Waren es die vielleicht auch die Strafgelder, mit denen man zweitrangig ein wenig nachhalf? 1926 wurde bei der Freiwilligen Feuerwehr Beedenbostel ein Beitrags- und Strafbuch begonnen, das fast 30 Jahre seinen Zweck erfüllte, in dem neben den Strafgeldern die an drei Terminen im Jahr (1926-1930) entrichteten Monatsbeiträge (je Mitglied dreimal 50 Pfennig) verbucht wurden.

Wegen der Mitgliederzahl, die sich (bis 1933) auf 54 bis 58 belief, nahmen die Eintragungen eines Jahres zwei Doppelseiten in Anspruch. Beispiel 1926: Strafgelder wurden an sechs Terminen fällig, und zwar am 11. Februar, einmal im März, am 11. und 18. April, an einem späteren, nicht datierten Termin und bei Gelegenheit einer Übung am 17. Oktober. Aufgelistet wurden 1926 54 Mitglieder, und zwar, wie folgt (untereinander lesen):

Otto Knoop	F. Kuhn
Karl Marwede	G. Smid
W. Wolter	K. Laue
H. Lüchau	W. Henke
W. Hackemann	A. Schulz
R. Brunkau	K. Alps
H. Fehler	H. Schrader
W. Lindmüller	W. Heyer
F. Kuhls	Fr. Gottschalk
F. Matthies	H. Kuhls
W. Molitz	H. Heuer
H. Dannheim	C. Thiele
F. Cammann	W. Dannheim
K. Heyer	W. Meyer
W. Dannehl	E. Lange
A. Striepe	Werner Meyer
H. Cammann I	H. Hansen
H. Cammann II	P. Badermann
F. Meyer	W. Scharder
W. Villwock	H. Kuhn
H. Weber	A. Lüchau
Fr. Behrens	Alb. Müller
A. Veth	Alb. Cammann
H. Cammann III	K. Tegtmann
O. Naumann	Aug. Ebel
H. Lüßmann	Alb. Dralle
L. Küker	H. Striepe

Erst beim Abgleich dieser Liste(n) mit den Angaben in der Stamm-Liste der Feuerwehr können Dienstzeiten der Kameraden in der Weimarer Zeit ermittelt werden, da Austritte in der Stamm-Liste relativ häufig notiert wurden, allerdings selten datiert und grundsätzlich ohne Angabe von Gründen.

In der Nacht vom 4. zum 5. März 1926 entstand in der Scheune des Landwirts (Kötners) Hermann Heuer in Beedenbostel Feuer, wodurch dieselbe vollständig nieder brannte. Die Scheune war aus Fachwerk hergestellt. Heuer, am 17. Oktober 1901 zu Handorf, Kreis Peine, geboren, war unverheiratet, und gegenwärtig wohnte sein Schwager Heinrich Springer bei ihm.

In der Brandschaden-Abschätzungsverhandlung vom 10. März 1926 wurde ein „gewisser Verdacht der Brandstiftung" geäußert. Über die Tätigkeit der Feuerwehren wurde berichtet:

„Es waren zugegen die freiwillige und Pflichtfeuerwehr der Gemeinde Beedenbostel
die Feuerwehr der Gemeinde Lachendorf und
die " " " Ahnsbeck.

Letztere ist nicht in Tätigkeit getreten. Die Feuerwehren haben in jeder Hinsicht ihre Pflicht getan."

Folgende Belohnungen wurden vorgeschlagen:

Gemeindevorsteher Beedenbostel: 30 Reichsmark,
Gemeindevorsteher Lachendorf: 40 Reichsmark,
Gemeindevorsteher Ahnsbeck: 25 Reichsmark.

An der Brandschaden-Abschätzungsverhandlung nahmen unter anderem Maurermeister Willy Müller, Lachendorf, Zimmermeister Ernst Beins, Hohne b. L., der technische Revisor Dröge von der Landschaftlichen Brandkasse in Hannover und Gemeindevorsteher Ammon teil.

In der Mitteilung der Landschaftlichen Brandkasse in Hannover an das Landratsamt in Celle vom 24. März 1926, betreffend die ermittelte Brandentschädigung (6622,50 Reichsmark), heißt es am Schluss: „Den beiden Wehren zu Beedenbostel u. Lachendorf habe ich die Belohnungen – wie vorgeschlagen – von 30 bzw. 40 M bewilligt. Der nicht in Tätigkeit getretenen Wehr zu Ahnsbeck vermag ich indes eine Belohnung nicht zu gewähren (:vgl. § 1 der Grundsätze vom 30.4.24:)."[49]

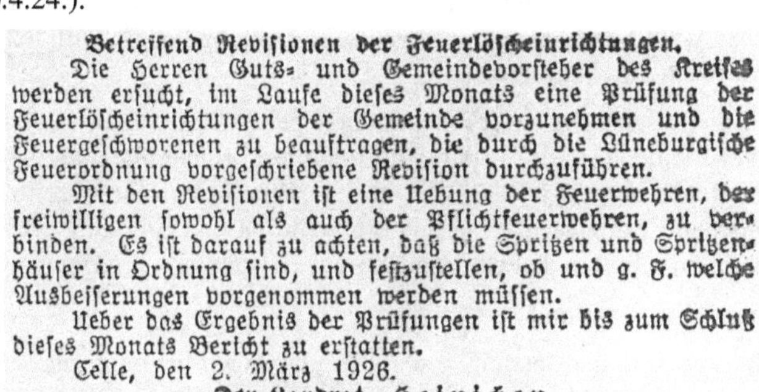

Betreffend Revisionen der Feuerlöscheinrichtungen.

Die Herren Guts- und Gemeindevorsteher des Kreises werden ersucht, im Laufe dieses Monats eine Prüfung der Feuerlöscheinrichtungen der Gemeinde vorzunehmen und die Feuergeschworenen zu beauftragen, die durch die Lüneburgische Feuerordnung vorgeschriebene Revision durchzuführen.

Mit den Revisionen ist eine Uebung der Feuerwehren, der freiwilligen sowohl als auch der Pflichtfeuerwehren, zu verbinden. Es ist darauf zu achten, daß die Spritzen und Spritzenhäuser in Ordnung sind, und festzustellen, ob und g. F. welche Ausbesserungen vorgenommen werden müssen.

Ueber das Ergebnis der Prüfungen ist mir bis zum Schluß dieses Monats Bericht zu erstatten.

Celle, den 2. März 1926.

Der Landrat. Heinichen.

Cellesche Zeitung vom 8. März 1926. Repro: Blazek

[49] KrA-Ce 555 Nr. 6.

Am 6. Juni 1926 fand in Beedenbostel unter großer Beteiligung der Verbandswehren der 10. Kreisfeuerwehr-Verbandstag statt. Über die Tagung und die anschließende Vorführung der gastgebenden Wehr berichtete am 11. Juni die Cellesche Zeitung (siehe Anhang). Feuerwehrhauptmann Otto Knoop wurde damals einstimmig in den Kreisverbandsvorstand wieder gewählt.

Am 10. Oktober 1926 fand in Bergen ein Führer-Kursus der Feuerwehren des Landkreises Celle statt, an dem 20 auswärtige Wehren teilnahmen.[50]

Eine Woche später, am 17. Oktober, führte die Wehr eine Übung durch, wie aus dem Beitrags- und Strafgelderbuch zu ersehen ist. Mit 50 Pfennig Strafgeld wurden die Kameraden Wilhelm Wolter, Albert Striepe, Heinrich Cammann II, Heinrich Lüßmann und Gerhard Smid belangt. Heinrich Lüßmann erwies sich 1926 als „guter" Zahler.

Am 2. September 1926 leistete die Beedenbostler Wehr mit drei Pferdegespannen Nachbarschaftshilfe in Eldingen. Dort hatte sich, auf der geteilten Stelle von Westermann und Hildebrandt und gegenüber bei Adolf Zeumer, früh um 1 Uhr eine regelrechte Katastrophe ereignet. Das Hildebrandtsche Anwesen sei, wie sich Emma Hildebrandt, Wieckenberg, erinnert, in einer viertel Stunde „in die Luft gegangen". Auch die Feuerwehren aus allen umliegenden Dörfern waren zur Stelle, ebenfalls die Freiwillige Feuerwehr Celle mit zwei Löschzügen.

Da das Feuer an drei Stellen gleichzeitig ausgebrochen war, vermutete man Brandstiftung. Die beiden vom Brand betroffenen Besitzer, Zeumer und Westermann, wurden wegen Verdunkelungsgefahr verhaftet.[51]

Vom Landratsamt erhielt die Freiwillige Feuerwehr Beedenbostel noch im gleichen Jahr eine Prämie von 45,- Mark, von der Landschaftlichen Brandkasse 15,- Mark.

Die Beedenbostler Wehr leistete im selben Jahr Löschhilfe bei Hasselmann und bekam diesmal vom Landratsamt 50,- Mark und von der Landschaftlichen Brandkasse 35,- Mark.

Am 14. März 1928 beschloss die Versammlung der Freiwilligen Feuerwehr Beedenbostel, am Sonntag, dem 25. März, eine Übung der freiwilligen und der Pflichtfeuerwehr durchzuführen.

An dieser Stelle seien drei, vier Anekdoten angebracht, die in etwa den damaligen Zeitgeist widerspiegeln. Es sind am Ende die Erinnerungen an die Zeit der Weimarer Republik (1918-1933), die in der Mitte ihres Existenzzeitraums mit den „Goldenen Zwanzigern" eine relative Stabilität und Erholung erlangte und deren Scheitern schon in den Umständen ihrer Entstehung vorgezeichnet war.

Übungen – Anno dazumal

Wie hieß es doch in der Satzung von 1910? „Übungen bei militärischer Disziplin". „Unsere ältesten Mitglieder, bzw. Einwohner von Beedenbostel", berichtet

[50] ALBERT MICHAELIS, 100 Jahre Kreisfeuerwehrverband Celle, Bergen 2008, S. 110.

[51] Ausführlich: BLAZEK, 100 Jahre Ortsfeuerwehr Eldingen, a. a. O., S. 55 f.

die Chronik von 1985, „waren damals noch Kinder. Für sie waren die Übungen, so erzählen sie es uns heute, grandiose, faszinierende Schauspiele ‚Unter den Eichen'."

Punkt 1 der Übung war militärisches Exerzieren. ... „Im Gleichschritt, marsch! ... Links schwenkt ... Rechts schwenkt ... Abteilung kehrt! ..." und so weiter. Der Feuerwehrhauptmann, damals Otto Knoop, gab die Kommandos.

Punkt 2 der Übung waren dann Aufgaben, die auf den Ernstfall der Feuerwehr ausgerichtet waren. Es begann mit dem Ausrollen und Zusammenkuppeln von Schläuchen. Geübt wurde auch das Aufhängen der Schläuche an der Trockenvorrichtung. Dieses war ein rundes Gestell, das in der Krone einer Eiche befestigt war. Dieses wurde heruntergelassen, die Schläuche befestigt und wieder emporgezogen. (Diese Trocknungsart reichte noch bis in die fünfziger Jahre hinein.) Auch wurde an einer Eiche ein dickes Tau befestigt. Hier galt es, sich dran hochzuziehen und auch wieder heil herunterzukommen.

Eine weitere Eiche hatte ebenfalls eine wichtige Aufgabe. An einer Reihe von Nägeln hingen die Musikinstrumente des Musikkorps; denn wenn geübt wurde – es war immer an einem Sonntagnachmittag –, mussten alle dabei sein und mitmachen.

Schließlich gab es auch Übungen mit Wasser. Dazu begab man sich an den nahe gelegenen Aschauarm. Da sind dann bei der Betätigung der damals vorhandenen Handdruckspritzen sicherlich die nächsten Schweißtropfen gefallen.

Aber damit war die Übung noch lange nicht zu Ende. Und ganz sicher haben auch die Kinder auf diesen Abschluss gewartet, denn er war noch Jahrzehnte später in lebendiger Erinnerung.

Punkt 3 der Übung: Vorbeizug der Wehr im Parademarsch am Feuerwehrhauptmann. Dazu waren die Züge in breiter Front angetreten. Vorne das Musikkorps. Dann kam das Kommando: „Parademarsch in Zügen ... Im Gleichschritt, marsch!" Das Musikkorps begann und schwenkte dann aus. Zu den Klängen des Präsentiermarsches zogen die anderen Züge (es waren wohl zwei) am Hauptmann vorbei. Noch bis in die dreißiger Jahre hinein fand dieses statt. Aber dann wurde ja sowieso manches anders.

Uniform und Helme – Anno dazumal

Die Uniform war grünlich mit blanken Knöpfen, die natürlich zu den Übungen blank geputzt sein mussten. Sonst gab es einen Anpfiff.

Die Helme der Feuerwehrleute deuteten auf die einzelnen Funktionen hin. Der Hauptmann und die Zugführer hatten Helme mit Messingspitzen. Der Sicherheitsfeuerwehrmann (im Ernstfall mit Polizeigewalt ausgestattet) hatte auf seinem Helm einen Messingstab mit einer Kugel obenauf. Er sorgte für Ordnung und hatte das aus brennenden Gebäuden geborgene Gut vor Plünderung zu schützen. Der Mannschaftshelm hatte Schuppenketten.

Alarm

Alarm wurde mit der Trompete gegeben. Es gab hierfür bestimmte Signale, die alle kannten. Übung oder Ernstfall, Feuer im Dorf oder außerhalb. Drei Mitglieder des Musikkorps waren dazu ausersehen. Später gab es dann Blechhörner mit einer „eingebauten Stimme", die dann jeder bedienen konnte, ohne die Kunst des Trompeteblasens zu beherrschen. Hier waren dann die Reihenfolgen von kurzen und langen Tönen entscheidend für die Mitteilung.

Der rote Knüppel

Teuf man, mien Jung, wenn erst moal dä rode Knüppel wedder int Hus kumt, dann gift et welche affereten!

Nein! Dazu war er nicht da, der rote Knüppel. Er sagte zwar auch jemanden „die Wacht" an, aber das hatte etwas mit dem Einsatz der Feuerwehr zu tun.

Der rote Knüppel stammt noch aus der Zeit der Pflichtfeuerwehren und wurde dann von der Freiwilligen Feuerwehr übernommen. So wurde berichtet, dass dieser Gegenstand sichtbares Erinnerungszeichen gewesen sei, welches auf dem Flur oder der Diele an der Haustür sichtbar aufgehängt war: ein roter Knüppel mit einer Lederschlaufe. Er signalisierte: Bei einem Einsatz nach außerhalb habe ich anzuspannen, die Spritze oder einen Mannschaftswagen zu fahren. Das waren damals noch die Ackerwagen, die wir als Kastenwagen noch lange in der fünfziger Jahren in der Landwirtschaft sahen.

Nach den Einsätzen oder auch Übungen, die außerhalb stattfanden, wurde dann dieser rote Knüppel in einer vorher festgelegten Weise an einen andern weitergegeben (der stumme Vorläufer eines Funkmeldeempfängers unserer Tage). Wo er war, herrschte Bereitschaft.

Auf der Basis der Polizeiverordnung vom 15. Februar 1908 wurde am 9. August 1928 eine „Nachweisung der zur Leistung nachbarlicher Feuerlöschhilfe verpflichteten Gemeinden des Landkreises Celle" veröffentlicht. Die Gemeinde Ahnsbeck hatte unaufgefordert „Hülfe" zu erwarten von Beedenbostel, Hohne b. L., Lachendorf und Nordburg als „Gemeinden mit Spritze" und von Bunkenburg, Helmerkamp und Jarnsen als Gemeinden ohne Spritze. „Auf erfolgte Erforderung" waren auch Gockenholz, Hohnhorst (mit Luttern), Langlingen und Oppershausen (mit Spritze) beziehungsweise Spechtshorn (Gemeinde ohne Spritze) in der Pflicht. Für Beedenbostel galt, dass Ahnsbeck, Gockenholz, Höfer (mit Ohe), Lachendorf (Gemeinden mit Spritze), Alvern, Bunkenburg und Jarnsen (Gemeinden ohne Spritze) unaufgefordert und Eldingen, Hohnhorst (mit Luttern), Oppershausen (Gemeinden mit Spritze) und Wohlenrode (Gemeinde ohne Spritze) auf erfolgte Aufforderung Feuerlöschhilfe zu leisten hatten.[52]

[52] KrA-Ce Fach 239 Nr. 1: „Nachweisung der zur Leistung nachbarlicher Feuerlöschhilfe verpflichteten Gemeinden des Landkreises Celle." Abgedruckt in: MATTHIAS BLAZEK, Ahnsbeck, Ahnsbeck 2003, S. 539. Auf erfolgte Erforderung hatten die Beedenbostler Löschmannschaften auch zur Gemeinde Eldingen auszurücken.

Aus den Protokollen der FF Beedenbostel:

14. April 1929:

Das Stiftungsfest in Winsen (50 Jahre) sollte besucht werden, und zwar mit Musik. Die Musik sollte freie Fahrt haben. Das Freiwillige Feuerlösch-Corps Winsen a. d. Aller feierte am 5. Mai des Jahres sein 50-jähriges Jubiläum und war zu diesem Anlass Ausrichter des Kreisfeuerwehrfestes.[53]

In Bunkenburg brach am 16. Oktober 1929 gegen 17 Uhr in dem Wohnwesen des Hofbesitzers Ernst Schwägermann Feuer aus. Schnell waren die Feuerwehren Lachendorf, Beedenbostel und Ahnsbeck zur Stelle. Ihrem tüchtigen Eingreifen und dem der Einwohnerschaft, die mittels Wasserwagen alles Wasser von der Lachte heranschaffen musste, ist es gelungen, das Wohnhaus zum größten Teil zu retten. Die Ursache des Brandes war zunächst noch unbekannt. „Der Schaden ist wohl meist durch Versicherung gedeckt", wie die Cellesche Zeitung am nächsten Tag berichtete.

— Lachendorf. Von der Feuerwehr. Nachdem am vorigen Mittwoch unsere Freiwillige Feuerwehr in Bunkenburg als erste Wehr am Brandplatze tätig gewesen war, fand am Sonntagnachmittag eine kleine Uebung statt, verbunden mit der feierlichen Ueberführung der Feuerlöschgeräte zum neuen Spritzenhaus, welches im letzten Sommer von der Gemeinde Lachendorf erbaut ist, und am Sonntagvormittag von einigen Kameraden bunt beflaggt war. Nach der Ueberführung fand ein Ueberführungstrunk beim Kameraden W. Röver „Lindenhof" statt. — Wie alljährlich, soll auch in diesem Jahre, am Sonntag vor Weihnachten, eine Kinderbescherung mit Theater und Ball stattfinden.

Wie in der Celleschen Zeitung am 24. Oktober 1929 mitgeteilt wurde, waren die Lachendorfer als erste Wehr am Brandplatz tätig. Feierlich überführten die Lachendorfer am 20. Oktober ihre Feuerlöschgeräte zum neuen Spritzenhaus.

Aus den Protokollen der FF Beedenbostel:

30. Oktober 1929:

Es wurde beschlossen, zur Anfertigung von Gürteln 10 Meter Gurt zu kaufen.

Am 11. Mai 1930 fand in Lachendorf der 14. Kreisfeuerwehrtag statt. Die Einladung hatte folgenden Wortlaut (nächste Seite):

---

[53] WALTER ZÜHLKE JUN., Festschrift 100 Jahre Freiwillige Feuerwehr Winsen a. d. Aller, Winsen 1979, o. S.

Kreisfeuerwehrverband Celle.

Einladung

zur 14.Kreisfeuerwehrtagung in Lachendorf

am Sonntag, den 11.Mai 1930

= 9 ½ Uhr =

Tagesordnung:

1.) Begrüßungsansprache,
2.) Geschäfts- und Kassenbericht,
3.) Vorstandswahl,
4.) Vortrag, Austausch gemachter Erfahrungen und Besprechung feuertechnischer Fragen,
5.) Beratung eingegangener Anträge,
6.) Wahl des nächsten Verbandsortes,
7.) Verschiedenes.

Zu vorstehender Tagung laden wir sämtliche Verbandswehren ein.

Satzungsgemäß stehen einer Wehr für je 20 oder angefangene 20 aktive Mitglieder ein Abgeordneter zu. Dieselben haben sich durch eine schriftliche Vollmacht mit Angabe der Zahl der aktiven Mitglieder ihrer Wehr auszuweisen.

Etwaige Anträge sind bis zum 1.Mai ds.Js. einzureichen.

Am gleichen Tage feiert die "Freiwillige Feuerwehr Lachendorf" ihr 25 jähriges Bestehen.

Paul Müller, Vorsitzender.   A. Schliemann, Schriftführer.

Der Einsatz von Motorspritzen war gebührenpflichtig. Nach den vom Kreisausschuss des Landkreises Celle aufgestellten und am 27. Oktober 1930 von Landrat Wilhelm Heinichen[54] veröffentlichten „Richtlinien für die Benutzung von Motorspritzen im Landkreise Celle bei auswärtiger Löschhilfe“ waren folgende Gebühren zu berechnen:

1. für jedes km Fahrt	*50 Rpf.*
2. für jede angefangene Stunde Arbeit der Spritze auf der Brandstelle	*10 RM*
3. für Abnutzung der Schläuche: bei einer Betriebsdauer bis zu 5 Stunden	
a) für 75 mm Schläuche je lfdm	*20 Rpf.*
b) für 52 mm Schläuche je lfdm	*15 Rpf.*
Bei einer Betriebsdauer von über 5 Stunden wird zu den obigen Sätzen ein Zuschlag von 20 % pro angefangene Stunde berechnet.	
4. für die Bedienungsmannschaft, in der Regel 4-6 Mann, für jeden Mann und jede angefangene Stunde	*1 RM*
5. für jeden Alarmierungsfall, jedoch nur bei Nichtinbetriebsetzung der Spritze auf dem Brandplatze	*20 RM*

[54] Wilhelm Heinichen, * 17.07.1883, † 27.07.1967, preußischer Regierungsrat (seit 1916), 1919 Landrat.

Albert Dralle besuchte 1930 einen Führerkursus. Die Auslagen in Höhe von 5,- Reichsmark wurden ihm aus der Beedenbostler Wehrkasse erstattet. Heinrich Lüßmann trat am 1. Januar 1931 aus der Wehr aus.

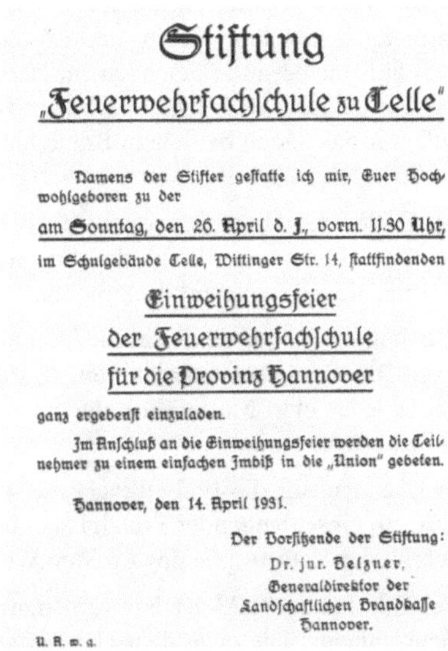

Stiftung

„Feuerwehrfachschule zu Celle"

Namens der Stifter gestatte ich mir, Euer Hochwohlgeboren zu der

am Sonntag, den 26. April d. J., vorm. 11.30 Uhr,

im Schulgebäude Celle, Wittinger Str. 14, stattfindenden

Einweihungsfeier

der Feuerwehrfachschule

für die Provinz Hannover

ganz ergebenst einzuladen.

Im Anschluß an die Einweihungsfeier werden die Teilnehmer zu einem einfachen Imbiß in die „Union" gebeten.

Hannover, den 14. April 1931.

Der Vorsitzende der Stiftung:
Dr. jur. Delzner,
Generaldirektor der
Landschaftlichen Brandkasse
Hannover.

U. A. w. g.

Am 26. April 1931 wurde in Celle die erste Feuerwehrschule der Provinz Hannover feierlich eröffnet. Dort hatten fortan alle mit Dienstgraden „belegten" Feuerwehrmänner ihre vorgeschriebenen Lehrgänge zu absolvieren.

Um die Gründung dieser Schule, einer der ältesten Feuerwehrschulen Deutschlands, haben sich vor allen der damalige Verbandsvorsitzende, Carl Freundel, Peine, Verbandsgeschäftsführer Hermann Schaefer, Lüneburg, und der damalige 1. Kommandeur der Freiwilligen Feuerwehr Celle, Walter Schnell,[55] verdient gemacht. Geldgeber waren die Landschaftliche Brandkasse Hannover (der der aufgewandte Betrag später jedoch aus der Feuerschutzsteuer erstattet wurde) und die Stadt Celle. Im Jahre 1931/32 sah die Schule 193 Teilnehmer. Diese Schulungsstätte wurde bald zum Mittelpunkt der gesamten Verbandsarbeit, zumal auch die Verbandsgeschäftsstelle mit Friedrich Windhorst, Grohn, als erstem hauptamtlichem Geschäftsführer am 9. Dezember 1932 dorthin verlegt wurde.[56]

Am 3. Juni 1931 stand auf der Tagesordnung der Versammlung der Freiwilligen Feuerwehr Beedenbostel die Beschlussfassung über die Teilnahme an einer Großwaldbrandübung in Weyhausen und an einem Kursus der Feuerwehrschule in Celle vom 8. bis 13. Juni.

---

[55] Walter Schnell, * 06.01.1895, † 07.05.1967, 1. Kommandeur der Freiwilligen Feuerwehr Celle 1925-1934, Städtischer Branddirektor 1933-1937, 1934 Provinzial-Feuerwehrführer, 1935 Erinnerungszeichen für Verdienste um das Feuerlöschwesen, 1935 Feuerwehr-Ehrenkreuz I. Klasse, 1937 Reichsfeuerwehr-Ehrenzeichen I. Klasse, 1937 Berufung nach Berlin als Leiter des Amtes für Freiwillige Feuerwehren im Reichsgebiet, 1942 Generalmajor der Feuerschutzpolizei, 1962 Feuerwehr-Ehrenzeichen 1. Stufe (HANS HISCHE/WERNER SCHMIDT, Chronik der Freiwilligen Feuerwehr Celle, herausgegeben zum 125-jährigen Bestehen, Celle 1989, S. 212).

[56] MATTHIAS BLAZEK, 75 Jahre Niedersächsische Landesfeuerwehrschule Celle 1931-2006, Celle 2007, S. 7 ff. Die Leiter der Schule waren 1931-1938 Branddirektor Walter Schnell, vom 1. September 1938-1964 Feuerwehringenieur Hermann Freiherr von dem Bussche(-Haddenhausen), 1965-1993 Branddirektor Dipl.-Ing. Heinz Bartels, 1993-1999 Branddirektor Dieter-Georg Runge, 2000-2005 Branddirektor Oliver Moravec, 2005-2009 Brandoberrat Dr. Christian Kielhorn und seit 2009 wieder Branddirektor Oliver Moravec.

In den Annalen der Ortsfeuerwehr Eldingen ist von der nachbarlichen Löschhilfe am 13. November 1931, abends um 22.30 Uhr, in Luttern die Rede, wo das Anwesen von Heinrich Aust brannte. Durch Bereitstellung der Autos der Kameraden Friedhoff und Fuhlrott war die Wehr schnell am Brandherd. Wegen Wassermangels war kein Retten und Löschen möglich gewesen. Die Wehr musste sich auf die Bergung der noch im Hause befindlichen Möbel beschränken, da das vorhandene Vieh schon verbrannt war. Bei diesem Brand tauchte die Frage auf, wer das Sagen bei einem Brand hatte, die Landjägerei oder der Brandmeister. Erkundigung sollte beim Landratsamt eingezogen werden.

Auch die Freiwillige Feuerwehr Beedenbostel leistete bei Aust Löschhilfe und bekam dafür von der Landschaftlichen Brandkasse 50,- und von der Kreisverwaltung 43,- Reichsmark Belohnung.

Aus dem Protokoll der Versammlung am 24. Februar 1932: „Zu jedem auswärtigen Brande rücken von jetzt ab 30 Mann aus. Diese haben aus dem Spritzenhause jeder eine Marke zu entnehmen mit Nummer. Die übrigen Kameraden haben Wache zu halten."

1932 endete für die Freiwillige Feuerwehr Beedenbostel die Zeit der Traditionen, ein einschneidender Wandel stand kurz bevor. Die nun kommende Zeit endet mit der Katastrophe des Zweiten Weltkrieges.

Der 30. Januar 1933 ist ein verhängnisvoller Wendepunkt in der Geschichte Deutschlands: Die erste deutsche Demokratie fand ihr Ende, und künftig prägten Hakenkreuzfahnen das öffentliche Straßenbild.

Mit der „Machtübergabe" durch „Hitlers willige Helfer", allgemein als Machtergreifung der Nationalsozialisten bezeichnet, begann für Deutschland das dunkelste Kapitel seiner Geschichte. Auch an Beedenbostel und seiner Feuerwehr ging der braune Zeitgeist nicht vorüber. Viele marschierten mit, andere passten sich an, wenige nur versuchten, sich fernzuhalten. Nach und nach wurden Vereine, Verbände, Gewerkschaften, kirchliche und soziale Organisationen von Regime-Kritikern „gesäubert", dem System „gleichgeschaltet" oder aber zerschlagen. Nicht anders erging es den freiwilligen Feuerwehren, deren paramilitärisches Potenzial sich die NSDAP nicht entgehen lassen wollte.[57]

Der Nationalsozialismus drückte allen Gruppen und Verbänden seinen Stempel auf. Die Briefe und Verordnungen bekamen Befehlston. Die Mitglieder der Freiwilligen Feuerwehr waren Feuerschutzpolizei und wurden durch das zuständige Landratsamt zu Hilfspolizeibeamten ernannt.

In einem Gespräch mit dem Oberpräsidenten der Provinz Hannover wurde am 9. Mai 1933 festgestellt, dass die Gleichschaltung bei den Feuerwehren vorläufig nicht nötig sei, weil die Feuerwehr den Forderungen der nationalsozialistischen Regierung gerecht werde und weil sie seit jeher ihren Dienst am Volke in wirk-

---

[57] Vgl. MATTHIAS BLAZEK, Unter dem Hakenkreuz: Die deutschen Feuerwehren 1933-1945, Stuttgart 2009.

lich sozialer Weise ausgeübt habe.[58]

Beim 17. Kreisfeuerwehr-Verbandstag am 21. Mai 1933 in Garßen hielt Karl Coldewe im Gefühl großer Veränderungen seinen Jahresbericht, der da endet:[59]

Karl Coldewe. Wache Freiwillige Feuerwehr Neustadt. Repro: Hans Grigat

Kameraden! Wir schließen heute ein Geschäftsjahr. Ein neues Jahr beginnen wir. Und mit welchem Stolze können und dürfen wir es beginnen: Ist doch alles Schwere und Fremde von uns genommen, können wir doch jetzt wieder arbeiten und schaffen mit dem festen Bewusstsein, dass es nun aber auch vorwärts gehen wird. Es wird aber nur dann vorwärts gehen, wenn wir alle, ein jeder an seinem Platze, seine Pflicht treu erfüllen wird. Das Höchste, was ein deutscher Mann besitzt, ist seine Pflicht, und wo dieses Wort Leitstern ist, wird es niemals einen Rückgang geben, sondern werden wir vorwärts kommen, aufwärts gehen, der Sonne entgegen, zu der auch wir Deutsche ein Recht haben. Halten wir alle zusammen in treuer Kameradschaft, Kameraden, dann sind wir oben, wo die Freiheit wohnt, wo die Freiheitssonne scheint, und unser deutsches Vaterland ist wieder ein glückliches, gesegnetes Land. Hier mitzuarbeiten ist wohl des Schweißes eines jeden Feuerwehrmannes wert, also Kameraden: vorwärts und aufwärts zum Ziel. Kameraden! Des sind wir gewiss, was Treue und Pflichterfüllung anlangt, lassen sich die Freiwilligen Feuerwehren von niemandem übertreffen.

Am 26. Januar 1933 führte das Landratsamt im Kreisblatt über die Revision der Feuerlöscheinrichtungen der Gemeinden aus. Bis zum 1. März sollte berichtet werden. Am 5. April 1933 wurden die Gemeindevorsteher der Celler Gemeinden gesondert angeschrieben.

Laut Stamm-Liste ist der Tagelöhner Rudolf Philipp, der der Wehr zum 1. Januar 1929 beigetreten war, am 1. April 1933 verzogen.

Nach dem neuen Feuerlöschgesetz des Staatsministeriums der NS-Regierung vom 15. Dezember 1933, das am 1. Januar 1934 in Kraft trat, gab es Differenzen innerhalb der Wehren: Nach Paragraph 50 des Gesetzes mussten alle Feuerwehrmänner mit Vollendung ihres 60. Lebensjahres aus dem aktiven Dienst ausscheiden und sich in die Altersabteilung zurückziehen. Alle bisherigen Satzungen wurden außer Kraft gesetzt.

---

[58] Adolf Wilkens, Die staatliche Aufsicht, in: Chronik 125 Jahre Landesfeuerwehrverband Niedersachsen 1868-1993, Hannover 1993, S. 155.

[59] Vgl. Matthias Blazek, „Abteilungsführer Karl Coldewe aus Celle: Justizsekretär koordinierte die Sanitätskolonnen – Mitglied im MTV, Roten Kreuz und Kreisfeuerwehrverband Celle wurde später in Neustadt Kreisfeuerwehrführer“, Sachsenspiegel 40, Cellesche Zeitung vom 02.10.2009.

(Nr. 14047.) **Gesetz über das Feuerlöschwesen. Vom 15. Dezember 1933.**

Das Staatsministerium hat das folgende Gesetz beschlossen:

Abschnitt I.

Die örtlichen Feuerwehren.

§ 1.

In jedem Ortspolizeibezirke muß eine leistungsfähige und den örtlichen Verhältnissen entsprechend ausgerüstete Feuerwehr vorhanden sein. Besteht ein Ortspolizeibezirk aus mehreren Gemeinden, so ist in jeder Gemeinde für genügenden Feuerschutz zu sorgen.

§ 2.

Die Feuerwehr hat im Auftrag des Ortspolizeiverwalters die Gefahren abzuwehren, die der Allgemeinheit oder dem einzelnen durch Schadenfeuer drohen. Die Polizeiaufsichtsbehörden können den Feuerwehren auch die Abwehr sonstiger Gefahren übertragen.

§ 3.

(1) Die Feuerwehr im Sinne der §§ 1 und 2 kann bestehen:

a) aus Berufsfeuerwehrmännern;

b) aus einer freiwilligen Feuerwehr;

c) aus Personen, die durch Polizeiverordnung zu einer Pflichtfeuerwehr zusammengeschlossen sind.

(2) Die Feuerwehr bedarf der Anerkennung der Polizeiaufsichtsbehörde.

Die Tatsache, dass ein preußisches Landesgesetz über das Feuerlöschwesen vom Reichskanzler verkündet wurde, deutet einwandfrei darauf hin, dass es sich um ein Gesetz handelt, dem eine reichseinheitliche Funktion von Anfang an zugedacht war. Um die Übernahme dieses Gesetzes durch die anderen Länder zu beschleunigen, übte man sofort entsprechenden Druck auf die Länder aus. Repro: Blazek

Und was bedeutete das für Beedenbostel? Mit einem Schlag wurde ein überwiegender Teil der verdienten und gewiss noch nicht alten Feuerwehrmänner, hier besonders die noch aktiven Feuerwehrmitbegründer, ab 1. Februar 1934 in der Stamm-Liste als Ehrenmitglieder geführt. Das waren: Otto Knoop (57 Jahre), Karl Marwede, Wilhelm Wolter, Heinrich Lüchau, Robert Brunkau, Friedrich Kuhls, Karl Heyer, Wilhelm Dannehl, Albert Striepe, Heinrich Cammann II (Baars), Fritz Meyer, Wilhelm Villwock, Heinrich Weber, Fritz Behrens, Heinrich Cammann III, Heinrich Schrader. Die Reihen der Altvorderen waren schmerzhaft gelichtet worden. Aber damit nicht genug: In den folgenden Monaten traten laut Stamm-Liste mehrere Kameraden aus der Wehr aus, nämlich Paul Badermann am 1. April, Hermann Hansen am 1. Mai und Willi Henke und Friseur Droste am 1. Juli 1934. Walter Molitz, Oswalt Naumann, Carl Bockelmann und Werner Meyer gingen 1935 und Fritz Cammann, der Kapellmeister, und Adolf Lüchau am 1. Januar 1936.

Eintragungen von verschiedener Hand in den Bemerkungen der Stamm-Liste, die unter anderem mit „ausgetreten“, „1935“ oder „1936“ und „verstorben“ abschließende Hinweise geben, lassen darauf schließen, dass in dieser Zeit noch so mancher Feuerwehrkamerad das Handtuch geschmissen hat, und zwar nicht immer aus Altersrücksichten. Das ist zu schließen in Bezug auf Albert Veht (Rechnungsführer) und Hermann Kuhls, die höchstens 50 Jahre alt waren beim Austritt, und selbst die Löschmeister Herbert Fehler (stellvertretender Führer der Wehr) und Louis Kücker traten 1936 aus.

So mancher Beedenbostler Feuerwehrmann war bereits vor den zwölf Jahren nationalsozialistischer Diktatur verzogen oder ausgetreten. 1937 aber, 27 Jahre nach der Gründung der Freiwilligen Feuerwehr im Jahre 1910, waren offensichtlich nur noch drei Mitbegründer mit von der Partie!

Am 14. Februar 1934 wurde Ernst Buchholz aus Garßen zum Kreisfeuerwehrführer bestellt.[60] Kreisbrandmeister Paul Müller II musste, weil er die neue gesetzliche Altersgrenze überschritten hatte, sein Amt niederlegen.

Es ging jetzt nicht nur um eine straffe Organisation im technischen Bereich. Der Provinzialfeuerwehrführer der Provinz Hannover, Branddirektor Walter Schnell in Celle, gab, „um den Wehren Rückfragen zu ersparen", mit Rundschreiben vom 10. April 1934 Erläuterungen zur Gliederung der Feuerwehren und Führerernennung. Darin ordnete er aber auch an:

Im Anschluß hieran ordne ich gleichzeitig an, daß von jetzt ab in den Wehren auch im inneren Dienst ein militärischer Ton herrschen muß und dementsprechend die Führer und Unterführer bei jedem Übungs= und Feuerwehrdienst und auch in dem offiziellen Teil der Versammlungen mit ihrem Dienstgrad anzureden sind, also z. B.: Oberfeuerwehrmann Meyer, Löschmeister Müller, Brandmeister Schulz u. s. f. Oberbrandmeister ...., Hauptbrandmeister ...., Wehrführer, Kreisfeuerwehrführer, und Provinzialfeuerwehrführer. Bei den Kreisfeuerwehrführern und dem Provinzialfeuerwehrführer ist in geschlossenem Kreis von Feuerwehrleuten auch die Anrede „Kreisführer" und „Provinzialführer" statthaft. Die Bezeichnung „Herr" als Anrede in Verbindung mit den Dienstgraden fällt fort. Nach dem Dienst dagegen sind wir Kameraden und der jüngste Feuerwehrmann hat das Recht, seine Vorgesetzten bis zu meiner Person herauf mit dem Worte „Kamerad" anzureden. Vorgesetzte Führer können auch innerhalb des Dienstes die ihnen unterstellten Führer mit „Kamerad" anreden. Im Beisein von dem Feuerlöschwesen fernstehenden Personen und vor allem bei Besichtigungen und vor der Front ist aber auch in der Anrede der unterstellten Führer die Dienstgradbezeichnung zu gebrauchen. Ich erwarte, daß diese Anordnung strengstens befolgt wird. Alle Kreisfeuerwehrführer haben Anweisung, hierauf zu achten und Verstöße gegen diese Anordnung zu rügen bezw. abzustellen.

Das neue Gesetz bewirkte allerdings auch die Beseitigung der jüdischen Mitbürger aus den Feuerwehren. Jüdische Familien haben damals, wie erzählt wird, in Beedenbostel nicht mehr gelebt. Mathilde und Hermann Jacobsohn waren bereits verzogen, ihr Geschäft wurde von Schmedt geführt. Auch scheinen kei-

---

[60] Ernst Buchholz, geboren am 13. November 1894 zu Ramhorst, Kreis Burgdorf, nahm am Ersten Weltkrieg 1914-1918 teil, wurde fünfmal verwundet, 50 % kriegsbeschädigt, Leutnant der Reserve und erhielt das eiserne Kreuz I. und II. Klasse (Nds. HptStA Hann. 122a Nr. 2937), und er war Mitbegründer und 1. Kommandeur der Freiwilligen Feuerwehr Garßen 1921 bis 1934. Dank seiner unermüdlichen, geschickten und eifrigen Tätigkeit stieg die Zahl der freiwilligen Feuerwehren im Kreis Celle von 28 mit 1338 Mitgliedern am 1. Juni 1934 auf 71 mit 2400 Mitgliedern am 1. Juni 1936. Am 5. Januar 1938 wurde Ernst Buchholz zum Provinzial-Feuerwehrführer berufen.

ne Nachkommen von Siegmund Stern mehr im Ort gelebt zu haben.

Kreisfeuerwehrführer Buchholz verschaffte sich einen Eindruck von den Feuerwehren im Kreis. Er notierte über die mit dem Vertreter des Landrats am 28. Mai 1934 in Gockenholz vorgenommene Löschwasserrevision. „(...) Spritzenhaus und Geräte in Ordnung. Schläuche viel zu wenig. Dorfschulze wünscht eigene Motorspritze. Vorschlag: Motorspritze besser in Beedenbostel. Erst Freiw. Feuerwehr bilden. (...)“[61]

Aus einem undatierten Fragebogen des Jahres 1934, der zu Buchholz' Amtszeit ausgefüllt wurde, geht hervor, dass der Schlossermeister Albert Dralle die Wehr seit Januar 1931 geführt hatte und dass ihm der Landwirt Herbert Fehler, 47 Jahre, als Stellvertreter zur Seite stand. Beedenbostel zählte 102 Hausnummern mit 520 Einwohnern, der Gemeindeschulze hieß Ammon (er findet in den Annalen der Beedenbostler Wehr sonst keine Erwähnung). Die Leistung der Rönneburg-Spritze war dem Schreiber nicht bekannt, dafür wusste er, dass 320 Meter A-Schläuche, ein Schlauchwagen und insgesamt zwölf Wasserstellen vorhanden waren, dass die Pflichtfeuerwehr weiterhin bestand und dass die Alarmierung in Beedenbostel mittels Hornsignal erfolgte.

Kreisfeuerwehrführer Buchholz notierte darunter, als Gedächtnisstütze: „Dienstplan, Schule, Beförderungen“.

Ein Großfeuer bei Fritz Veth in Gockenholz ereignete sich am 2. Juli 1934. Kreisfeuerwehrführer Buchholz notierte in seinem Jahresbericht für Gockenholz (wie er es 1934 noch für alle Wehren des Kreises tat): „2.7. Großfeuer Fritz Veth, Feuerwehren Beedenbostel, Lachendorf u. Celle. Wassermangel im Oberdorf, kleine Spritze Gockenholz findet genug im Brennereibrunnen. Celle versucht vom Hydranten erfolglos Wasser zu bekommen. Dann wird Feuerteich Martens angeschlossen u. gibt durch große Motorspritze mit etwa 400 m Schlauch genug Wasser. Entstehung wahrscheinl. Brandstiftung.“

Die Firma Drewsen in Lachendorf hatte zur Brandbekämpfung ihre Spritze zur Verfügung gestellt.

In dieser Zeit griff dann auch die neue Gliederung der Freiwilligen Feuerwehr Beedenbostel. Gemäß Runderlass des Ministers des Innern vom 28. Februar 1934 wurde sie aufgrund des nachgewiesenen Gerätebestandes und der gemeldeten Mannschaftszahl in einen Halblöschzug umgegliedert, dessen Führer ein Achselstück tragender Brandmeister war. Die Ernennung von Albert Dralle als Brandmeister als Führer der Wehr sowie der vier Löschmeister Herbert Fehler (zugleich stellvertretender Führer der Wehr), Louis Kücker, Wilhelm Meyer und Friedrich Kuhls vollzog Provinzialfeuerwehrführer Schnell mittels Urkunde und billigte der Wehr die Ernennung von acht leistungsstarken Kameraden als Oberfeuerwehrmänner nach eigenem Ermessen zu.

[61] KrA-Ce Fach 275 Nr. 6. Kreisfeuerwehrführer Ernst Buchholz war bekannt für sein Werben, auch in den letzten Orten freiwillige Feuerwehren zu gründen. Die Pflichtfeuerwehr Gockenholz war ein besonderer Fall, indem sie, trotz der Verpflichtung, bis 1953 auch wirklich „funktionierte“.

Für die vier Erstgenannten (also ohne Friedrich Kuhls) beantragte Kreisfeuerwehrführer Buchholz unterm 25. Juli 1934 beim Landrat als Ortspolizeibehörde die Ernennung zu Hilfspolizeibeamten. Dem kam der Landrat am 30. August 1934 nach.

In der von Kreisfeuerwehrführer Buchholz für Beedenbostel geführten Akte, die im Kreisarchiv Celle archiviert ist und von der eine Ablichtung bei den Unterlagen in Beedenbostel liegt, befindet sich ein Schreiben des Landrats in Celle an die Gemeindeschulzen (Bürgermeister) im Landkreis Celle, das sonst kaum noch bekannt ist.

Der Landrat. *Celle, den 2. Oktober 1934.*

Tgb.Nr.I.4437.

1.) Der Kreisfeuerwehrführer hat verschiedentlich festgestellt, dass (sic!) die Bohrbrunnen oder Saughydranten den Ansprüchen für Feuerlöschzwecke nicht mehr voll genügen. Das weitere Absacken des Grundwassers wird die Hauptschuld daran tragen.

2.) Ich ersuche Sie, durch Messungen die Tiefe der Bohrbrunnen und die Höhe des Wasserstandes festzustellen und durch Hand- oder Motorspritzen mindestens je 10 Minuten kräftig auszupumpen.

2.) Es ist weiter festgestellt, dass viele Pflichtfeuerwehren den Unfallverhütungsvorschriften entsprechend nicht genügend ausgerüstet sind.

Ich mache Sie darauf aufmerksam, dass Sie zur Verantwortung gezogen werden können, wenn der Angriffstrupp der Feuerwehr infolge mangelnder vorschriftsmäßiger Ausrüstung zu Schaden kommt. Es würde vorerst genügen, wenn zwei oder drei, unmittelbar am Feuer arbeitende Feuerwehrleute mit Steigergurt, Feuerwehrbeil, Rettungsleine und Stahlhelm mit Nackenschutzleder ausgerüstet sind.

3.) Im verflossenen Sommerhalbjahr hat der Kreisfeuerwehrführer mehreren Gemeinden Vorschläge für die Beschaffung von Feuerlöschwasser gemacht. Ich erwarte von den Herren Gemeindeschulzen, dass sie entsprechend dieser Vorschläge die Arbeiten in Angriff genommen haben.

Bis zum 15.ds.Mts. ersuche ich Sie, mir kurz zu 1., 2. und 3. zu berichten.

Heinichen.

Gemeindevorsteher Bernhard Ammon antwortete am 10. Oktober 1934 knapp: „Die Wasserverhältnisse sind hier geregelt, weil wir durch die Aschau überall Wasser bekommen können. Der Angriffstrupp ist vorschriftsmäßig ausgerüstet."

Der Kreisfeuerwehrführer setzte einen Sichtvermerk: „Gut! B."

Der genannte Gemeindeschulze Ammon verließ, nach 25 Jahren Ansässigkeit im Orte, Beedenbostel wieder. Das Anwesen (Oher Weg 1) gehört heute der in Hannover lebenden Familie von Hammerstein. Der weitere Weg der Familie Ammon soll nach den Worten von Ortschronist Joachim Westermann nach Gockenholz geführt haben.

Der Schuhmacher Otto Funke wurde zum 1. Januar 1935 wegen ungebührlichen Betragens aus der Feuerwehr ausgewiesen.

Im Protokoll der Versammlung vom 16. Januar 1935 taucht für die Leitung der Freiwilligen Feuerwehr Beedenbostel erstmalig die Bezeichnung „Führerrat“ auf. Die alten Uniformen wurden vorschriftsmäßig geändert.

Durch Verfügung vom 6. März 1935 teilte der Landrat den Landkreis Celle 1935 in 20 Feuerlöschbezirke ein. Innerhalb dieser Löschbezirke waren die Kosten für das allgemeine Feuerlöschwesen, abgesehen von den Gerätehaus- und Löschwasserkosten, umzulegen auf die Gemeinden, und zwar zu 50 Prozent auf das Grundvermögenssteuersoll und zu 50 Prozent auf die Einwohnerzahl der Gemeinden. Zukünftig bildeten Beedenbostel, Gockenholz, Höfer und Jarnsen den Löschverband Beedenbostel. Gockenholz war in dem Verband die einzige politische Gemeinde ohne freiwillige Feuerwehr.

Mit Schreiben vom 15. Mai 1935 bat Bürgermeister Ernst Lange das Landratsamt, den von ihm genannten Landwirt Walter Molitz als Führer der Pflichtfeuerwehr in Beedenbostel zu bestätigen. Damit kam Lange einer entsprechenden Aufforderung vom 7. des Monats nach. Amtsseitig wurde unterm 22. Mai des Jahres erwidert: „Sie sind bereits bestätigt und können sich Ihren Stellvertreter selbst bestellen.“

Walter Molitz, Jahrgang 1894, war neben dem Musikkorps-Musiker Willi Heuer jüngster Mitbegründer der Freiwilligen Feuerwehr Beedenbostel im Jahre 1910 gewesen. Molitz wollte aber offensichtlich die Pflichtfeuerwehr nicht führen, und zwar weil er dem Luftmeldedienst angehörte.

Der Luftmeldedienst der Luftwaffe war zuständig für die Erkennung und Weitergabe von Flugbewegungen an den Luftschutzwarndienst. Die Mitglieder absolvierten eine besondere Spezialausbildung.

Also schrieb Bürgermeister Lange am 1. Juli 1935: „Da der von Ihnen bestellte Führer der Pflichtfeuerwehr Walter Molitz, dem Luftmeldedienst angehört, und es somit ablehnt die Pflichtfeuerwehr zu führen, nenne ich Ihnen, den Bauern Hermann Suhling Beedenbostel als Führer der Pflichtfeuerwehr.“

Das Landratsamt stimmte dieser Änderung zu.

Am 24. Januar 1937 fand im „städtischen Saalbau Union“ in Celle unter der Leitung von Kreisfeuerwehrführer Buchholz eine Dienstversammlung der Pflichtfeuerwehren des Landkreises Celle statt. Auf der Tagesordnung standen Besprechung und Erklärung der Polizeiverordnung über die Pflichtfeuerwehren, Aushändigung der schriftlichen Ernennung und Verpflichtung, Bekanntgabe und Aushändigung des Übungsplanes für 1937, Verschiedenes.

Nicht erschienen waren die Führer der Pflichtfeuerwehren von Hustedt, Beedenbostel, Jeversen, Hermannsburg, Bleckmar, Sülze, Weesen, Westercelle und Schmarbeck.

Im Auftrage des Herrn Landrats eröffnete Kreisfeuerwehrführer Buchholz die

Dienstversammlung und begrüßte die Kameraden und die zahlreich erschienenen Bürgermeister. Alljährlich sei es einmal nötig, sich über die Pflichtfeuerwehren auszusprechen, nicht nur, weil es von oben vorgeschrieben sei, sondern „weil wir im Landkreis Celle uns besonders einzustellen haben, ganz besonders wenn wir feststellen, welches Ausmaß der Landkreis Celle in wehrpolitischer Hinsicht genommen hat“. Hieraus ergäben sich dann auch die Vorschriften, die herausgegeben seien. „Das Verhalten anderer Landkreise darf uns nicht als Beispiel dienen. Wir verlangen ja auch nicht, dass uns andere Landkreise als Beispiel nehmen sollen. Die zu erfüllenden Aufgaben zwingen unsern Landrat, die Pflichtfeuerwehren bestehen zu lassen.“[62]

Im Jahre 1937 stand die Verleihung von Ehrenzeichen für langjährige Feuerwehrleute aus Beedenbostel ins Haus. Hier gab es aus den bereits angeführten Gründen Probleme, denn die infrage kommenden Herren waren zum Teil nicht mehr Mitglied der Wehr. Der Brandmeister und Führer der Wehr Albert Dralle meldete dem Kreisfeuerwehrführer, Ernst Buchholz in Garßen, am 26. März 1937: „Zu der am 4/4. um 15.^{15} stattfindenden Versammlung sind aus Beedenbostel 5 Mann bestellt zwecks Verleihung von Ehrenzeichen. 4 Mann sind inzwischen aus der Wehr ausgetreten, u. lehnen ein Erscheinen in Uniform strikte ab. Auch an ein Erscheinen in Zivil ist von hier aus wohl nicht zu denken. Was soll ich da machen, da jegliches Bemühen meinerseits auf Widerstand gestoßen ist. Ich bitte um Information Ihrerseits. Friedrich Matthies allein ist zum Erscheinen bereit. Heil Hitler. Alb. Dralle.“

Die Antwort aus Garßen war unmissverständlich und wohl auch zu erwarten: „Warum schlagen Sie Leute zur Auszeichnung vor, die bereits ausgetreten sind?“, entgegnete Kreisfeuerwehrführer Buchholz. „Das geht nicht! Um Weiterungen zu vermeiden, lassen Sie die Sonderlinge, wo sie sind und verleihen ihnen dort bei passender Gelegenheit die von mir zu empfangenden Auszeichnungen.“

Und knapp 14 Tage später, am 11. April 1937, legte der Kreisfeuerwehrverband Celle-Land, Celle, mit einem weiteren Schreiben an die Beedenbostler Wehr nach: „Lieber Kamerad! Im August sind von dort für das Ehrenzeichen für 25 jährige Dienstzeit vorgeschlagen die Kameraden Matthies, Veth und Dannheim. Zum nächsten Termin kommen rechtzeitig Anfragen von hier. In Kameradschaft. Heil Hitler! Ihr (Namenszeichen)“

Am 4. September 1937 schrieb Brandmeister Dralle dem Kreisfeuerwehrführer:

Ich bestätige den Eingang Ihrer Karte vom 1/9. betreffend Einberufung zum Kursus Teil II vom 20-25. Septbr. Die Teilnahme an diesem Kursus ist unmöglich, da schon seit längerer Zeit ein Stellungsbefehl der Wehrmacht=Luft für die Zeit vom 19-26. Septbr. zur Übungs=Leistung beim Flugmeldedienst vorliegt, dem ich wohl Folge leisten muß. Im übrigen benutze ich die Gelegenheit

[62] StA-Ce 24G 168. Erste Seite abgebildet in: MATTHIAS BLAZEK, Die Anfänge des Feuerlöschwesens in der Gemeinde Adelheidsdorf, Beiheft zur historischen Ausstellung im Schulungsraum der Ortsfeuerwehr Adelheidsdorf 17. Juni 2006, Adelheidsdorf 2006, S. 33.

Ihnen mitzuteilen, daß es wohl überhaupt keinen Zweck haben wird, mich zum Kursus II. vorzusehen, da ich die Führung der Wehr doch spätestens zum November niederlegen muß. Es sind der Gründe eine ganze Reihe, die mich zu diesem Schritt veranlassen. 1) Es ist mir bis jetzt unmöglich gewesen, Kameraden zu finden, die bereit waren zur Feuerwehrschule zu gehen, um dann eine Löschmeisterstelle zu übernehmen. Ich habe keinen Löschmeister mehr. 2) Da mein Sohn im November Soldat werden muß, ist es mir aus wirtschaftlichen Gründen auch nicht mehr möglich die Führung der Wehr zu behalten. 3) habe ich noch eine ganze Reihe schwerwiegender Gründe die ich aber nicht brieflich mitteilen kann. Ihrer Stellungnahme entgegen sehend bin ich mit

Heil Hitler

Albert Dralle
Brandmeister.

Diese Personalsache sollte sich 1937 zu einer regelrechten Führungskrise entwickeln. Nicht nur, dass die Führungskräfte fehlten: Die Rede war von einem Verlust des Ansehens der Wehr. Kreisfeuerwehrführer übte Druck auf die Gemeinde Beedenbostel aus und drängte auf eine Klärung der Sache. Er schrieb dem Bürgermeister unterm 13. Dezember 1937:

Das Feuerlöschwesen in Beedenbostel hat in der letzten Zeit an Ansehen verloren, wie mir aus mehrfachen Berichten bekannt geworden ist. Um die Gründe zu ermitteln und das Feuerlöschwesen der Gemeinde neu zu beleben, halte ich es für angebracht, dass dort eine Versammlung der Freiw.Feuerwehr und aller Männer der Pflichtfeuerwehr abgehalten wird. Sehr erwünscht wäre es, wenn daran teilnehmen würden der Bürgermeister, der Ortsgruppenleiter und der Ortsbauernführer. Ich bitte Sie dazu um Ihre Stellungnahme und frage an, ob und zu wann Sie diese Versammlung, die als Dienst anzusetzen wäre, einberufen wollen; ich werde dazu kommen.

Als Abschrift ging dieses Schreiben gleichzeitig „an den Führer der Freiw. & Pflichtfeuerwehr in Beedenbostel" mit dem Zusatz: „Bei der Einberufung Ihrer Wehr zu dieser Versammlung bitte ich Sie, darauf zu achten, dass sie 3 Tage vorher angesagt wird und jeder Mann darauf aufmerksam gemacht wird, dass es Dienst ist. Heil Hitler!"

Am 20. Dezember 1937 fand die geforderte Versammlung der Freiwilligen Feuerwehr Beedenbostel statt. Sie muss wohl recht temperamentvoll gewesen sein. Im Protokoll lesen wir: „Die Stimmung war dafür, die Freiwillige Feuerwehr unter allen Umständen zu erhalten. Der Ortsbauernführer wurde darauf aufmerksam gemacht, die Bauern darauf aufmerksam zu machen, die Meinung über die Freiwillige Feuerwehr zu ändern."

Der anwesende Kreisfeuerwehrführer machte sich nebenbei seine Notizen. Er vermisste eine umfassende Tagesordnung. Seine Notizen zielten in Richtung Bewältigung der Führungskrise. Ernst Buchholz hörte Namen, schrieb: „Entscheidung über Schulbesuch verschieben." Darunter: „Heinz Engelke muß erst

Soldat werden." Die infrage kommende Führungskraft Heinz Engelke war damals noch sehr jung: 24 Jahre. Aber: „evtl. ja". Wilhelm Knoop, Jahrgang 1909, war ebenfalls bereit; noch mehr sogar: „hat zugesagt im Januar". Der Sattler Erich Klinze, 26 Jahre alt und seit einem Jahr in der Freiwilligen Feuerwehr, kam ebenfalls als Führungskraft infrage. Die Notiz lautet: „Erich Klinze evtl. im Sommer."

Buchholz stellte auch fest, dass „2 Strömungen" vorhanden gewesen seien, dass ein technischer Ausbau nicht weiter möglich sei und dass Motorisierung ansporne. In Sachen Pflichtfeuerwehr notierte Buchholz in seiner Kladde: „Wer dagegen arbeitet, macht sich strafbar. Führerersatz! Dobberkau ist von Führung der Pfl. F. entbunden!"

Die Aktennotiz des Kreisfeuerwehrführers fiel am Ende nicht allzu negativ aus. Er notierte:

Am 20. Dezember 1937 ist die verabredete Versammlung in Beedenbostel abgehalten. Die Freiw.Feuerwehr machte einen guten Eindruck. Brandmeister Dralle hatte als einzigen Punkt der Tagesordnung Beschickung der Feuerwehrschule. Da die Erklärungen und zwingenden Gründe für diese Notwendigkeit nicht genügend bekannt waren und in der Gemeinde von namhaften Bürgern ungebürliche Aeusserungen über die Freiw.Feuerwehr gemacht waren, hatte sich eine Misstimmung eingeschlichen. Ausserdem wurde auch darüber geklagt, dass die Pflichtfeuerwehr nicht ihre Pflicht täte. – Ich habe alle diese Fragen klargestellt und erreicht, dass sich

Wilhelm Knoop für den Kursus Teil I im Januar,
Erich Klintze für Sommerhalbjahr und
Heinz Engelke für später zur Verfügung stellten.

Da Brandmeister Dralle den Besuch der Schule nach wie vor ablehnte, wird seine Abberufung in Zukunft kaum zu umgehen sein.

Garssen, den 7.Januar 1938.

Walter Schnell. Foto: Karin Rothert-Schnell

Bei diesem Schreiben ist zu beachten, dass die verwendete Schreibmaschine keine Umlaute und auch kein Eszett kannte. Zur Abschrift also nicht empfohlen!

Auf der Führerdienstbesprechung und Schulung der Kreisfeuerwehrführer der Provinz Hannover am 4. und 5. Januar 1938 berichtete Walter Schnell, dass, wie die Feuerwehrführer und Feuerwehrmänner aus der Provinz aus der „Hannoverschen Feuerwehr-Zeitung" ersehen hätten, ihm der Vorsitz des Amtes für Freiwillige Feuerwehren mit der Maßgabe übertragen worden sei, seine Tätigkeit in Berlin auszuüben. Er habe sich entschlossen, dieses Amt auf ehrenamtlicher Basis für die Zeit von sechs Monaten zu übernehmen. Die vorläufige Führung der Dienstgeschäfte des Provinzial-Feuerwehrführers übertrug er auf den erst 43 Jahre alten Kreisfeuerwehrführer Buchholz aus Garßen, der zu diesem Zweck durch den Herrn Oberpräsidenten in den Führerrat des Provinzial-Feuerwehrverbandes berufen wurde.

Bei der Pflichtfeuerwehr von Beedenbostel war 1937 einiges im Argen gewesen, wie aus dem an den Bürgermeister gerichteten Schreiben des Kreisfeuerwehrführers vom 11. Januar 1938 zu ersehen ist. Friedrich Matthies, einer der Mitbegründer der Freiwilligen Feuerwehr, von Beruf Maurer und 1883 geboren, hatte von Anfang an im Musikkorps der Wehr mitgewirkt, auch war er der Signalbläser aus den Anfangstagen der Freiwilligen Feuerwehr gewesen.

Die wiederholte Neubesetzung in der zurückliegenden Zeit zeigt am Ende auch, dass der Posten des Führers der Pflichtfeuerwehr nicht besonders begehrt war. Und, am Beispiel Matthies zu sehen, scheint ein wenig Lebenserfahrung bei diesem Amt von Nutzen gewesen zu sein.

Im Schriftverkehr des Kreisfeuerwehrführers geht es weiter mit Belangen des Feuerlöschverbandes. Ernst Buchholz schrieb dem Bürgermeister in Beedenbostel unterm 18. Februar 1938:

Von dem Protokoll der ersten Löschverbandsbesprechung in Beedenbostel unter Vorsitz des früheren Bürgermeisters Ammon habe ich keine Abschrift erhalten. Ob dieses Protokoll damals in das Gemeindeprotokollbuch eingetragen ist, entzieht sich meiner Kenntnis. Ich entsinne mich aber, dass im Löschverband Beedenbostel von der Erhebung eines Beitrages zur Verbesserung der Feuerlöscheinrichtungen des Feuerlöschverbandes abgesehen wurde, weil die zugehörigen Gemeinden Beedenbostel, Höfer, Jarnsen und Gockenholz sich verpflichtete, die Kosten für ihre Feuerlöscheinrichtungen selbst zu tragen. Da aus Mangel an Mitteln die Beschaffung einer gemeinsamen Kraftspritze zurückgestellt war, habe ich dieser Vereinbarung zugestimmt. Bis heute verfügt der Feuerlöschverband Beedenbostel über keine gemeinsamen Geräte. Es erübrigt sich daher also auch die Führung einer Feuerlöschverbandsrechnung.

Da inzwischen die Gemeinde Höfer auf eigene Kosten eine Kraftspritze beschafft hat, ohne den Feuerlöschverband in Anspruch zu nehmen, bleibt es dortseits einer eingehenden Beratung vorbehalten, ob Sie überhaupt noch für den Rest der Gemeinden – ohne Höfer – die Beschaffung einer Kraftspritze z. Zt. planen. Zur Beratung dieser Frage stehe ich Ihnen zur Verfügung.

Hieran knüpft zunächst kein weiterer Schriftverkehr an. Am 29. Mai 1938 schrieb Brandmeister Dralle dem Kreisfeuerwehrführer: „Aus Anlaß daß der Feuerwehrmann Wilhelm Knoop geb. am 7/3. 09. zu Beedenbostel erfolgreich die Feuerwehrschule in Celle besucht hat und ich zur Zeit nur kommissarisch von mir eingesetzte Truppführer habe bitte ich darum, den Kameraden zum Löschmeister zu ernennen."

Kreisfeuerwehrführer Buchholz setzte links und rechts vom Wort „Löschmeister" Fragezeichen, hatte er doch damit gerechnet, dass Wilhelm Knoop Dralles Nachfolge antreten würde.

Albert Dralle hatte sich an dem Tag die Zeit genommen, gesondert weitere Schreiben an den Kreisfeuerwehrführer zu adressieren. So schrieb er weiter:

Auf Grund des Brandes der Flockenfabrik in Hankensbüttel, soll nun auch bei der hiesigen Flockenfabrik an dem großen Bohrbrunnen der sehr leistungsfähig ist, ein Anschluß für Feuerlöschzwecke geschaffen werden. Da doch in dieser Beziehung viele Zweifel bestehen z. Bsp. wie groß u. weit wegzuführen u. s. w., bitte ich doch um Ihren bezweis des Herrn Fachwart Besuch um diese Fragen zu klären. Da ich selbst mit der Ausführung der Arbeit beauftragt bin, bitte ich doch um vorige Benachrichtigung zu welcher Zeit die Besprechung wohl ausgeführt werden könnte. Bitte nicht zu weit hinaus schieben, da die Fabrik auf Ausführung drängt.

Sein drittes Schreiben betraf die Anschaffung von Gasmasken:

Bei der letzten Beschaffung von Gasmasken ist die Freiwillige Feuerwehr Beedenbostel wieder nicht beliefert worden. Trotz meiner wiederholten Bitten darum u. trotz Zusage des Herrn Bürgermeisters Lange wenigstens 2 Stück zu beschaffen, ist alles beim alten geblieben. Ich muß auf die 2 Masken für Ernstfall u. Übungszwecke Wert legen. Auch sonst habe ich Grund zur Beschwerde daß die Gemeinde die Freiwillige Feuerwehr viel zu stiefmütterlich behandelt. Um die kleinste Sache muß ich stets wer weiß wie oft direkt betteln. Ich weiß daß der Gemeinde große Ausgaben bevorstehen dieselben aber noch kein Grund sein können, das wenige allernotwendigste zu beschaffen weil auf der anderen Seite für Kochschul-Einrichtungszwecke mit Leichtigkeit tausende von Mark ausgegeben worden sind. Ich bitte darum, in geeigneter Weise auf die Gemeinde einwirken zu wollen damit dieses in Zukunft anders wird.

Kreisfeuerwehrführer Buchholz notierte auf dem Schreiben: „Besprochen mit dem Bürgermeister! Einigung erzielt."

Und wegen des Bohrbrunnens bei der Flockenfabrik wurde Buchholz sofort tätig. Schon am 30. Mai schrieb er dem Bürgermeister in Beedenbostel: „Zur Verbesserung der Löschwassereinrichtung auf der Flockenfabrik beabsichtige ich, am Donnerstag, den 2. 6. um 18 Uhr nach dort zu kommen. Da ich mit Ihnen einige Fragen zu besprechen habe und Sie auch an der Löschwasserverbesserung interessiert sein werden bitte ich Sie, sich zur genannten Zeit auf der Flockenfabrik einfinden zu wollen."

Der Termin fand statt. Buchholz notierte: „Vorgeschlagen in Fabrik Rohrbrunnen 100 mm Saugrohr mit A-Anschluß einlassen."

Eingeladen wurde auch Albert Dralle: „Ihre weiteren Schreiben werden wir bei dieser Gelegenheit zunächst mündlich besprechen."

1938 zeichneten sich Veränderungen auf Löschverbandsebene ab. Der Vorsitz des Löschverbands ging nach Höfer, weil dort eine Kraftspritze vorhanden war.

Den Führer der Freiwilligen Feuerwehr Beedenbostel und den dortigen Bürgermeister informierte Kreisfeuerwehrführer Buchholz mit Schreiben vom 6. September 1938:

„Im Auftrage des Herrn Landrats habe ich Ihnen mitzuteilen, dass es angesichts der Tatsache, dass in Höfer Kraftspritze und automobiler Feuerwehrmannschaftswagen stehen, nicht mehr angängig ist, dass der Löschverbandsvorsitz und die Löschverbandsführung weiter in Beedenbostel bleiben. Die Hauptaufgabe bei Grossbränden innerhalb Ihres Löschverbandes wird ohne Frage der Kraftspritze Höfer zufallen."

Der Kreisfeuerwehrführer wies im Weiteren darauf hin, dass es sich nicht um eine Degradierung des bisherigen Löschverbandsführers, Brandmeister Dralle, handele. Den Vorsitz sollte am 15. September 1938 Bürgermeister Hermann Wegener in Höfer, die taktische Führung aber Brandmeister Ernst Müller in Höfer übernehmen.

Der Löschverband sollte ab dem Tag der Übernahme den Namen Löschverband „Höfer-Beedenbostel" führen.

Brandmeister Albert Dralle zog seine Konsequenzen und nahm seinen Hut. Er antwortete am 8. September, der Schritt sei nicht gerade überraschend gekommen, da die Informationen bereits in Höfer vor einigen Wochen durchgesickert seien. Die Freiwillige Feuerwehr Beedenbostel lehne den neuen Namen ab, der Löschverband solle nur „Höfer" heißen. Mit sofortiger Wirkung legte Dralle sein Amt als Führer der Freiwilligen Feuerwehr nieder und bat um ein kurzfristiges Bestimmen eines Nachfolgers. Und es kam noch dicker: „... denn ich kann Ihnen keine vorschlagen, würde auch keinen finden, denn zu 80% wird die Wehr auch nicht mehr mitmachen. Ich betrachte mich also als nicht mehr im Dienst befindlich u. werde keinerlei Dienst mehr mitmachen, als nur für die nächste kurze Zeit den wirklichen Brandfall."

Am 10. September wurde auch der Bürgermeister in Gockenholz über die Neuerungen unterrichtet.

Kreisfeuerwehrführer Buchholz war in Zugzwang. Beschleunigt wurde nun Wilhelm Knoop ins Amt gehoben. Buchholz schrieb Brandmeister Dralle unterm 14. September 1938: „Mit sofortiger Wirkung entbinde ich Sie von der Führung der Freiw. Feuerwehr Beedenbostel. Zu Ihrem Nachfolger habe ich den Oberfeuerwehrmann Wilhelm Knoop in Beedenbostel bestellt, dem Sie alle Unterlagen auszuhändigen haben."

Mit einer kritischen Äußerung hielt Buchholz dann aber doch nicht hinterm Berg. Er schloss sein kurzes Schreiben, das nachrichtlich an den Wehrführer Helms in Winsen/Aller und den Oberfeuerwehrmann Wilhelm Knoop gesandt wurde: „Ihr Schreiben vom 8.ds.Mts. beweist mir Ihr mangelndes Verantwortungsbewusstsein. Ich stelle Ihnen anheim, den § 6 Abs. 2 der Mustersatzung für Freiw. Feuerwehren für sich in Anspruch zu nehmen."

Wilhelm Knoop war bereits am 12. September fernmündlich auf die Maßnahmen hingewiesen worden. Jetzt erhielt er auch am 14. September die Bestätigung, dass er sofort die Führung der Freiwilligen Feuerwehr Beedenbostel kommissarisch übernehmen sollte. Seinen Vertreter sollte er später selbst vorschlagen. Und der Termin der Einführung in sein Amt stand kurz bevor: „Zur Einführung in Ihr Amt und zur Erklärung des notwendigen Führerwechsels in der Wehr sowohl, wie im Löschverband berufe ich die Freiw. Feuerwehr Beedenbostel zu einer außerordentlichen Generalversammlung ein auf Sonnabend, den 17.ds.Mts., 20,30 Uhr bei Gastwirt Kuhn. Die Wehr steht pünktlich zu dieser Zeit unter Ihrem Kommando vor dem Wirtshaus angetreten (kleiner Dienstanzug: lange Hose, Schmalkoppel, Mütze).“

Den Ortsgruppenleiter, den Bürgermeister und den Ortsbauernführer sowie die Vertreter der anderen Gemeinden und Wehren des Löschverbandes lud der Kreisfeuerwehrführer direkt.

Ganz raus war Albert Dralle aber noch nicht. Der Bohrbrunnen bei der Flockenfabrik stand noch auf der To-do-Liste. Kreisfeuerwehrführer Buchholz fragte dort, bei Herrn Dobberkau, noch am 14. September 1938 nach: „Ich bitte um Mitteilung, ob die im Juni ds.Jrs. dort besprochene Löschwasserstelle für die Flockenfabrik nunmehr eingerichtet ist.“

Und am 27. September legte er nach: „Die Feuersicherheit Ihrer Fabrik fordert dringlich eine geeignete Löschwasserstelle. Ich bitte Sie, den Schlossermeister Dralle nochmals kurzfristig aufzufordern. Eventl. müssen Sie die Arbeit einem andern übergeben.“

Bürgermeister Ernst Lange füllte am 25. September 1938 einen Fragebogen über Feuerlöscheinrichtungen in der Gemeinde Beedenbostel aus. Das Papier war für die Landschaftliche Brandkasse Hannover bestimmt. Danach zählte Beedenbostel zu der Zeit 112 Hausnummern mit 578 Einwohnern. Führer der Freiwilligen Feuerwehr war Wilhelm Knoop, der Stellvertreter war noch nicht bestimmt. Die Kopfstärke der Freiwilligen Feuerwehr betrug 43, die der Pflichtfeuerwehr 50 – eine offensichtlich gerundete Zahl. Vom Spritzenhaus, das in der Mitte des Ortes lag, wurde gesagt, dass es „in Ordnung“ sei. 345 Meter 52er C-Druckschläuche mit Normalkupplungen waren vorhanden. In der Frage zur Zahl und Lage der Feuerlöschbrunnen wurde der Brunnen bei der Flockenfabrik genannt, bei dem die technischen Anforderungen nicht erfüllt wurden. Als Gebäude, die mehr als 300 Meter von der nächsten Wasserentnahmestelle entfernt lagen, wurden die Hausnummern 64, 65 und 66 genannt. Die nächstliegende „auswärtige“ und zur Löschhilfe verpflichtete Kraftspritze stand in Höfer (vier Kilometer entfernt). Der Führer des Feuerlöschverbandes setzte noch am selben Tag seinen Sichtvermerk unter den Schlussbericht (Abschnitt im Formblatt), der Kreisfeuerwehrführer machte in der gegenüberliegenden Spalte am 3. November 1938 folgende Verbesserungsvorschläge: „Beschaffung einer Kraftspritze ist erwünscht; mit Ansammlung von Reserven dazu muss begonnen werden.“[63]

Brandmeister Müller in Höfer begab sich am 6. November 1938 nach Gockenholz, um sich ein Bild von den dortigen Feuerlöschverhältnissen zu machen. Seine Meldung an den Kreisfeuerwehrführer in Garßen vom selben Tag schloss er: „jedenfalls ist Gockenholz ganz und gar auf Nachbarliche Hilfe angewiesen.“

[63] KrA-Ce Fach 275 Nr. 7.

Einschneidende Bedeutung für das freiwillige Feuerwehrwesen hatte das Gesetz über das Feuerlöschwesen („Reichsfeuerlöschgesetz“) vom 23. November 1938. In nur acht Paragraphen wurde alles Vorhandene abgeändert oder ausgelöscht. Das Ziel der Machthaber macht die Präambel des Gesetzes deutlich:

Die wachsende Bedeutung des Feuerlöschwesens vor allem für den Luftschutz erfordert, daß schon seine friedensmäßige Organisation hierauf abgestellt wird. Hierzu ist nötig die Schaffung einer straff organisierten, vom Führerprinzip geleiteten, reichseinheitlich gestalteten, von geschulten Kräften geführten Polizeitruppe (Hilfspolizeitruppe) unter staatlicher Aufsicht.

Weiter heißt es im Paragraph 6: „Die von den freiwilligen Feuerwehren gebildeten Vereine und Verbände werden aufgelöst. Der Reichsminister des Innern bestimmt den Zeitpunkt der Auflösung und regelt die Rechtsnachfolge. An die Stelle der Vereine tritt eine nach Löscheinheiten gegliederte Hilfspolizeitruppe, deren Organisation der Reichsminister des Innern bestimmt. Der freiwillige Dienst in dieser Hilfspolizeitruppe ist ein ehrenvoller, opferbereiter Einsatz für die deutsche Volksgemeinschaft.“

Das Gesetz trat am 23. Dezember 1938 in Kraft.

Im Jahre 1938 wurde in Beedenbostel beschlossen, eine Altersabteilung zu gründen.

1939 sah der einheitliche Dienstplan für die Feuerwehren im Landkreis Celle neben den Feuerwehrübungen unter anderem vor: Appelle in Uniform und Ausrüstungsstücken, Fußdienst, Verteidigungsübungen nach Grundsätzen des Luftschutzes, Alarmübungen in der Dunkelheit, Planspiele über Alarmierung, Gasschutz.

Januar:	Vorbereitung und Durchführung des Tages der Polizei.
Februar:	1. Besprechung des Jahresübungsplanes, Appell in Uniform und Ausrüstungsstücken (2 Stunden) 2. Dienst im Löschverband, Thema: Gasschutz (2 Stunden)
März:	1. Besprechung der Ausbildungsvorschrift für den Feuerwehrdienst: Der Löschangriff "die Gruppe" und Durchführung im Planspielen (2 Stunden) 2. Außendienst. Dasselbe in praktischer Durchführung und dazu Übung nach der Ausbildungsvorschrift "Führungszeichen"
April:	1. Fußdienst, Gesangübung (2 Stunden) 2. Übungen des Schlauchtrupps und Belehrung über Schlauchwesen (2 Stunden)
Mai:	1. Waldbrandübung, alarmmäßig durchgeführt unter Leitung des Löschverbandsführers (3 Stunden) 2. Fußdienst und Übungen des Wassertrupps
Juni:	1. Fußdienst und Ausbildung im Angriffstrupp (2 Stunden) 2. Durchbildung aller geeigneten Männer an der Kraftspritze, bzw. Unterricht über Handdruckspritze und Fahrübungen (3 Stunden)
Juli:	1. Durchführung von Löschangriffen unter strenger Beachtung der Ausbildungsvorschrift "Die Gruppe" (2 1/2 Std.)

	2. Durchführung von Löschangriffen unter erweiterter Auslegung der Ausbildungsvorschrift "Die Gruppe" in Verbindung mit Wasserstellenrevision (2 Std.)
August:	Löschverbandsübungen nach meinen Weisungen.
September:	1. Löschverbandsübungen 2. Vorlesung des Religionserlasses und Verteidigungsübungen nach Grundgesetzen des Luftschutzes, verbunden mit Rettungsübungen (5 Stunden).
Oktober:	1. Fußdienst und Rettungsübungen (Unfallverhütungsvorschriften beachten) - 2 Stunden - 2. Alarmübung in der Dunkelheit
November:	1. Überprüfung der bislang nicht benutzten Wasserstellen und Wiederholung der Übungen, die nicht klappten (3 Stunden). 2. Vorbereitung der Geräte und des Gerätehauses für den Winter (1 Stunde).
Dezember:	1. Dienst im Löschverband Thema: Gasschutz (2 Stunden) 2. Planspiele über Alarmierung und Einrichtung einer Verteidigung (2 Stunden).[64]

Mit Schreiben vom 16. Januar 1939 ernannte der Kreisfeuerwehrführer den kommissarischen Führer der Wehr, Oberfeuerwehrmann Knoop, zum Löschmeister. „Dies ist vor versammelter Mannschaft bekanntzugeben." An der Wortwahl ist zu erkennen, dass man zu damaligen Zeiten zum Löschmeister nicht befördert wurde, wie es heute der Fall ist.

Am 4. April 1939 lud der Kreisfeuerwehrführer den Löschmeister Knoop mit dem Beedenbostler Führerrat nach Eldingen in die Gastwirtschaft von August Schambach (der als Oberbrandmeister die dortige Wehr führte), wo am 6. April, also bereits zwei Tage später, sein letztes Rundschreiben, „betreffend Wehrgemeinschaft", besprochen werden sollte.

Am 8. Mai 1939 ging der „Adler" in Hannover durch den TÜV, wie das in der Festschrift von 1985 auf Seite 47 abgedruckte Schriftstück belegt.[65]

Der Adler war eine in Frankfurt hergestellte Limousine mit dem polizeilichen Kennzeichen Pol. 5683, die wohl längst in Vergessenheit geraten wäre, wenn nicht der TÜV Mängel daran festgestellt hätte. Er war eine schwarze, sechssitzige, handgefertigte Limousine, die der Wehr von einem Herrn namens Zimmermann, damals wohnhaft in der „Villa", Ende der dreißiger Jahre geschenkt worden war.

Die Adlerwerke befanden sich in Frankfurt am Main, Gutleutstraße 29. Bei Adler wurden schon jahrelang Fahrräder und Schreibmaschinen hergestellt, bevor die Fabrik auch Autoteile baute. Im Jahre 1914 stammten 20 Prozent der in Deutschland zugelassenen Personenwagen von Adler. In den 1930er Jahren experimentierte Adler wie viele andere Hersteller mit aerodynamischen Autos.

[64] BETHE/KASOLOWSKY, a. a. O., S. 40 f.

[65] Vgl. ALEXANDER LANG, Die Adler Fahrradwerke vorm. Heinrich Kleyer, Frankfurt a. M. 1880-1905 – Rückblick in den Ursprung und Werdegang eines industriellen Großbetriebes, Berlin 1905.

Das in Beedenbostel eingesetzte Fahrzeug kam wahrscheinlich nur einmal zum Einsatz, und zwar bei einem Brand in Ohe. Die Leute dort müssen gedacht haben, der „Führer" komme persönlich, als die Beedenbostler mit diesem Schlitten dort vorfuhren. Leider löste sich das Fahrzeug im wahrsten Sinne des Wortes während des Krieges in Luft auf. Zuerst war kein Sprit mehr vorhanden, dann wurden die Reifen eingezogen. „Der Rest muss in Beedenbostel so nach und nach verschrottet worden sein", vermutete Reinhard Bethe später.

Nach einem ergangenen Funkspruch des Reichsführers SS und Chefs der Deutschen Polizei ordnete der Kreisfeuerwehrführer am 31. Mai 1939 gegenüber den Führern der Feuerwehren im Landkreis Celle an, dass alle Feuerwehren des Landkreises sich an waldbrandgefährdeten Sonn- und Feiertagen von 8–21 Uhr mit einem Drittel ihrer Stärke in erhöhter Alarmbereitschaft zu halten hatten. Das hieß, die Männer hatten Uniformrock, Koppel und Helm griffbereit aufzuhängen, Stiefel zu tragen und sich möglichst zu Hause oder in unmittelbarer Nähe aufzuhalten. Der Führer der Wehr konnte im Einvernehmen mit seinem Bürgermeister die Bereitschaftsstärke erhöhen. Er sorgte für gerechten Wechsel und ausreichende Führerbesetzung. Im Falle eines Alarmes war diese Bereitschaft als Stoßtrupp zu betrachten. Das sollte nicht ausschließen, dass durch fortgesetzten Alarm alle geeigneten Personen zur Hilfeleistung herangeholt wurden.[66]

Am 1. September 1939 wurde der Sicherheits- und Hilfsdienst aufgerufen: Der für Deutschland und die Welt unglückselige Zweite Weltkrieg war ausgebrochen. Im Rahmen des „Zivilen Luftschutzes" mussten die Fenster und Häuser abends verdunkelt sein. Englische Flugzeuge flogen schon bald Angriffe auf Hannover und Braunschweig. Die ersten Bomben fielen in Celle am 23. März 1941 im Gebiet der Altstadt. Der Zweite Weltkrieg war für alle Feuerwehren in ganz Deutschland eine harte Zeit. Viele junge Kameraden wurden eingezogen, mit fortschreitendem Krieg auch mehr und mehr Männer mittleren Alters.

Über die Kriegsjahre des Zweiten Weltkriegs wird in den Protokollen der Freiwilligen Feuerwehr Beedenbostel nichts berichtet.

Der Kreisfeuerwehrführer Celle-Land in Winsen/Aller meldete dem Herrn Bezirksfeuerwehrführer in Lüneburg am 15. Oktober 1939 den Stand des Feuerlöschwesens im Kreisfeuerwehrverband Celle-Land:[67]

1. Stärke:

Im Kreisfeuerwehrverband Celle-Land sind 72 Freiw. Feuerwehren, 7 Löschtrupps u. 1 Werksfeuerwehr mit einer Mannschaftsstärke von 1868 Mann. [Einschließl. Altersabteilung]

In Ausbildung befinden sich 350 Mitgl. der Hitler-Jugend.

Hierzu kommen 89 Pflichtfeuerwehren.

---

[66] PETER-ANDREAS MONEKE/OLIVER WEGENER/STEFAN SCHMIDT, Chronik Freiwillige Feuerwehr Westercelle 1893-1993 (Festschrift zum 100-jährigen Bestehen, Celle 1993), S. 96.

[67] Nds. HptStA Hann. 180 Lün. Acc. 3/008 Nr. 87/12.

2. Ausrüstung:

An Geräten stehen den Wehren zur Verfügung 25 Motorspritzen, 88 Handdruckspritzen u. 7 fahrbare Leitern.

An Schläuchen sind vorhanden 8000 m B u. 17238 m C=Schläuche.

Die Motorspritzenwehren der Löschbezirke sind mit 11 automobilen Mannschaftswagen ausgerüstet, sonst sind durch den Herrn Landrat geeignete Kraftfahrzeuge für den Feuerlöschdienst zur Verfügung sichergestellt.

Gasmasken sind in jeder Wehr genügend vorhanden. An schweren Sauerstoffapparaten stehen dem Kreisverband ~~5~~ 88 Stück zur Verfügung.

Der Runderlass des Reichsführers SS und Chefs der Deutschen Polizei vom 27. Dezember 1939 (RMBliV 1940 S. 9) nahm Bezug auf Paragraph 11 Absatz 4 und 5 der Dritten Durchführungsverordnung zum Gesetz über das Feuerlöschwesen (Organisation der Freiwilligen Feuerwehr) und regelte die Dienstgradbezeichnungen und Dienstgradabzeichen der freiwilligen Feuerwehren neu. Die Dienstbezeichnungen wurden völlig abgeändert und lauteten von unten nach oben jetzt: Truppmann, Obertruppmann, Haupttruppmann, Truppführer, Obertruppführer, Haupttruppführer, Zugführer, Oberzugführer, Hauptzugführer. In Sammelverzeichnissen waren die Namen der Feuerwehrmitglieder einzutragen, daneben der Geburtstag, Wohnort, Straße, Beitrittsdatum, bisheriger Dienstgrad, Führer (oder Stellvertreter) welcher Einheit und „Vorschlag: Jetziger Dienstgrad". So wurden aus einem Brandmeister, der eine ländliche freiwillige Feuerwehr führte, der Obertruppführer und seinem Stellvertreter, ehemals Löschmeister, der Truppführer.[68]

Das Gesetz über das Feuerlöschwesen von 1938 und die Dritte Durchführungsverordnung dazu vom 24. Oktober 1939 (Organisation der Freiwilligen Feuerwehr) machte die Wehr zu einer technischen Hilfspolizeitruppe für Hilfeleistungen bei öffentlichen Notständen aller Art. Die Durchführungsverordnung betonte noch einmal, dass Juden nicht der Freiwilligen Feuerwehr angehören, jüdische Mischlinge keine Vorgesetzten sein durften. Durch die gleiche Verordnung wurden die von den Freiwilligen Feuerwehren gebildeten Vereine und Verbände aufgelöst. Ihr Vermögen ging auf die Gemeinden, Gemeindeverbände oder die Länder über. Die Vorschriften der Länder über die Freiwilligen Feuerwehren traten außer Kraft.

1939, als Kreisfeuerwehrführer Ernst Buchholz zum Kriegsdienst herangezogen wurde, übernahm sein Stellvertreter, Fachwart Heinrich Helms, Winsen/Aller,[69] das Amt. Mit Schreiben vom 13. Juni 1940 an den Landrat in Celle bat derselbe als „Der Kreisführer der Freiwilligen Feuerwehr als feuerwehrtechnischer Aufsichtsbeamter des Landrats in Celle", 39 Feuerwehrmänner aus Beedenbostel,

---

[68] MATTHIAS BLAZEK, Unter dem Hakenkreuz: Die deutschen Feuerwehren 1933-1945, Stuttgart 2009, S. 93. Dritte Durchführungsverordnung zum Gesetz über das Feuerlöschwesen (Organisation der Freiwilligen Feuerwehr) vom 24. Oktober 1939 (RGBl I S. 2096).

[69] Heinrich Helms, 16.10.1910 Beitritt zur Freiwilligen Feuerwehr Winsen (Aller), 17.06.1912 Zugführer, 1925-1935 Gemeindebrandmeister, 1935 Kreisfachwart, 1939 Kreisfeuerwehrführer (ZÜHLKE JUN., a. a. O., o. S.).

mit Angabe des Namens, des neuen Dienstgrads und des Geburtsdatums, zu Hilfspolizeibeamten zu ernennen.

Bei der Auflistung wurde Pflichtfeuerwehrführer Friedrich Matthies nach vorne gestellt, der Führer der Freiwilligen Feuerwehr, Truppführer Wilhelm Knoop, hingegen mitten hinein:

1.	Matthies,	Fritz	Htpm.	Beedenbostel	14.04.1883
2.	Laue,	Karl	Htpm.	"	30.12.1896
3.	Schulz,	August	Htpm.	"	28.08.1896
4.	Heyer,	Wilhelm	Htpm.	"	05.11.1897
5.	Gottschalk,	Friedrich	Htpm.	"	20.01.1898
6.	Lange,	Ernst	Htpm.	"	19.08.1899
7.	Müller,	Albert	Htpm.	"	04.10.1904
8.	Kuhn,	Hans	Htpm.	"	26.03.1905
9.	Kammann,	Albert	Htpm.	"	01.08.1903
10.	Schrader,	Wilhelm	Htpm.	"	14.08.1902
11.	Striepe,	Herbert	Htpm.	"	10.02.1904
12.	Marwede,	Karl	Htpm.	"	28.07.1901
13.	Dralle,	Albert	Htpm.	"	14.11.1891
14.	Lindmüller,	Wilhelm	Htpm.	"	07.09.1905
15.	Löhr,	Wilhelm	Htpm.	"	14.07.1900
16.	Kuhls,	Friedrich	Otpm.	"	13.08.1910
17.	Bindseil,	Gustav	Otpm.	"	05.08.1904
18.	Bührke,	Willi	Otpm.	"	29.03.1913
19.	Thies,	Walter	Otpm.	"	17.04.1908
20.	Coors,	Heinrich	Otpm.	"	06.06.1911
21.	Dörge,	Willi	Otpm.	"	15.09.1908
22.	Engelke,	Heinz	Otpm.	"	23.04.1913
23.	Heyer,	Friedel	Otpm.	"	02.03.1907
24.	Dtugartz,	Franz	Otpm.	"	28.09.1894
25.	Bertram,	Alfred	Otpm.	"	23.07.1902
26.	Villwock,	Alfred	Otpm.	"	26.05.1907
27.	Knoop,	Wilhelm	Tf.	"	07.03.1909
28.	Bete,	Karl	Otpm.	"	22.08.1909
29.	Weber,	Wilhelm	Otpm.	"	25.11.1912
30.	Meyer,	Fritz	Otpm.	"	29.11.1915
31.	Kiesling,	Moritz	Tpm.	"	30.05.1909
32.	Otte,	Adolf	Tpm.	"	23.03.1909
33.	Meinecke,	Hermann	Tpm.	"	19.12.1911
34.	Griguleit,	Gustav	Tpm.	"	01.08.1896
35.	Mörmann,	Hermann	Tpm.	"	20.12.1894
36.	Beis,	Heinrich	Tpm.	"	09.02.1903
37.	Striepe,	Albert	Tpm.	"	03.03.1908
38.	Striepe,	Werner	Tpm.	"	-
39.	Kranz,	Johann	verzogen	"	-

Merkwürdig, dass Johann Kranz, der Bergmann, der der Wehr nur anderthalb Jahre angehört hatte und offensichtlich verzogen war, noch bestellt werden sollte.

Das Landratsamt bestellte die aufgeführten Feuerwehrmänner (Sammelbegriff) gemäß § 11 der 3. Durchführungsverordnung zum Gesetz über das Feuerlöschwesen unterm 9. Januar 1941 zu Hilfspolizeibeamten. Die Feuerwehrleute erhielten Ernennungsurkunden und wurden vom Führer der Wehr feierlich vor der versammelten Wehr auf den Führer und Reichskanzler Adolf Hitler vereidigt.

Zwischen dem Brandmeister a.D. Albert Dralle und dem neuen Kreisfeuerwehrführer herrschte offenbar Einvernehmen. Wie wäre es sonst zu erklären, dass Kreisführer Helms ihm am 4. Dezember 1940 schrieb: „An den Brandmeister a.D. Dralle/Beedenbostel. Hiermit bestelle ich Sie zum kommiss. Wehrführer der Freiwilligen Feuerwehr, dortselbst, für den zur Wehrmacht einberufenen Truppführer Knoop."

Im Stadtarchiv Celle lagert der undatierte Durchschlag eines Verzeichnisses der innerhalb der 15-Kilometer-Zone zur nachbarlichen Löschhilfe bestimmten Löscheinheiten. In der Kopfzeile steht: „LS - Ort II. Ordnung C e l l e .", handschriftlich taucht eine Notiz von Ernst Buchholz, seit 1938 Provinzialfeuerwehrführer, auf, sodass der Verfasser, unter Berücksichtigung der angegebenen Ausstattung der Wehren, vom Jahr 1940 (spätestens 1941) als Ausstellungsjahr ausgeht. 35 Feuerlöscheinheiten sind genannt. Sie umfassen auch Fuhrberg, Ramlingen und Obershagen. Beedenbostel, an 19. Stelle aufgeführt, elf Kilometer vom Luftschutzort II. Ordnung Celle entfernt, hatte eine Stärke der zur Verfügung stehenden Kräfte von 26 Mann. 1 Handdruckspritze mit Pferdebespannung wurde ihr zugerechnet. Jarnsen, 12,5 Kilometer von Celle entfernt, wurde an 20. Stelle mit einer Stärke von sieben Mann und ihrer Handdruckspritze mit Pferdebespannung aufgelistet.[70]

Am 13. Februar 1941 fand im „Celler Hof" eine Kreistagung der Freiwilligen Feuerwehren statt. Bei dieser Tagung wurde beschlossen, dass in jeder Wehr ein HJ-Zug aufgestellt werden sollte, der der Wehr direkt anzugliedern war. Für die HJ-Mitglieder der Feuerwehren sollten Uniformen bestellt werden.[71]

In einem „Verzeichnis der im Kreise Celle/Land vorhandenen F.F. und ihrer Führer", das einen Eingangsstempel vom 3. April 1941 trägt, wird an zehnter Stelle (Gemeinden in alphabetischer Folge) die Gemeinde Beedenbostel mit dem Führer der Wehr Truppführer Wilhelm Knoop, Telefon Beedenbostel 44, genannt.[72]

Am 10. April 1941 beantragte der mit der Führung der Freiwilligen Feuerwehr beauftragte Albert Dralle eine Beihilfe zur Verbesserung der Feuerlöscheinrichtungen in der Gemeinde Beedenbostel in Höhe von 1659,- Reichsmark. Ihm la-

---

[70] StA-Ce L14 213.

[71] Jörn Gellermann/Heinz-Walter Hoffmann/Dirk Wilgeroth/Helmut Meine, 75 Jahre Freiwillige Feuerwehr in Garßen 1921-1996, Garßen 1996, S. 24.

[72] Nds. HptStA Hann. 180 Lün. Acc. 3/008 Nr. 87/12.

gen Kostenanschläge für zu beschaffende Gegenstände im Werte von 2659,- Reichsmark vor, und die Gemeinde hatte nach seinen Angaben 1000,- Reichsmark zur Verfügung.

Folgende Angaben sind hier von Interesse:

Die Freiwillige Feuerwehr war gegenwärtig 35 Mann stark. Man war vorschriftsmäßig uniformiert, es fehlten aber noch 25 Hakengurte. Zur Verfügung standen drei Gasmasken. In der Ortsmitte fehlte ein Bohrbrunnen. Eine Kleinmotorspritze der Firma Flader in Jöhstadt i. S. mit einer Leistung von 800 Litern in der Minute war im Einsatz. Sie wurde in einem geschlossenen Autoanhänger transportiert. Ansonsten gab es noch die Handdruckspritze mit einer Leistung von 300 Litern pro Minute, einen Schlauchkarren und 90 Meter B- und 400 Meter C-Schläuche. Das Gerätehaus befand sich in einem guten Zustand. Alarmiert wurde mit sechs Alarmhörnern und der Kirchenglocke. Diese Alarmeinrichtungen befand Albert Dralle als ausreichend. Sieben Mann hatten die Feuerwehrschule in Celle besucht.

Bürgermeister Schrader fügte im Feld „Allgemeine Bemerkungen" hinzu: „Der Bau des Brunnens ist unbedingt erforderlich, da ca. 18 Betriebe bei einem Brande schwer zu erreichen sind."

Auf ergangenes Rundschreiben 3/41 meldete Albert Dralle dem Kreisfeuerwehrführer in Winsen/Aller am 19. April 1941 eine Stärke der Freiwilligen Feuerwehr Beedenbostel von 21 Mann und der Pflichtfeuerwehr Beedenbostel von 23 Mann, jeweils mit Stand 15. April 1941. In Sachen HJ-Feuerwehr meldete Dralle indes Fehlanzeige.

Der Stellvertreter des Landrats Heinichen, Hero Müller-Edzards, wies die Bürgermeister von Gemeinden mit Pflichtfeuerwehren mit Schreiben vom 12. Januar 1942 darauf hin, dass nach dem Runderlass des Reichsministers des Innern vom 23. November 1939 die Heranziehung zum Pflichtfeuerwehrdienst durch Zustellung einer polizeilichen Verfügung durchzuführen sei. Das Recht zur Heranziehung übertrug er den angeschriebenen Bürgermeistern. Er fügte jeweils eine Anzahl von Vordrucken „Polizeiliche Verfügung" bei. Die Heranziehung zum Pflichtfeuerwehrdienst erfolgte aufgrund des Gesetzes über das Feuerlöschwesen vom 23.11.1938 in Verbindung mit § 4 der Vierten Durchführungsverordnung zum Gesetz über das Feuerlöschwesen vom 24.10.1939.

Nach einer Stärkemeldung des Kreisfeuerwehrführers Celle-Land, welche am 24. Januar 1942 beim Bezirksführer der Freiwilligen Feuerwehr einging, zählte die Pflichtfeuerwehr in Gockenholz nunmehr 18 Personen. Im Landkreis Celle waren inzwischen – angesichts der erhöhten Bedrohung aus der Luft – zahlreiche Pflichtfeuerwehren gebildet worden.[73]

In der Stamm-Liste findet sich beim Tischler Friedrich Kuhls ein Hinweis auf seinen Tod im Krieg: „Seiner Verwundung erlegen am 6.6.42." Friedrich Kuhls war keine 32 Jahre alt, als er starb. Und der Krieg riss weitere tiefe Wunden in

[73] Nds. HptStA Hann. 180 Lün. Acc. 3/055 Nr. 672.

das Gefüge der Beedenbostler Wehr. Es traf vor allem die jungen Kameraden: Willi Dörge (Molkerei), Oberlöschmeister, 1908 geboren, trat 1944 aus wegen Verlustes seines Fußes. Der Haussohn Fritz Meyer, Mitglied der Wehr seit 1934, fiel am 2. August 1943 im Alter von 27 Jahren in Russland. Albert Striepe, der Maler, 1908 geboren, fiel im Südosten. Wilhelm Langemann, Tischler, 1909 geboren: „gefallen im Westen". Erich Winkelmann, Arbeiter, 1922 geboren: „Gestorben an einer Krankheit im Osten."

Der Kreisführer
der Freiwilligen Feuerwehr
als feuerwehrtechnischer Aufsichtsbeamter
des Landrats in Celle
Winsen (Aller)

Winsen/Aller, den 21. September 1942

Bezirksführer F. F.
Reg. Bez. Lüneburg
Eing. ... Ausg. ...
Tagb. ... Tagb. ...

An den

Abschnittsinspekteur
der Freiw. Feuerwehr

Celle

Wittingerstr.

Betr.: Beschaffung von Feuerwehrfahrzeugen für den Kreis Celle - Land.

Es werden benötigt:

2 SLG (Celle/Land, Nienhagen)

5 LLG (Winsen/Aller, Beckedorf,Unterlüß, Müden, Beedenbostel.)

9 TS + TSA (Adelheidsdorf, Jeversen, Hohne,Thören, Unterlüß, Winsen/Aller, Hambühren Beedenbostel, Hustedt,)

Davon sind bereits beantragt,bzw. finanziell gesichert:

2 SLG

3 LLG ohne TS + TSA

4 TS + TSA

Helms

Kreisführer.

Kreisfeuerwehrführer Helms wies auf das Erfordernis eines Leichten Löschgruppenfahrzeugs (LLG) sowie einer Tragkraftspritze und eines Anhängers hin. Nds. HptStA Hann. 180 Lün. Acc. 3/008 Nr. 87/12. *Repro: Blazek*

Im Jahre 1943 stand für Beedenbostel der Erweiterungsbau eines Spritzenhauses auf dem Programm. Davon zeugt eine Bauakten im Altaktenbestand des Landkreises Celle. Mit Schreiben vom 30. Mai 1943 beantragte die Gemeinde Adelheidsdorf den Erweiterungsbau auf dem Grundstück Nr. 87 in Beedenbostel In der Begründung führte Bürgermeister Lange aus: „Die Freiwillige Feuerwehr in Beedenbostel besitzt nur eine Handdruckspritze, die aber in der heutigen Zeit für einen Zentral gelegenen Ort wie Beedenbostel bei der bestehenden Feuersgefahr bei feindlichen Fliegerangriffen niemals ausreicht. Es soll nun ein Fahrgerät mit Motorspritze beschafft werden. Für die Unterbringung dieses Gerätes reicht der vorhandene Raum bei weitem nicht aus. Es wird um Genehmigung des anliegenden Bauplanes gebeten, damit das Gerät beim Eintreffen untergebracht werden kann. Der Anfertiger der Zeichnung: ... Willy Müller ... Maurermeister ... Lachendorf. Für die Maurerarbeiten ... Willy Müller ... Maurermeister ... Lachendorf. Für die Zimmerarbeiten: ... Wilhelm Hackemann ... Zimmermeister ... Beedenbostel.“

Der angehängte Plan im Maßstab 1:100 zeigt, dass das vorhandene Spritzenhaus umgebaut und vergrößert, das Dachgeschoss zu einem Schulungsraum für die Feuerwehr ausgebaut werden sollte. Der Querschnitt zeigt im Erdgeschoss Spritzenräume, zwei Zellen und einen Raum für den Leichenwagen.

Handschriftlich wurden auf den Baugenehmigungsantrag Gesamtbaukosten in Höhe von 4050,- Reichsmark eingetragen. Der Bauschein wurde am 13. Juli 1943 ausgestellt.

Dass man mit einer kleinen, schlagkräftigen Wehr und einer durch Pferde gezogenen Handdruckspritze größeres Unheil verhüten kann, beweist ein weiterer Nachbarschaftseinsatz der Gockenholzer Wehr gegen Ende des Krieges am 20. Februar 1944 in Beedenbostel, als durch Brandbomben abgeschossener feindlicher Flugzeuge mehrere Bauernhöfe in Brand gesetzt wurden (Marwede, Schrader, Weber, Wesche). Es gelang der Gockenholzer Wehr, nach Eintreffen als erste auf dem betreffenden Hof ein weiteres Ausbreiten des Feuers zu verhindern. Von diesen Bränden ist überliefert, dass der 52-jährige Beedenbostler Pastor Hermann Uhlhorn eifrig an der Handdruckspritze mitwirkte.

Hierzu konnte Werner Kasolowsky später Folgendes recherchieren:

Natürlich lassen sich da (in Bezug auf den Zweiten Weltkrieg) keine erfreulichen Dinge berichten. Bomben sind gefallen, auch in Beedenbostel. Zwischen den Friedhöfen, Brunkaus Haus wurde zerstört. Aber auch Brandbomben kamen herunter. Es brannte bei Marwede, Weber, Schrader und Wesche. Viele Mitglieder der freiwilligen Feuerwehr waren Soldaten. Da traten die Regeln der Pflichtfeuerwehr und des Luftschutzes in Kraft. Alle Zivilisten mußten heran. Die Neugierigen auf der Straße zuerst. Es war stockdunkel, nur die Flammen erhellten gespenstisch die Szenerie. Da stand dann doch noch einer und sah nur zu. "Wat steihst röm? Kumm, foat an!" Und er tat es auch. So sah man Pastor Uhlhorn an den Hebeln der Handdruckspritze – rauf – runter – rauf – runter!

Bis zum 15. April 1945 rückten alliierte Panzereinheiten in den Landkreis Celle ein. Das Military Government Detachment 912 unter Major Charles Arthur Norman Hudson nahm als Militärregierung für die Stadt und den Landkreis Celle seine Tätigkeit auf. Mit zu den ersten Ereignissen gehörte unter anderem die Verhaftung von Oberbürgermeister Ernst Meyer, Landrat Wilhelm Heinichen und Oberlandesgerichtspräsident Adolf von Garßen am 14./15. April. Sie wurden auf die Dauer von einem Jahr in Internierungslager gebracht.

Am 8. Mai 1945 schwiegen an allen Fronten die Waffen. Die Feuerwehren haben ihrer gefallenen oder vermissten Kameraden in allen Jahren gedacht. Auch Kreisfeuerwehrführer Buchholz, der als Hauptmann des Beurlaubtenstandes eingezogen worden war, blieb auf dem Felde der Ehre.

Die Stunde null war angebrochen – auch für die freiwilligen Feuerwehren. Feuerwehrgerätehäuser, Fahrzeuge und Geräte waren fast überall beschädigt, vernichtet oder entfernt worden. Der Feuerschutz war nur mangelhaft gesichert. Der Aufbau des Feuerschutzes, insbesondere das Löschwesen, beruhte in Niedersachsen seit 1945 auf der Military Government Instruction.

Ein neuer Anfang – 1945

Gedanken in der Feuerwehrchronik von 1985

Am 8. Mai 1945 war der Zweite Weltkrieg zu Ende. In der Welt wurden 40 Millionen Menschen beklagt. Millionen Menschen waren obdachlos, Millionen Menschen verloren ihre Heimat. Ein neuer Begriff tauchte auf: „Flüchtling".

Das Miteinander von alten und neuen Einwohnern brauchte seine Zeit und prägte beide Gruppen. Als man nach Jahren so ganz langsam anfing, einen Strich unter den Weltkrieg zu ziehen, soweit so etwas überhaupt möglich ist, meißelte man auf ein Mahnmal 80 Namen.

In der freiwilligen Feuerwehr tauchten neue Namen auf, junge Menschen fanden sich zusammen, um für den Hilfsdienst bereit zu sein.

Was hätten sie 1945 gesagt, wenn man ihnen hätte voraussagen können: „Ihr werdet einmal mit hoch entwickelten, technischen Geräten eingeklemmte, verletzte Personen aus Autowracks befreien. Ihr werdet einmal nicht nur eine Motorspritze, sondern erstklassige, moderne Feuerlöschfahrzeuge und Rettungsfahrzeuge bedienen müssen. Ihr werdet mit Material umgehen, das mehrere hunderttausend Mark wert ist."

Was hätten sie gesagt? Die Entwicklung der kommenden 40 Jahre war nach Kriegsende doch in keiner Weise vorauszusehen.

In der Feuerwehrchronik von 1985 war es Reinhard Bethe, der sich der jüngeren Feuerwehrgeschichte von Beedenbostel (ab 1945) annahm. Reinhard Bethe lebt heute leider nicht mehr, während Co-Autor Werner Kasolowsky heute in Celle wohnt.

Am 25. Mai 1945 richtete der Feuerwehringenieur Hermann Freiherr von dem Bussche, Feuerwehrschule Celle, ein Rundschreiben an alle Gemeinden, in welchem ausgeführt wurde: „Das Britische Militärgouvernement ordnet folgendes an: 1. Die Feuerwehren der einzelnen Orte haben sofort ihren Feuerlöschdienst wieder aufzunehmen. 2. Die Bürgermeister veranlassen die Wiederaufstellung der Freiwilligen Feuerwehren und bestimmen zur Führung derselben geeignete Feuerwehrführer. 3. Die Geräte und Ausrüstungsstücke sind umgehend wieder einsatzbereit zu machen."

Hermann Freiherr von dem Bussche. Foto: Hilmar von dem Bussche

Alle nationalsozialistischen und militärischen Dienstvorschriften wurden außer Kraft gesetzt, und nur die wichtige, grundlegende Ausbildungsvorschrift „Die Gruppe" ließ man weiter gelten. Auch wurde darauf hingewiesen, dass Abzeichen und Symbole mit dem Hakenkreuz an den Uniformen und Fahrzeugen zu entfernen seien.

Der Krieg war vorbei, die Beedenbostler Einwohner arrangierten sich mit den vielen Flüchtlingen aus dem Osten und natürlich auch mit den Amerikanern, die in einigen Häusern Quartier genommen hatten.

Mit den Amerikanern hielt auch eine neue Feuerwehrtechnik Einzug in Beedenbostel. Wahrscheinlich zum Fahrzeugwaschen hatten sie von irgendwo eine DKW-Motorspritze mitgebracht, die nun bei Weber auf dem Hof stand. Beim Abzug der Amerikaner muss sie irgendwie hinderlich gewesen sein, denn sie ließen die Motorspritze herrenlos auf einem offenen Wagen stehen.

Natürlich hatten auch schon einige Kameraden der Feuerwehr ein sehnsüchtiges Auge auf die DKW geworfen, deshalb zog man sie kurzerhand unter einiger Kraftanstrengung auf platten Reifen ins Spritzenhaus.

Nach den Amerikanern quartierten sich die Engländer in Beedenbostel ein. Im Amtshof errichteten sie die Regimentskommandantur, und am Bahnhof, ja am Bahnhof, stellten sie den passenden Metz-Hänger für die besagte DKW ab.

Dank seiner guten Englischkenntnisse gelang es Heinrich Engelke mit viel Einfühlungsvermögen, den Regimentskommandeur zu veranlassen, der Wehr den Hänger zur Verfügung zu stellen.

Organisieren wurde zu jener Zeit groß geschrieben, und so machte sich auch der Sohn des damaligen Brandmeisters Dralle, Albert Dralle jun., mit zwei Kameraden auf den Weg nach Starkshorn, um zu sehen, was es im alten Marinedepot der Wehrmacht Brauchbares zu holen gab.

Die privaten Interessen, denen diese Radtour der jungen Leute ursprünglich gegolten hatte, wurden schnell zu Seite gestellt, als offenkundig wurde, was es dort zu holen gab: Schläuche, jede Menge C-Hanfschläuche! Mittels Fahrrad gelang es, 24 Stück nach Beedenbostel zu schaffen und dazu noch drei Strahlrohre.

Binnen Monaten wurde so die Bennebostler Wehr im Jahre 1945 auf kostengünstigste Weise modernisiert und damit die Schlagkraft wesentlich erhöht.

Im Jahre 1945 erging eine ganze Reihe von Rundschreiben des Kreisbrandmeisters Heinrich Helms, Winsen/Aller. Alle diese Rundschreiben befinden sich noch heute in den archivierten Unterlagen der Ortsfeuerwehr Wienhausen, ein Glücksfall, der nicht für viele Feuerwehren unseres Landkreises gegeben ist. Es war die Stunde Null. Unter den strengen Blicken der englischen Besatzer musste das Feuerlöschwesen auf eine neue Grundlage gestellt werden.

Unter dem 14. August 1945 verfolgte Kreisbrandmeister Helms bei den Bürgermeistern im Kreise das Einziehen der Beiträge für Freiwillige Feuerwehren. Der Beitrag für den einzelnen Mann belief sich auf 1,80 Reichsmark und war als Umlage auf das Konto Nummer 9999 der Kreissparkasse in Celle einzuzahlen.

Durch Erlass des Oberpräsidenten der Provinz Hannover vom 18. August 1945 über die Organisation des Feuerlöschwesens schieden die Feuerwehren aus der Polizeiorganisation aus und wurden Einrichtungen der Gemeinden. Die Bezirks- und Kreisführer erhielten wieder die Bezeichnung Bezirks- und Kreisbrandmeister. Auch die übrigen Dienstränge erfuhren eine Änderung. Die Freiwilligen Feuerwehren der Provinz Hannover wurden zur Landesfeuerwehr Hannover zusammengefasst.

Aus der Feuerlöschpolizei Beedenbostel wurde wieder eine „freiwillige" Feuerwehr Beedenbostel. Die Arbeit wurde wieder aufgenommen. Albert Dralle hatte als Brandmeister in den ersten Nachkriegsjahren noch mit den Auswirkungen der letzten Jahre zu tun und sorgte für Ordnung und Einsatzbereitschaft der Wehr.

Für die Zeit unmittelbar nach Kriegsende ist ein Brandeinsatz der Beedenbostler Wehr beim Scheunenbrand im eigenen Ort in Erinnerung geblieben. Die Rede ist von der Feuersbrunst, die sich bei der Feldscheune zwischen Alfred Bertram und Wilhelm Röver, Beedenbostel Nr. 105 und 106, ereignete. „Im August war es, gleich nach der Ernte", erinnert sich Rudolf Röver, der damals zehn Jahre alt war und dessen Eltern 1933 in Beedenbostel gesiedelt hatten. Das Interessante an der in Mitleidenschaft gezogenen Scheune: Eine Hälfte war Stall, die andere Hälfte war Scheune. Von einem zum Dreschen verwendeten Bulldog aus Eldingen war Funkenflug ausgegangen, der das Gebäude schließlich in Brand setzte.

Was wäre aus den Häusern Röver und Bertram geworden, wenn die Wehr beim Scheunenbrand nicht schon die DKW gehabt hätte? Mit Hilfe der DKW gelang es, die dicht an der Scheune stehenden Häuser zu retten. Die besondere Tragik dennoch: Elf Schweine von Rövers und zwei Pferde von Bertrams kamen in den Flammen zu Tode.

Wenige Monate später entstand der Brand bei Lüchau (siehe S. 101).

Unter dem 23. August 1945 teilte Kreisbrandmeister Helms den Führern der Freiwilligen Feuerwehren mit, dass der Major der Schutzpolizei Fritz Heimberg zum Inspekteur der Freiwilligen Feuerwehr bzw. des Feuerlöschwesens in der Provinz Hannover ernannt worden sei. Weiterhin wurde wegen der Beschriftung der Feuerlöschfahrzeuge ausgeführt, dass alle Feuerlöschfahrzeuge auf der Vorderseite des Führerhauses oberhalb der Windschutzscheibe und auch auf den vorderen Seitentüren die Beschriftung „Fire Service“ erhalten sollten. Die Schrift auf den Seitentüren sollte so hoch gesetzt werden, dass späterhin noch der Ortsname darunter gesetzt werden konnte. Auf den Seitentüren sollte auch „Feuerwehr“ stehen. Die Beschriftung hatte in weißer Farbe zu erfolgen.

Ferner hatten alle Inhaber von Telefonanschlüssen sofort ein Schild von 30 cm x 20 cm mit rotem Untergrund und weißer Beschriftung „EMERGENCY FIRE PHONE – Feuermeldestelle“ anzubringen.

Dieses Kenntlichmachen der Feuermeldestellen widerrief der Kreisbrandmeister in seinem nächsten Rundschreiben vom 4. September 1945. Es sollte wohl eher zu einer zentralen Lieferung kommen. Weiterhin wurde die Benutzung von Luftschutzsirenen bei Feuersgefahr erlaubt. Dienen sollte der lange hohe Ton, welcher früher die Entwarnung angezeigt hatte, der in Abständen von 2 Minuten mit je 30 Sekunden Unterbrechung zu geben war. Außerdem hatte jede Freiwillige Feuerwehr „auf Anweisung der Militärregierung“ wöchentlich eine Übung und monatlich eine Alarmübung abzuhalten. „Letztere ist der örtlichen Besatzungsbehörde vorher anzumelden. Während der Erntezeit sind die Übungen auf 1 zu beschränken.“

Am Schluss des Rundschreibens heißt es: „Bei Großfeuer ist den anwesenden englischen Offizier zu bitten, die Befehlsgewalt zu übernehmen.“

In einem weiteren Rundschreiben des Kreisbrandmeisters vom 12. September 1945 an die Führer der Freiwilligen Feuerwehren ging es um die Uniformierung der Freiwilligen Feuerwehren und um die Einführung neuer Dienstgradbezeichnungen (Anwärter d.Fr.Fw., Feuerwehrmann d.Fr.Fw., Oberfeuerwehrmann d.Fr.Fw., Brandmeister d.Fr.Fw., Oberbrandmeister d.Fr.Fw.). Wegen der Uniformierung wurde angeordnet: „In denjenigen Wehren, wo keine blaue Uniformen vorhanden sind, müssen zu den vorhandenen Uniformen weiße Armbinden mit folgenden Aufdruck getragen werden.

MG   MR
Fire Service   Feuerwehr“[74]

Mit einem weiteren Rundschreiben vom 3. Oktober 1945 wandte sich Kreisbrandmeister Helms an die Freiwilligen Feuerwehren und Werkfeuerwehren, in dem die Anordnung der Beschriftung der Feuerwehrhelme übermittelt wurde:

CIVIL
FIRE SERVISE
FEUERWEHR

In dem Schreiben wurde auch angeordnet: „Bis zum 15.10. hat jede Wehr eine

[74] Das Schreiben ist abgedruckt in: BLAZEK, 50 Jahre Ortsfeuerwehr Gockenholz, a. a. O., S. 43.

Alarmübung durchzuführen. Diese ist dem zuständigen Det.Offizier vorher mitzuteilen. Ausbildungspläne sind von den Wehren sofort aufzustellen und ebenfalls dem Det.Offizier zur Kenntnisnahme vorzulegen. Eine Abschrift davon ist an mich sofort einzusenden."

Unter dem 12. Dezember 1945 wurden vom Kreisbrandmeister die Sollstärken der Freiwilligen Feuerwehren bekannt gegeben.

Neuanfang auch für die Feuerwehrkapelle. Dieses Foto aus dem Jahr 1946 zeigt v.l.n.r. Wilhelm Lindmüller II, Gustav Bindseil, Walter Cammann, Ludwig Bolte, Heinrich Beiß und Franz Dugartz oder Duklas. Foto: Gisela und Wilhelm Lindmüller. Repro: Tietje

1946 rückte die Beedenbostler Wehr zur Brandbekämpfung im eigenen Ort aus, als bei Adolf Lüchau der Stall brannte. Hierzu gibt es noch einige Erinnerungen von Wolfgang Lüchau. Der Hof, Beedenbostel Nr. 81 (heute Ahnsbecker Str. 16), war bereits von Heinrich Lüchau an dessen Sohn Adolf übergegangen, als es 1946 – wohl im Frühjahr – zu dem verheerenden Brand kam. Wolfgang Lüchau, 1942 geboren, war damals noch sehr jung, wurde halb schlafend nebst seinen Schwestern Ingrid und Renate zu Friedel Heyer gebracht, wo damals Ilse Niefindt wohnte. „Von da habe ich alles gesehen, wo die Feuerwehr gelöscht hat", erinnert sich Wolfgang Lüchau. Die Möbel hingegen seien damals zu Kuhls rübergebracht worden. Schlimm hatte es das Hornvieh getroffen, das es nur bis zur Tür geschafft hatte. Keine Kuh überlebte die Tragödie. Oben auf dem Heuboden über dem Kuhstall hatte die Familie Stroh und Heu gelagert, und im Bereich des dort hochgezogenen Schornsteins, wo man Rübensaft und so weiter kochte, soll der Brand entstanden sein. Das Gebäude hatte Bretterverschlag, war aber unten gemauert. Am Giebel wurde der Brand schließlich gelöscht, und die Grundmauern blieben am Ende stehen. Gegen Abend verschafften sich die Kinder einen Eindruck vom Ausmaß des Unglücks. [75]

[75] BETHE/KASOLOWSKY, a. a. O., S. 69: Einsätze der Beedenbostler Wehr.

Beim Jubiläum 1985 wurde zur Brandursache festgestellt: „Beim lange dauernden Sirupkochen fing ein Balken Feuer, der wie früher wohl öfters üblich, aus Gründen der Statik einfach quer durch den Schornstein lief. Auch hier blieb das angrenzende Wohnhaus unversehrt."

In diese Zeit fällt dann auch der nach fünf Jahren erstmals wieder zu Buche geschlagene Eintritt neuer Kameraden, und zwar am 1. April 1946 von Willy Schulz, Haussohn, 19 Jahre, und Ludwig Bolte, Bergmann, 29 Jahre.

Am 4. Juni 1946 erging folgende Anordnung aus Winsen:

Für den Hochsommer ist es erforderlich, dass auch an den Sonntagen die Freiwillige Feuerwehr sich zum schnellen Einsatz bereit hält. Im Einvernehmen mit dem Herrn Oberkreisdirektor wird für nachstehende Wehren der sonntägliche Bereitschaftsdienst ab 16.6.1946 in einer Stärke von 1 : 8 eingeführt:

> *Wietze, Winsen/Aller, Bergen Krs. Celle, Hermannsburg, Eschede, Müden/Oertze und Nienhagen,*

in einer Stärke von 1 : 5

> *Bleckmar, Sülze, Eversen, Beedenbostel, Eldingen, Wienhausen, Lachendorf, Altencelle, Hohne und Wathlingen.*

Am 23. November 1946 wurde durch Verfügung der britischen Militärregierung vom 1. November 1946 aus den aufgelösten Ländern Hannover, Braunschweig, Oldenburg und Schaumburg-Lippe das Land Niedersachsen gebildet.

Die erste Versammlung der Freiwilligen Feuerwehr Beedenbostel nach dem Krieg fand erst am 19. Juli 1947 statt. Da die Besatzungstruppen das Bankguthaben gesperrt hatten, beschloss man, das Guthaben der Wohlfahrt zu überlassen. Angesichts der nur 20 Anwesenden sollten in Zukunft vermehrt geeignete junge Leute aufgenommen werden.

Schon auf der nächsten Versammlung, im Oktober des gleichen Jahres, stand ein sehr wichtiger Tagesordnungspunkt: der Feuerwehrball im November. Natürlich wurde er beschlossen, denn die Beedenbostler wollten wieder feiern, und es wurde viel und reichlich gefeiert zu dieser Zeit.

Im Laufe der Jahre 1947 und 1948 ging das Feuerschutzwesen immer mehr in deutsche Hände über. Nach der Währungsreform in den drei Westzonen vom 21. Juni 1948[76] normalisierte sich auch langsam die finanzielle Lage; Geld war wieder „richtiges Geld", und so konnten einige notwendige Dinge angeschafft und Reparaturen durchgeführt werden. In den deutschen Ländern begann damit eine neue Feuerwehr-Ära. Die ersten Feuerwehrwettkämpfe konnten stattfinden. Auch war ein neues Feuerschutzgesetz in Vorbereitung, das das gesamte Feuer-

[76] Am 20. Juni 1948 hatte jeder Einwohner der so genannten Westzone ein „Kopfgeld" von 40,- D-Mark (im Umtausch gegen 60 Reichsmark) erhalten. Einige Wochen später wurden noch einmal 20,- D-Mark ausgezahlt. Die deutsche Mark wurde zum Grundstock des deutschen Wirtschaftswunders und gehörte bis zur Einführung des Euro am 1. Januar 2002 zu den stabilsten Währungen der Welt.

schutzwesen im Lande Niedersachsen auf eine neue gesetzliche Grundlage stellen sollte.

Laut Erlass vom 6. Juli 1948 wurden die Dienstgrade bei den freiwilligen Feuerwehren des Landes Niedersachsen neu festgelegt. Die Dienstgrade lauteten:

1. Feuerwehrmann-Anwärter
2. Feuerwehrmann
3. Oberfeuerwehrmann
4. Unterbrandmeister
5. Brandmeister
6. Oberbrandmeister
7. Hauptbrandmeister
8. Kreisbrandmeister

Mit Schreiben vom 7. Dezember 1948 wurde den Gemeinden des Landkreises Celle ein Vordruck für die Brandursachenstatistik zugesandt, in dem die im Jahre 1948 vorgekommenen Brände (ausgenommen Wald- und Heidebrände) anzugeben waren. Das Ausfüllen dieses Vordruckes wurde auch in den kommenden Jahren, jeweils gegen Jahresende, eingefordert.

Oberkreisdirektor Axel Bruns konkretisierte in einem Schreiben an alle Gemeinden des Landkreises Celle vom 17. Dezember 1948 den Willen der Bezirksregierung Lüneburg, einen ausreichenden Feuerschutz in den Gemeinden zu gewährleisten, mit verschiedenen Zielsetzungen.

Mit Schreiben vom 14. Februar 1949 unterbreitete Kurt Hartwig vom Betrieb August Hartwig Celle i.H. – Kupferschmiede/Metallgießerei/Installationsgeschäft/Elektro- und Autogenschweißwerk –, der 1945 für den Stadtkreis Celle das Amt des Kreisführers übernommen hatte, der Gemeinde Beedenbostel ein Angebot über die Herstellung eines ca. 60 Zentimeter tiefen Feuerlöschbrunnens mit 4-Zoll-Steigrohren und Anschluss mit A-Storzkupplung. Die Bohrung sollte laut Angebot von der Firma in Lohn ausgeführt werden. Der Stundenlohn belief sich auf 2,10 D-Mark (entspr. 1,07 Euro), die Überstunde sollte mit 2,62 D-Mark (1,34 Euro) vergütet werden.

Der Niedersächsische Landtag beschloss das „Gesetz über den Feuerschutz im Lande Niedersachsen“ vom 21. März 1949. Das Reichsgesetz über das Feuerlöschwesen vom 23. November 1938 wurde außer Kraft erklärt. Aus dem neuen Gesetz sollen hier einige Bestimmungen aufgeführt werden:

Der Feuerschutz wurde „als gesetzliche Pflichtaufgabe der Gemeinden und Kreise“ durchgeführt.

§ 3

(1) Den Gemeinden obliegt der Feuerschutz innerhalb des Gemeindegebietes. Sie haben insbesondere folgende Aufgaben:

a) die Durchführung von Brandverhütungsmaßnahmen,

b) die Aufstellung, Ausrüstung und Ausrüstung einer Feuerwehr,

c) Errichtung und Unterhaltung der notwendigen Feuerwehrbaulichkeiten, Löschwasserstellen, Alarm- und sonstigen Nachrichteneinrichtungen,

d) die Gewährung kostenloser nachbarliche Löschhilfe innerhalb einer 15-km-Zone.

§ 7

(1) Feuerwehren im Sinne dieses Gesetzes sind:

a) Berufsfeuerwehren (§§ 8 und 9),
b) Freiwillige Feuerwehren (§§ 10 bis 12),
c) Pflichtfeuerwehren (§§ 13 und 14),
d) Werkfeuerwehren (§§ 15 bis 18).

(2) Die Feuerwehren zu a) bis c) sind Einrichtungen der Gemeinden und haben weder polizeilichen noch militärischen Charakter."

Mitglieder über 60 Jahren brauchten am Übungs- und Einsatzdienst nicht mehr teilzunehmen. Die freiwilligen Feuerwehren wurden vom Gemeindebrandmeister geleitet, der auf Vorschlag der Mitglieder der freiwilligen Feuerwehr durch den Gemeinderat auf die Dauer von 6 Jahren ernannt wurde.

Dieses Gesetz vom Jahre 1949 bildete bis zum 8. März 1978 im Lande Niedersachsen die Grundlage des gesamten Feuerschutzes.

Seit 1949 wurden mit besonderem Nachdruck die Maßnahmen gefördert, die dem Ausbau des Feuerschutzes in den ländlichen Gebieten dienten.

Die Freiwillige Feuerwehr des Landkreises Celle war damals in zehn Bezirke eingeteilt.[77]

Im Juli 1949 übersandte Landesbranddirektor Heimberg den Gemeindebrandmeistern der Freiwilligen Feuerwehren des Landes Niedersachsen einen Stoffplan nebst Anleitung für die Aufstellung eines Jahresdienstplanes. Der Dienstplan sah 18 Übungstage beziehungsweise Abende (als Mindestmaß) vor, die so über das Jahr zu verteilen waren, „daß etwa alle 3 Wochen einmal Übungsdienst abgehalten wird".

Unter dem 16. August 1949 bat Kreisbrandmeister Helms die Freiwilligen Feuerwehren um Mitteilung, wer ab 1. Juni 1949 auf eine 25-, 40- und 50-jährige Zugehörigkeit in der Freiwilligen Feuerwehr zurückblickte.

Unter dem 24. August 1949 wurde den Bürgermeistern beziehungsweise den Brandmeister ein Erlass des Niedersächsischen Ministers des Innern betreffend Brände durch Einlagern von Heu übersandt. Darin hieß es, dass „die Brandschäden durch Selbstentzündung von Heu im Lande Niedersachsen bei weitem das tragbare Maß überschritten haben".

---

[77] Die maschinell erstellte Liste ist abgelegt in der Handakte der Ortsfeuerwehr Wienhausen. Sie kann nicht nach 1949 getippt worden sein, da die darin genannten Bezirksbrandmeister Oberbrandmeister Karl Beckmann, Nienhagen, und Oberbrandmeister August Schambach, Eldingen, ihre Ämter nur bis 1949 versahen.

Ebenfalls im August 1949 wurde den Gemeindebrandmeistern eine Satzung der neu geschaffenen Feuerwehr-Unfall-Zusatzkasse der Landschaftlichen Brandkasse Hannover nebst Beitrittserklärung zugesandt. Am 1. Dezember 1949 monierte der Kreisbrandmeister in einem Rundschreiben an die Freiwilligen Feuerwehren des Landkreises Celle: „Von den 75 freiwilligen Wehren haben bislang nur 15 ihre Beitragserklärung (sic!) bei mir abgegeben, womit ich nicht zufrieden bin." Der Jahresbeitrag betrug 1,20 D-Mark (0,61 Euro) für den einzelnen Kameraden. Kreisbrandmeister Helms wies ferner darauf hin, dass bis zum 1. Januar 1950 die alten Abzeichen, Achselstücke und Spiegel zu verschwinden hatten.

Am 30. Juli 1950 beantragte die Gemeinde Beedenbostel beim Landratsamt einen Erweiterungsbau des Spritzenhauses. Nach der Zeichnung von Bau-Ing. Ernst Lindmüller, Ahnsbeck, waren ein Raum für Feuerwehrgeräte, ein Raum für den Leichenwagen, ein Übernachtungsraum und zwei Arrestzellen vorgesehen. Der Bauschein wurde am 7. Oktober 1950 erteilt, der Umbau am Ende aber nicht ausgeführt.[78]

Nach der Ernennung durch den Kreistag trat Gemeindebrandmeister Ernst Schulz aus Westercelle am 1. April 1950 sein Amt als Kreisbrandmeister an.[79]

Ihm erstattete Ortsbrandmeister auch gleich am 31. August 1950 Meldung über die dortige Stärke und anstehende Ehrungen. Die Stärke betrug dort am 1. September 1950 ein Brandmeister, acht Oberfeuerwehrmänner und 27 Feuerwehrmänner. Wegen der Auszeichnung von Kameraden für 25-jährige Dienstzeit schrieb er: „Zum 14. Oktober 1950 benötige ich für die in der Anlage benannten Kameraden Ehrenurkunden für 25jährige Dienstzeit, die Sie zu diesem Termin bitte besorgen wollen. Am genannten Tage feiert die Wehr das 40jährige Bestehen. Ich möchte Sie schon jetzt gebeten haben, sich diesen Tag frei zu halten, um dann hier bei uns sein zu können. Mit kameradschaftlichem Gruß."

Man feierte das 40-jährige Bestehen am 14. Oktober 1950. Geehrt wurden für ihre 25-jährigen Dienste im Feuerlöschwesen Ernst Lange, Albert Müller, Hans Kuhn, Albert Cammann, Wilhelm Schrader, Albert Dralle und Wilhelm Lindmüller. Die Urkunden unterschrieb namens der Niedersächsischen Staatsregierung der Niedersächsische Minister des Innern, Richard Borowski.[80]

---

[78] Landkreis Celle, Altaktenbestand der Bauabteilung.

[79] Ernst Schulz, * Endeholz 04.06.1909, † 27.10.1986, Träger des Deutschen Feuerwehr-Ehrenkreuzes in Gold (1959).

[80] Richard Borowski wurde am 27. September 1894 in Hettstett (Kreis Mansfeld) geboren, Volksschulbesuch, dann Bergarbeiter bis 1925, Kriegsteilnehmer 1914-1918, ab 1925 Filialleiter, Lokalredakteur, 1928-1933 Parteisekretär in Göttingen, 1933-1945 wiederholt verhaftet, zweimal im Konzentrationslager, 1945 Behördenleiter und Landrat in Einbeck bis November 1946. Mitglied des ernannten Niedersächsischen Landtages und des Landtages der I. Wahlperiode für die SPD. 9. Juni 1948 bis 26. Mai 1955 Minister des Innern. Er starb am 30. Juni 1956 in Hannover.

Fotonachlese von der Feier zum 40-jährigen Bestehen

Fotos (8): Albert Dralle

1950 löste Ernst Lange Albert Dralle als Brandmeister der Freiwilligen Feuerwehr Beedenbostel ab. Im Protokoll der Versammlung vom 27. Januar 1951 bei Gastwirt Kuhn, welches ein neues Protokollbuch einleitete, heißt es:

Die Versammlung wurde um 20,30 Uhr vom Ortsbrandmeister eröffnet.

Anwesend 28 Mitglieder.

Tagesordnung.

1. Einführung des neuen Ortsbrandmeisters.
2. Verschiedenes.

Zu. 1. Da Brandmeister Dralle sein Amt als Ortsbrandmeister niedergelegt hatte, wurde der neu gewählte Ortsbrandmeister Lange in sein Amt eingeführt.

Zu 2. Es wurden noch einige geldliche Angelegenheiten erledigt. Da sonst nichts vorlag, wurde die Versammlung um 21.30 Uhr geschlossen.

v. g. u. u.

Urkunde

Als Anerkennung seiner in Ehre und Treue für das Feuerschutzwesen geleisteten

25jährigen Dienste

wird dem Oberfeuerwehrmann

WILHELM SCHRADER

der Freiwilligen Feuerwehr Beedenbostel

Kreis Celle - Land

namens der Niedersächsischen Staatsregierung diese Urkunde verliehen

Hannover, den 1. Oktober 1950.

Der Niedersächsische Minister des Innern

Urkunde für Wilhelm Schrader, unterzeichnet vom Niedersächsischen Minister des Innern. Repro: Blazek

Kreisbrandmeister Schulz führte noch bis 1951 die 1934 begonnene Akte des damaligen Kreisfeuerwehrführers Ernst Buchholz weiter. Zwei Schreiben aus der ersten Jahreshälfte von 1951 sind dort abschließend abgelegt. Am 16. März 1951 richtete er sich mit dem Betreff „Gemeindeehrenbrandmeister" an die Freiwillige Feuerwehr Beedenbostel: „Nach dem Gesetz ... können verdiente Gemeindebrandmeister über 60 Jahre nach dem Ausscheiden aus dem Feuerlöschdienst, auf Vorschlag der Frw. Feuerwehr der Gemeinde, vom Gemeinderat zum Gemeindeehrenbrandmeister ernannt werden. Ich nehme an, dass (sic!) dieses bei dem Kameraden A. Dralle, in Ihrer Wehr der Fall ist, und bitte Sie bei einer Ihrer nächsten Versammlungen einen derartigen Versammlungsbeschluss herbeizuführen. Der Beschluss (sic!) ist Ihrem Gemeinderat vorzulegen. Der Antrag wird von mir unterstützt."

Albert Dralle wurde in der Folge zum Gemeindeehrenbrandmeister ernannt.

In der Versammlung am 31. März 1951, diesmal abgehalten bei Gastwirt Schulz und von 30 Mitgliedern besucht, wurde beschlossen, am Kreisfeuerwehrtag in Bergen am 30. Juni und 1. Juli 1951 teilzunehmen. „Die Wehr ist damit einverstanden, daß der Kreisfeuerwehrverband gegründet wird." An den Kreiswettkämpfen wollte sich die Wehr nicht beteiligen. Bei der Gemeindeverwaltung sollte der Antrag gestellt werden, neue Uniformröcke zu beschaffen, „wenn nicht anders, dann auf mehrere Jahre verteilt". Ferner sollte der Antrag gestellt werden, dass die Gemeinde die Entschädigung für den Gerätewart übernehmen werde. Bei der nächsten Übung sollte ein Ausrüstungsappell abgehalten werden. Diese sollte am 8. April um 8 Uhr stattfinden.

In der Versammlung bei Gastwirt Kuhn am 12. Juni 1951, die um 20.45 Uhr vom Ortsbrandmeister eröffnet wurde und zu der sich 28 Mitglieder eingefunden hatten, erstattete der Rechnungsführer Bericht über Einnahme und Ausgabe. Der Kassenbestand belief sich auf 26,55 D-Mark (13,54 Euro). Als Rechnungsprüfer wurden die Kameraden Carl Bethe und Karl Kamling gewählt. Da die Rechnungsprüfer die Rechnung für richtig befanden, wurde dem Rechnungsführer Entlastung erteilt.

Am Kreisfeuerwehrfest in Bergen am 1. Juli wollte sich die Wehr mit „etwa 18 Mitgliedern" beteiligen. Abfahrt: um 8 Uhr. Der Ortsbrandmeister wollte einen Bus organisieren.

Ab 1. April 1951 wurde der Mitgliedsbeitrag rückwirkend auf 4,- D-Mark festgesetzt.

Die Beedenbostler beim Kreisfeuerwehrfest in Bergen am 1. Juli. Fotos: Albert Dralle

Vom 22. Juni 1951 datiert eine Meldung an Kreisbrandmeister Schulz, Westercelle, über langjährige Mitgliedschaft in der Freiwilligen Feuerwehr. 25 Jahre ergab Fehlanzeige, aber 30 Jahre war Unterbrandmeister Ernst Lange, eingetreten am 1. Juli 1921, Mitglied. Dessen Ehrung hatte man allerdings laut den Unterlagen im Zuge der 40-Jahr-Feier erledigt.

Am 26. Juni 1951 beantragte die Gemeinde Beedenbostel den Umbau des alten und nicht mehr benutzten Spritzenhauses zu einem Ausstellungs- und Lagerraum für Sattlerwaren für einen Flüchtling. Die Zeichnung erstellte Baumeister Nieber in Lachendorf. Das Straßenbauamt Celle hatte Einwände, indem nach wie vor die Sicht behindert und bei einer Abflachung der Kurve der Bau im Wege stehen würde. Der Landkreis folgte am Ende einer weiteren Empfehlung des Staatshochbauamtes und lehnte den Antrag ab. Zugleich verfügte er, das baufällige Gebäude, dessen Dach bereits abgetragen war, binnen vier Wochen ganz zu beseitigen.[81]

Die Wehr startete aus Anlass der Goldenen Hochzeit des Ehrenhauptmanns Otto Knoop am 20. September 1951 um 20.30 Uhr bei Gastwirt Schulz einen Fackelzug.

Der Landkreis Celle wurde 1951 in Feuerwehrunterkreisbezirke eingeteilt. Dem Unterkreis Beedenbostel stand zunächst Ernst Lange vor.

In der Celleschen Zeitung vom 22. November 1951 war zu lesen, dass Kreisbrandmeister Schulz die Freiwilligen Feuerwehren Celle, Beedenbostel, Höfer, Hohne, Wienhausen, Eldingen und Ahnsbeck zur nachbarlichen Löschhilfe zu einer Großübung nach Lachendorf (Drewsensche Papierfabrik[82]) zur Unterstützung der Freiwilligen Feuerwehr Lachendorf alarmiert hatte. „Es brannte drei Minuten zu früh, die Post hatte noch keine Sprechstunde.“

Am 10. November 1951 feierte die Wehr ein Wintervergnügen.

Für Beedenbostel war 1951 ein Jahr ohne besonderen Einsatz.

1952 plante man für den 6. Juli eine „Ausfuhr“ mit dem damals noch bestehenden Männergesangverein. Das Wintervergnügen wurde vom 15. auf den 8. November vorverlegt, weil für den 16. November der Volkstrauertag festgelegt war.

Albert Dralle, 1952. ***Repro: Blazek***

[81] Landkreis Celle, Altaktenbestand der Bauabteilung.

[82] Die Feinpapierfabrik Drewsen ist eine der ältesten deutschen Papierfabriken (seit 1538). (Vgl. FLORIAN FRIEDRICH, Papier aus Lachendorf seit 1538, Celle 2008.)

„Der große Brand“ auf Schlachter Meiers Worth

Schlachter Meier Worth war die alte Bezeichnung für die über der Aschau liegende Weide neben dem Hof Marwede. Auf dieser Fläche war in den fünfziger Jahren des 20. Jahrhunderts eine Strohdieme aufgeschichtet.

In eben dieser Strohdieme hatten Vagabunden übernachtet und in den frühen Morgenstunden das Stroh in Brand gesetzt. Ob aus Fahrlässigkeit oder aus purer Absicht, ist nicht geklärt worden, denn die Burschen machten sich rechtzeitig aus dem Staube.

Als um halb sechs die Wehr alarmiert wurde, stand die Dieme bereits in hellen Flammen und war nicht mehr zu retten. Es galt nun, die angrenzenden Eichen zu schützen, was allerdings keine allzu große Mühe bereitete. Wenig später kam Heinrich Röver mit in der Mühle frisch geschrotetem Korn vorbei. Während er sich ausgiebig den Schaden ansah, hoben einige übermütige Kameraden unbemerkt seine Schrotsäcke vom Wagen und stellten sie neben das Feuer. „Du, Heinrich, wenn wir die Säcke wieder aufladen sollten, musst du schon einen ausgeben!“

Die erste Flasche Korn machte bald die Runde. Doch lange hielt sie nicht vor, denn auch die Besitzerin des Geländes, Mimi Lindmüller, wurde entsprechend präpariert: „Haben wir das nicht schön gemacht, Mimi? Das Feuer ist fast gelöscht, die Bäume stehen alle noch, da musst du doch eigentlich einen ausgeben!“ Natürlich musste auch Karl Marwede als Pächter noch einen ausgeben, und auch der Tierarzt Dr. Benecke ließ sich schnell überreden, eine Flasche zu besorgen.

Bis etwa acht Uhr müssen also mindestens vier Flaschen Schluck durch die durstigen Kehlen geflossen sein. Das Stroh war mittlerweile ebenso heruntergebrannt wie die Einsatzfähigkeit der Kameraden, da wohl kaum einer vorher gefrühstückt hatte. Daran konnte inzwischen eintreffende feste Nahrung auch nichts mehr ändern.

Während Hermann Möhrmann sen. seine Probleme hatte, eine Kartoffelmiete als Befehlshaber zu erklimmen, schienen auch am Dorfpolizisten die Ereignisse nicht spurlos vorübergegangen zu sein. Der junge Albert Dralle hielt ihm noch die letzte zu einem viertel gefüllte Flasche hin. Kaum hatte der Gendarm sie in einem gewaltigen Zug geleert, kippte er auch schon steif wie ein Brett hintenüber in einen Brombeerbusch.

Trotz ihrer Trunkenheit waren die Kameraden der Feuerwehr noch so geistesgegenwärtig, ihn in Marwedes Stall auf den Rücksitz einer Kutsche zu legen, wo er gefahrlos ein Nickerchen machen konnte.

Etwas später suchte ihn sein Vorgesetzter. „Ja, er war hier, aber er ist vorhin wieder weggefahren!“

Alle Probleme waren gelöst, das Feuer gelöscht, es konnte abgebaut werden. Während sich ein Kamerad bemühte, den B-Schlauch gegen den Hang aufzurollen, und sich wunderte, warum er so nass dabei wurde, schleppten die einzigen

Nüchternen, oder Nüchternsten, nämlich Heinrich Engelke und Friedel Heyer, die DKW ganz allein von der Aschau nach oben zum Hänger.

So nahm „der größte Brand“ in der Geschichte der Freiwilligen Feuerwehr ein glückliches Ende.

Im Zuge des ersten Gewitters des Jahres, das über den Landkreis Celle wanderte, schlug am Freitag, dem 3. Juli 1953, gegen 18 Uhr ein Blitz in das Anwesen des Bauern Heinrich Lindmüller, Ahnsbeck 59, ein. Da die Ahnsbecker Wasserversorgung durch Strom gespeist und dieser während des Gewitters abgeschaltet wurde, klappte zunächst der Löscheinsatz nicht. Erst durch die Hilfe der Lachendorfer und Beedenbostler Feuerwehren konnte das Feuer eingedämmt und die Nachbargrundstücke geschützt werden. Bei Heinrich Lindmüller brannten sowohl Wohnhaus als auch Scheune und Viehstall nieder.[83]

Die Landesfeuerwehrschule Celle 1953, damals noch am Allerbogen, Wittinger Straße 8-15. Foto: Harald Löffler

1953 feierte man das Wintervergnügen am 28. November beim Kameraden Kuhn. Am 23. Oktober rechnete man mit einer Nachtübung bei der Erdölfirma DEA in Hohne „in der nächsten Zeit“. Dazu sollte die Wehr mit einem Fahrzeug abgeholt werden.

1954 wurde die Wehr in vier Gruppen eingeteilt. Als Gruppenführer wurden Wilhelm Gottschalk, Walter Dannheim, Erich Klinze und Heinrich Engelke gewählt. Man beschloss, das Rechnungsjahr vom 1. Januar bis 31. Dezember zu führen. Per Bus wollte man zum Kreisfeuerwehrtag nach Müden (Örtze) fahren.[84]

Im Jahre 1954 schaffte die Gemeinde Beedenbostel ein neues Löschfahrzeug an, ein LF 8 Opel Blitz. Nach der DKW-Motorspritze war dies ein neuer Meilenstein in der Geschichte der Freiwilligen Feuerwehr Beedenbostel. Erstmals konnte eine ganze Löschgruppe motorgetrieben sozusagen in Opel-Blitzeseile zum Einsatzort fahren, und die Vorbaupumpe sowie alles andere Gerät waren einsatzbereit dabei.

1955 übergab Rechnungsführer Albert Müller nach 20-jähriger Amtszeit seinen Posten an jüngere Hände. Einstimmig wurde Werner Striepe gewählt. Auch Gerätewart Wilhelm Gottschalk legte sein Amt nieder; die Pflege der Fahrzeuge und Geräte wurde von Unterbrandmeister Dannheim mit den Fahrern übernommen. Die Wehr nahm an Wettkämpfen in Gifhorn teil.

[83] Cellesche Zeitung vom 4. Juli 1953.

[84] Vgl. Auflistung sämtlicher Kreisfeuerwehrtage seit 1908, in: MATTHIAS BLAZEK, 100 Jahre Musikzug der Freiwilligen Feuerwehr Eldingen 1910-2010, Eldingen 2010, S. 96.

Im gleichen Jahr brannte ein Schuppen auf dem Sägewerk Ernst Lindmüller, auf dem Heßberg 5. Die Freiwillige Feuerwehr Beedenbostel rückte zur Brandbekämpfung aus. Der Brand soll an der Elektrizität entstanden sein. „Das ist kein großer Brand gewesen", erinnert sich Renate Lindmüller. Es soll ein kleiner Schuppenbrand gewesen sein. Bei diesem Feuer erwies sich das neue Löschgruppenfahrzeug LF 8 Opel als durchschlagender Erfolg.

Am 3. März 1956 ereignete sich auf dem Gelände der Firma Biskupek in Lachendorf (heute Standort des Betonwerks Lachendorf) ein größerer Brand. Die Alarmierung erfolgte durch den Lokführer einer Rangierlok der OHE. Dort brannten in der 40 Meter langen und acht Meter breiten Lagerhalle Lumpen und Schrott. Munition kam dort ebenfalls zur Explosion. Das Wasser musste aus dem „Schietkanal" entnommen werden. Eine B-Leitung musste unter den Schienen gelegt werden, frei geräumt von Heinrich Olfermann. Dieser wurde, da er sehr schlecht hören konnte, von Heinrich Lüßmann vor einem herannahenden Zug weggezogen.

Durch den schnellen Einsatz der Wehren Lachendorf, Beedenbostel, Gockenholz und eines Löschzugs der Niedersächsischen Landesfeuerwehrschule Celle konnte ein Übergreifen der Flammen auf eine angrenzende Halle verhindert werden. Bei diesem Brand entstand ein Schaden von 40000 bis 50000 D-Mark (20400-25500 Euro).[85]

1956 wurde den Feuerwehrkameraden Joseph Richter und Wilhelm Lindmüller das Feuerwehr-Ehrenzeichen verliehen. Am Kreisfeuerwehrtag am 8. Juli 1956 in Unterlüß wollte sich die Wehr mit der gesamten Kapelle beteiligen. Die Kapelle sollte mit dem Feuerwehrwagen, „der Rest" in Privatwagen anreisen.

Die Kreiswettkämpfe 1956 fanden am 22. Juli in Eschede statt. Beginn der Wettkämpfe war um 8.30 Uhr, Ende um 11.30 Uhr mit der Siegerehrung und Preisverleihung. Vom Kreis waren Geldpreise für die besten Leistungen ausgegeben. Bei den LF-15-Gruppen traten nur zwei Konkurrenten an:

1. Nienhagen	108 Sek.	—	392 Punkte
2. Winsen	140 Sek.	—	360 Punkte

LF 8

1. Beedenbostel	86 Sek.	—	414 Punkte
2. Wathlingen	91 Sek.	—	409 Punkte
3. Faßberg	101 Sek.	—	399 Punkte

TS 8

1. Habighorst	71 Sek.	—	429 Punkte
2. Wohlde	78 Sek.	—	422 Punkte
3. Hermannsburg	80 Sek.	—	420 Punkte

Den 4. Platz belegte Spechtshorn mit 86 Sekunden, wurde aber nicht offiziell gewertet. Es verdient Erwähnung, dass die Spechtshorner Zeit die gleiche war

[85] Seiler/Rodewoldt/Blidon, a. a. O., S. 47.

wie die Zeit von Beedenbostel, welche bei den LF-8-Gruppen den 1. Platz belegte. Die besseren Zeiten der TS-8-Gruppen wurden mit neuen Metz-VW-Spritzen erzielt, mit diesen waren die Wehren aus Habighorst, Wohlde und Hermannsburg ausgerüstet, sie waren allen anderen vor allem in der Ansaugleistung erheblich überlegen.

Als der Kreisbrandmeister die Wettkämpfe beendete, hob er hervor, dass bei den Hochwasserkatastrophen auch Feuerwehren eingesetzt gewesen seien, er dankte der Wehr Eschede für die Ausrichtung und lud die Sieger zu den Bezirkswettkämpfen ein.[86]

Ein abendliches Großfeuer bei Landwirt Hermann Meyer (Haus Nr. 13) hielt am 7. Februar 1957 die Bewohner Ahnsbecks in Atem. Dem schnellen Einsatz der Freiwilligen Feuerwehr Ahnsbeck unter Gemeindebrandmeister Werner Lindemann sowie der benachbarten Wehren aus Hohne, Lachendorf und Beedenbostel und der Werkfeuerwehr der Deutschen Erdölgesellschaft aus Hohne war es zu verdanken, dass ein Übergreifen auf die eng benachbarten Höfe verhindert wurde. 60 Feuerwehrmänner waren insgesamt im Einsatz. Einen Eindruck vor Ort verschaffte sich auch Kreisbrandmeister Ernst Schulz.

Die Cellesche Zeitung berichtete in ihrer Ausgabe vom 8. Februar 1957.[87] Als Brandursache wurde Brandstiftung vermutet. Der Schaden wurde einschließlich des Wasserschadens auf rund 100000 Mark geschätzt.

Am 11. August 1957 brach auf dem Hof von Hilda Hagen, Gockenholz Nr. 6, im Stallgebäude, wo im Dachboden die Heuernte des Jahres lagerte, ein Schadenfeuer aus. Laut Brandbericht sah der Gemeindebrandmeister das Feuer von seinem Hause aus um ca. 21.55 Uhr. Es wurde sofort Alarm gegeben. Die Gockenholzer Wehr gab um 22.10 Uhr aus drei C-Rohren Wasser. Die Länge der B-Leitung zum Feuerlöschteich Martens betrug ca. 250 Meter. Die Nachbarwehren von Beedenbostel und Lachendorf wurden um Löschhilfe gebeten und erschienen auch, und auch die Freiwillige Feuerwehr Ahnsbeck, welche sich zur Verfügung stellte, wurde noch eingesetzt. Ferner muss auch lobend erwähnt werden, dass auch die Celler Wehr ihre Hilfe anbot und an der Brandstelle erschien. Der Brand wurde mit vereintem Einsatz auf das Kuhstalldach beschränkt. Weitere Gebäude auf dem Hof konnten vor Funkenflug geschützt werden, und auch das Wohnhaus, das von dem Stallgebäude durch eine Brandmauer getrennt war, jedoch mit dem Stall eine Einheit bildete, konnte vor einem Übergriff der Flammen geschützt werden und wurde nicht geräumt. Der Brand war um 23.30 Uhr unter Kontrolle, wurde aber bis um 2 Uhr systematisch abgelöscht, bis auf das auf dem Boden lagernde schwelende Heu. Bis zur restlosen Entfernung des schwelenden Heus am 13. August 1957 wurde eine Brandwache gestellt.

---

[86] BLAZEK, 50 Jahre Ortsfeuerwehr Spechtshorn, a. a. O., S. 38 f.

[87] Zeitungsartikel abgedruckt in: BLAZEK, Ahnsbeck, a. a. O., S. 555. Die Werkfeuerwehr der Deutschen Erdölgesellschaft aus Hohne (DEA Hohne) bestand seit Juli 1952.

Die Cellesche Zeitung berichtete in ihrer Ausgabe vom 12. August 1957:

Viehstall abgebrannt

GOCKENHOLZ. Am gestrigen Tage, gegen 21.45 Uhr, brannte in Gockenholz ein großer neuer Viehstall des Bauern Hagen bis auf die Mauern nieder. Durch das schnelle Eingreifen der Feuerwehren aus Gockenholz, Lachendorf, Beedenbostel und Ahnsbeck konnte das angrenzende Wohnhaus gerettet werden. Die Landesfeuerwehrschule Celle brauchte nach ihrem Erscheinen nicht mehr eingreifen. Der Schaden ist noch nicht zu übersehen. Die eingelagerte neue Ernte ist restlos vernichtet.

Am 19. August 1957 berichtete die Heimatzeitung:

Feuer entstand durch Selbstentzündung

GOCKENHOLZ. Der Brand bei dem Landwirt Hagen in Gockenholz, Kr. Celle, ist durch Selbstentzündung von Heu entstanden. Der Schaden beträgt ca. 50000 DM.

Von 1954 bis 1979 im Dienst: LF 8 Opel Blitz. Festschrift zum 75-jährigen Bestehen, Bildteil

1958 wurde der Beedenbostler Feuerwehrball am 7. November beim Kameraden Willi Schulz gefeiert. Für Musik sorgte Schulz, Hankensbüttel.

1959 wurden die vom Gemeinderat herausgegebenen Satzungen bekannt gegeben. Das Kommando, das aus sieben Mann zu bestehen hatte, wurde gewählt. An der Spitze stand der Gemeindebrandmeister, Ernst Lange, dazu als Stellvertreter Wilhelm Dannheim, Werner Striepe, Erich Klinze, Wilhelm Lindmüller, Willi Dikty und Werner Strunk.

Der Gemeindebrandmeister der erst vor wenigen Jahren gegründeten Freiwilligen Feuerwehr Luttern, Wilhelm Kielhorn sen., ging in seinem Jahresbericht für 1959 auf vier auswärtige Waldbrandbekämpfungen ein, und zwar in Beedenbostel, Höfer, Hohnhorst und Jarnsen.[88]

Die Zeitersparnis für die Beedenbostler Kameraden mit ihrem LF 8 Opel war auch beim Einsatz in Nachbarorten beträchtlich. Nur so war es zu bewerkstelligen, dass im Hitzesommer 1959 die Beedenbostler Wehr an einem Tag zu Einsätzen nach Garßen (Wald), Beedenbostel (Wiese) und Luttern (Wald) fuhr.

---

[88] BLAZEK, 50 Jahre Ortsfeuerwehr Luttern, a. a. O., S. 26.

Genaueres berichtet die Chronik der Freiwilligen Feuerwehr Garßen:[89]

Zu einem Waldbrand rückte die (Garßener) Wehr am 21.6. (1959) um 14.00 Uhr mit 23 Mitgliedern aus. Infolge der Trockenheit fand das Feuer reichlich Nahrung. Dieser Brand fand im Arloh statt. Es war nicht möglich, das Feuer unter Kontrolle zu bekommen und es wurden sämtliche Feuerwehren, die nicht anderswo im Einsatz waren, zur Brandstelle gerufen. Vor allem Tanklöschfahrzeuge kamen hier zu vollem Einsatz. Es wurde vom Brandmeister der Vorschlag gemacht, einen Antrag zu stellen auf einen Tanklöschwagen. Da gerade Garßen reichlich von Waldungen und Heide umgeben ist, würde sich ein Tanklöschwagen rentieren.

Der Garßener Ehrenortsbrandmeister Hermann Gellermann erinnerte sich 1996:[90]

Das Jahr 1959 haben bestimmt noch einige wegen der vielen Waldbrände in Erinnerung! Bei Bahnposten 28 fing es an zu „schmirgeln", schönes Wetter vorher und „schönen" Nordostwind, der so richtig zügig wehte! Bis auf eine kleine Stelle hatten wir schon alles abgelöscht und genau da stand so eine alte Tanne und in der ging das Feuer hoch und dann ging es ab! Dann ging es über Posten 27 bis nach Scheuen ran. Wir waren ja nur mit Schaufeln und Patschen „bewaffnet", zur Unterstützung hatten wir das Tanklöschfahrzeug von Eschede. Und das hat uns sehr viel genützt! Zuletzt haben wir vom Kommando gesagt: „Hier muß eine Raupe her, damit wir diesen Brand erst mal einkreisen." Und nachher sollte ich die Raupe bezahlen. Aber das haben wir auch wieder hingekriegt.

Im gleichen Jahr wurde der Opel noch mit einer Tragkraftspritze 8/8 bestückt.

Am Abend des 5. Mai 1960 wurde die Freiwillige Feuerwehr Beedenbostel gemeinsam mit den Wehren aus Höfer und Habighorst zu einem Unglücksfall auf einer Nebenstrecke Maria-Glück (Höfer) der Osthannoverschen Eisenbahnen gerufen. Der Salzzug aus Höfer war entgleist, drei Eisenbahner konnten nur noch tot geborgen werden.[91]

Am 14. und 15. Mai 1960 beging die Freiwillige Feuerwehr Beedenbostel feierlich ihr 50-jähriges Jubiläum. Zwölf noch lebende Mitbegründer wurden mit dem Überreichen von Ehrenurkunden besonders geehrt, nämlich Ehrenbrandmeister Otto Knoop, Wilhelm Hackemann, Albert Veth, Heinrich Weber, Heinrich Dannheim, Walter Molitz, Wilhelm Vilbach, Fritz Meyer, Georg Heyer, Friedrich Heyer, Heinrich Thiele und die beiden Alterskameraden Wilhelm Lindmüller und Friedrich Matthies, die auch die Mitbegründer „des noch heute so beliebten Musikkorps" (Cellesche Zeitung vom 17. Mai) waren.

In der Vierteljahresversammlung der Freiwilligen Feuerwehr Eldingen hatte man sich am 9. April 1960 Gedanken über das Beschicken der Großveranstal-

[89] NN (Kommando der Freiwilligen Feuerwehr Garßen), Aus den Protokollbüchern der Freiwilligen Feuerwehr Garßen, in: 1921-1971 Feuerwehr Garßen, Garßen 1971, o. S.
[90] GELLERMANN/HOFFMANN/WILGEROTH/MEINE, a. a. O., S. 44 f., 66.
[91] Cellesche Zeitung vom 6. Mai 1960.

tung in Beedenbostel gemacht. Im Versammlungsprotokoll heißt es: „Für den Kreisfeuerwehrtag in Beedenbostel, der am 15.5.1960 stattfindet wurde alsdann eine Teilnehmerliste aufgestellt, hierzu meldeten sich 12 Mann. Anschließend wurde der Beitrag erhoben soweit Kameraden anwesend waren."

Aus Wienhausen besuchten zehn Kameraden den Kreisfeuerwehrtag in Beedenbostel. Hierfür wurden 30,- D-Mark aus der Kameradschaftskasse entnommen. 20,- D-Mark gab die Gemeinde. Von der Freiwilligen Feuerwehr Spechtshorn nahm etwa die Hälfte der aktiven Kameraden am Kreisfeuerwehrfest in Beedenbostel teil.

Im Jahre 1961 nahm die Freiwillige Feuerwehr Beedenbostel mit überragendem Erfolg an den Kreiswettkämpfen in Bergen teil. Hierüber berichtete ausführlich die Cellesche Zeitung in ihrer Ausgabe vom 14. Juni 1961. In der Gruppe LF 8 V (das sind Fahrzeuge mit Vorbaupumpe) hat Beedenbostel die gesamte Konkurrenz hinter sich gelassen. Sie erzielte 429,4 Punkte. Dahinter kamen Hohne b. L. mit 414,0, Hermannsburg mit 379,6 und Altencelle mit 379,0 Punkten. Wathlingen war vom Pech verfolgt und brach ab.

Am 13. Mai 1962 fanden in Hohne Unterkreiswettkämpfe statt. Beteiligt waren die Unterkreise Hohne, Eldingen und Beedenbostel. Aus dem Unterkreis Hohne beteiligten sich je eine Gruppe aus Hahnenhorn, Ummern, Pollhöfen und Hohne, letztere in der LF-8-Gruppe.

Am 30. Dezember 1962 brach gegen 18 Uhr in Ahnsbeck auf dem Gehöft des Landwirts Wilhelm Meier (Haus Nr. 48) ein Brand in einem an das Wohnhaus grenzenden Stall aus. Zu Hilfe eilten neben der Freiwilligen Feuerwehr Ahnsbeck die Nachbarwehren aus Lachendorf, Beedenbostel, Hohne und Helmerkamp und die Werkfeuerwehr der DEA Hohne. Sämtliche 35 Kühe und Schweine konnten gerettet werden. Der Schaden belief sich auf über 50000,- D-Mark (25500 Euro). Ein weiterer Brandbekämpfungseinsatz hatte die Ahnsbecker Feuerwehrmänner im gleichen Jahr nach Lachendorf geführt.

Am 15. März 1963 wurde in der von 34 Mitgliedern besuchten Generalversammlung im Gasthaus Schulz Werner Strunk als neuer Gemeindebrandmeister (Ortsbrandmeister) gewählt. Er hatte sich bei der Wahl gegen Erich Tietje und Günther Marwede durchgesetzt.

In das neue Kommando wurden außer dem Gemeindebrandmeister die Kameraden Erich Klinze, Werner Striepe, Wilhelm Lindmüller, Karl-Heinz Laue, Albrecht Müller und Willi Dikty gewählt.

Werner Strunk trat auch die Nachfolge von Ernst Lange als Unterkreisbrandmeister des Unterkreises Beedenbostel an.

In einer weiteren Versammlung wurde am 29. Mai Werner Strunk durch Kreisbrandmeister Schulz in sein Amt eingeführt. Da er noch keinen Lehrgang in Celle besucht hatte, wurde er zum Oberlöschmeister befördert. Erich Klinze wurde nun als stellvertretender Brandmeister und außerdem Wilhelm Lindmüller als neuer Gerätewart gewählt.

Die Wehr trauerte 1963 um den verstorbenen Kameraden Wilhelm Dießel.

Bei den Unterkreiswettkämpfen am 4. August 1963 in Beedenbostel gelang es nur der 1. Spechtshorner Gruppe, sich für die Kreiswettkämpfe zu qualifizieren. In einer fehlerfreien Übung kam sie mit 438 Punkten hinter Hahnenhorn auf den 2. Platz. Die 2. Gruppe belegte mit 79 Punkten den 3. Platz. Dadurch, dass viel zu spät Wasser kam, war die Startberechtigung für den Kreisentscheid erst einmal passé.

Der Kreisfeuerwehrtag wurde gemeinsam mit den Kreiswettkämpfen am 11. August 1963 in Eversen ausgetragen. Die 1. Gruppe aus Spechtshorn unter Führung von Willy Marwede errang den 2. Platz in der TS-8-Gruppe mit einem einzigen Punkt Unterschied hinter Beedenbostel. Hohne siegte in der LF-8-Gruppe.

Beim Landwirt Heinrich Misselhorn in Ahnsbeck brach am 7. September 1963 nachts ein Großbrand aus, der von den Freiwilligen Feuerwehren Beedenbostel, Lachendorf, Hohne und Ahnsbeck und der Werkfeuerwehr der DEA Hohne bekämpft wurde und einen Schaden von rund 250000,- D-Mark (127500,- Euro) verursachte. Überhaupt leistete die Freiwillige Feuerwehr Beedenbostel 1963/64 dreimal Löschhilfe in Ahnsbeck und Bunkenburg.

1964 legte Werner Striepe nach neunjähriger Amtszeit den Posten des Rechnungsführers nieder. Als Nachfolger und zugleich Schriftführer wurde das Kommandomitglied Albrecht Müller gewählt. Heinz Engelke sen. rückte ins Kommando nach.

Man plante eine Berlin-Fahrt für den 11. und 12. Juli 1964 und einen Feuerwehrball am 7. November des Jahres. Die Wehr trauerte um Heinrich Dannheim und Joseph Richter.

1965 wollte man eine Busfahrt nach Fehmarn unternehmen, und zwar am 17. Juli mit einer ansehnlichen Geldspritze vonseiten der Kameradenkasse. Mit einer Wettkampfgruppe wollte man sich am 25. Juli an den Unterkreiswettkämpfen in Hahnenhorn beweisen. Die Wehr beteiligte sich an der Blindensammlung. Ball war am 6. November bei Gastwirt Becker. Man trauerte um die Kameraden Heinrich Schrader und Friedrich Matthies.

Die Wehr rückte 1965 zum Scheunenbrand bei Schrader aus.

Auf dem Hof des Landwirts Fehler nahm die Gemeinde Maßnahmen zur Erweiterung der Alarmanlage vor.

Die Fahrt ins Blaue sollte im Juli 1966 auf die Nordseeinsel Helgoland führen. Das wurde mit sieben gegen fünf Stimmen beschlossen. Als am 16. November 1966 der Gründer und Ehrenbrandmeister Otto Knoop seinen 90. Geburtstag feierte, traten die Kameraden um 20.15 Uhr zu einem Fackelumzug an. Der Feuerwehrball wurde am 5. November gefeiert.

1967 wollte man über Hildesheim ins Weserbergland zum Solling fahren und über den Deister zurückkehren. 300,- D-Mark wollte man dazu aus der Kameradenkasse nehmen. Den Feuerwehrball plante man für den 11. November im Gasthaus Schulz und wollte dazu die Nachbarwehren Ahnsbeck, Luttern, Jarnsen, Höfer und Gockenholz einladen. Der Eintritt wurde auf 3,- D-Mark festgesetzt. Die Wehr hatte 1967 drei Einsätze, und es wurden zehn Übungen durchgeführt. Die Wettkampfgruppe gewann einen Pokal.

Gemeindebrandmeister Werner Strunk äußerte sich 1968 positiv über die Kameradschaft in der Wehr und bedanke sich bei der Gemeinde und Bürgermeister Joachim Westermann für die gute Zusammenarbeit. Am 21. Juli 1968 fanden in Beedenbostel die Pokalwettkämpfe statt, der Feuerwehrball am 9. November. Es gab acht Übungen und Dienstversammlungen sowie fünf Einsätze und eine Aussprache mit der Freiwilligen Feuerwehr Gockenholz.

1969 wurde Werner Strunk als Gemeindebrandmeister wieder gewählt; er ernannte Erich Klinze erneut zu seinem Stellvertreter, womit die Versammlung einverstanden war. Ins Kommando wurden Albrecht Müller, Wilhelm Lindmüller, Willi Dikty, Klaus Lange und Otto Knoop jun. gewählt. Der Feuerwehrball fand am 8. November bei Schulz statt. Die Wehr hatte 1969 vier Einsätze (darunter Stall Suhling, Waldbrand Oher Weg, Scheune Cammann), es wurden acht Übungen und Dienstversammlungen durchgeführt. Die Wettkampfgruppe schaffte es bis zu den Bezirkswettkämpfen, bei Wilhelm Knoop wurde die Unterkreisübung durchgeführt.

Das Kommando beschloss den Jahresbeitrag der fördernden Mitglieder von 10,- D-Mark ab 1. Januar 1970. Der Rat der Gemeinde Beedenbostel beschloss den Bau eines neuen Feuerwehrhauses. Kommando und Bauausschuss wollten sich infrage kommende Gebäudetypen ansehen.

Am 9. und 10. Oktober 1970 feierte die Freiwillige Feuerwehr Beedenbostel ihr 60-jähriges Bestehen mit einem Kommers im Gasthaus Kuhn, einer Kranzniederlegung am Ehrenmal mit anschließendem Werbemarsch, einer Schauübung an der Schmiede und einem Festball im Gasthaus Kuhn.

1970 hatte die Wehr einen Einsatz, acht Übungen und Dienstversammlungen wurden durchgeführt. Man beteiligte sich an Wettbewerben in Lachendorf, Wienhausen und Hohnebostel.

1971 beschloss die Wehr, die Kassenprüfer für zwei Jahre und jedes Jahr einen neuen Kassenprüfer zu wählen. Beim Ball am 23. Oktober im Gasthaus Schulz sollte man an der Abendkasse 50 Pfennig mehr bezahlen (3,50 D-Mark). Die Wehr hatte drei Einsätze bei Rehwinkel, bei Engelke und am Bahnhof. Neun Übungen wurden durchgeführt. Man wurde auch bei der Hubertusjagd, einer traditionellen Schleppjagd im Oktober, eingesetzt, und die Wettkampfgruppe verzeichnete wieder gute Erfolge. Die Gemeinde übergab der Wehr ein neues Löschfahrzeug: ein Löschgruppenfahrzeug LF 8 schwer auf Mercedes-Fahrgestell (LF 8 mit zusätzlicher Ausrüstung für technische Hilfeleistung, Lichtmast, Greifzug). Es wurden zwei neue Bohrbrunnen erstellt und ein neues Feuerwehrhaus gebaut.

Hauptlöschmeister Erich Klinze wurde am 29. Januar 1972 in Ehren auf eigenen Wunsch aus dem aktiven Dienst verabschiedet. Als stellvertretender Gemeindebrandmeister wurde Klaus Lange ernannt.

Beim Feuerwehrball am 10. November 1972 im Gasthaus Kuhn hob man den Eintrittspreis etwas an: 3,50 D-Mark im Vorverkauf und 4,- D-Mark an der Abendkasse. 14 Kameraden meldeten sich zu einem Erste-Hilfe-Lehrgang, der im nächsten Jahr stattfinden sollte. Die Wehr war einmal im Einsatz, und zwar im Zuge der Sturmschäden am 13. November. Damals tobte über Nordwestdeutschland ein Orkan, der alle Vorstellungen und meteorologischen Erfahrungen für diesen Raum weit übertraf.[92]

Torsten Dierks (links) und Reinhard Otte (mit Ortsbrandmeister Klaus Lange) bei der Ernennung zu Feuerwehrmännern. Foto: Anke Marwede

Seit ihrer Gründung bis zum Jahre 1972 war die Freiwillige Feuerwehr Beedenbostel eine Einrichtung der Gemeinde Beedenbostel gewesen. Die Gemeinde hatte die Wehr zu unterhalten und mit den erforderlichen Löscheinrichtungen und Geräten auszustatten. Die Wehr übernahm den Brandschutz und war der Gemeinde dafür verantwortlich.

Mit Wirkung vom 1. Januar 1973 sollte sich dies ändern. Bereits im Jahre 1967 war die Samtgemeinde Lachendorf gebildet worden, der zunächst nur die Gemeinden Ahnsbeck, Gockenholz und Lachendorf angehört hatten.

Nun wurden in der Samtgemeinde Lachendorf 17 früher selbstständige Gemeinden in sich vereinigt. Per Gesetz wurde die Samtgemeinde Trägerin der Freiwilligen Feuerwehr. Seitdem ist die Freiwillige Feuerwehr Beedenbostel eine Einrichtung der Samtgemeinde gewesen. Als „Ortsfeuerwehr" hat sie seitdem neben zwölf weiteren Ortsfeuerwehren die der Samtgemeinde nach dem Feuerschutzgesetz obliegenden Aufgaben erfüllt. Die amtierenden Gemeindebrandmeister wurden Ortsbrandmeister der Ortsfeuerwehren. Das Samtgemeindekommando besteht aus dem Gemeindebrandmeister, den Ortsbrandmeistern und deren Stellvertretern, dem Sicherheitsbeauftragten, dem Musikzugführer des Musikzuges der Freiwilligen Feuerwehr Lachendorf, dem Atemschutzbeauftragten und dem Jugendwart. Vorschläge und Empfehlungen des Kommandos werden an den aus Ratsmitgliedern bestehenden Feuerschutzausschuss weitergeleitet.

---

[92] Vgl. DIETRICH STAHL, „Auswirkungen der Sturmkatastrophe vom 13. November 1972 in Nordwestdeutschland auf das Wild", in: Zeitschrift für Jagdwissenschaft, Vol. 22, Nr. 1/März 1976, Abhandlungen, S. 1 ff.

Mit der Verwaltungs- und Gebietsreform im Lande Niedersachsen vom 1. Januar 1973 wurden der Samtgemeinde Lachendorf gemäß § 72 Absatz 1 der Niedersächsischen Gemeindeordnung unter anderem folgende Aufgaben zugeteilt: Aufstellung der Flächennutzungspläne, Trägerschaft der allgemeinbildenden öffentlichen Schulen, Einrichtung und Erhaltung der Sportstätten, die mehreren Mitgliedsgemeinden dienen, die Aufgaben des abwehrenden Brandschutzes und der Hilfeleistung auf dem Gebiet der entsprechenden Gemeinde, Bau und Unterhaltung der Gemeindeverbindungsstraßen, Regelung des Anschluss- und Benutzungszwangs.

Die ebenfalls zum Landkreis Celle gehörenden Gemeinden Ummern, Pollhöfen und Hahnenhorn waren vom „Gesetz zur Neugliederung der Gemeinden im Raum Celle" nicht erfasst; sie wurden zum 1. März 1973 durch das „Gesetz zur Neugliederung der Gemeinden im Raum Gifhorn" in den Landkreis Gifhorn eingegliedert.

Dank der hilfreichen Gemeindeväter konnte die Samtgemeinde eine gut ausgerüstete Beedenbostler Wehr übernehmen. Zum ersten Gemeindebrandmeister der Samtgemeinde wurde der frühere Unterkreisbrandmeister Werner Strunk und zum stellvertretenden Gemeindebrandmeister Willi Stege gewählt. Gerade in der Samtgemeinde wurden Werner Strunks ausgeglichenes Wesen und seine fruchtbare Arbeit zum Glücksfall, denn die Ortswehren und ihre Gemeinden hatten sich in den nächsten Jahren zusammenzuraufen. Es musste die Samtgemeindefeuerwehr gebildet werden, in deren Ortswehren vielfältige Aufgaben zu verteilen und zu lösen waren.

In der folgenden Zeit gewann die Wettkampfgruppe der Ortsfeuerwehr Wienhausen nicht nur den Garßen-Pokal, sondern auch einen Pokalwettbewerb in Beedenbostel.

Bei der Jahreshauptversammlung am 27. Januar 1973 wies Gerätewart Wilhelm Lindmüller bereits auf einige Mängel am neuen Feuerwehrhaus hin. Der langjährige stellvertretende Beedenbostler Gemeindebrandmeister Erich Klinze wurde an dem Abend zum Ehrenmitglied ernannt. Am 26. September des Jahres hatte die Wehr zwei Einsätze bei einem Waldbrand. Fünf Kameraden wurden 1973 zum Grundlehrgang entsandt, dessen zehn Termine sich auf fünf Schulungs- und fünf Übungsabende aufgliederten.

1974 beschloss die Versammlung mit 16 gegen 14 Stimmen eine Fahrt ins Blaue im Juni (statt am 16. März). Die Organisation wurde in die Hände von Klaus Lange und Albrecht Müller gelegt. Der Ortsbrandmeister sprach die Anschaffung einer Heumesssonde an, die zur Brandverhütung in landwirtschaftlichen Betrieben eingesetzt werden sollte. Die Wehr hatte in dem Jahr einen Einsatz an der Bahn nach Luttern. Es fanden sechs Übungen und drei Versammlungen statt, aus Anlass der Brandschutzwoche veranstaltete die Wehr am 20. Oktober einen Tag der offenen Tür, und zwar mit einer Übung am Feuerwehrhaus und Musik der Feuerwehrkapelle.

1975 wurden neue Satzungen bekannt gegeben. Horst Kuhls wurde zum Gruppenführer der I. und Albrecht Müller zum Gruppenführer der II. Gruppe gewählt. Willi Dikty wurde als Leiter der Musikkapelle gewählt. Sachbearbeiter Claus-Dieter Buttgereit, der den Samtgemeindedirektor Wilfried Hennies vertrat, versprach die Anschaffung eines Rettungsgeräts zum Preis von ca. 10000,- D-Mark. Horst Kuhls trat die Nachfolge von Wilhelm Lindmüller als Sicherheitsbeauftragter an. Am 22. Februar half die Wehr tatkräftig beim Aufräumen des alten Friedhofs. Der Ball wurde am 8. November bei Schulz gefeiert.

Das Rettungsgerät wurde nicht 1975 geliefert.

Die Feuerwehrkapelle im Jahre 1975. Hintere Reihe v.l.n.r. Werner Faust, Hartmut Kuhls, Joachim Kuhls, Hans-Wilhelm Seiler, Hermann Kuhls, Wolfgang Meyn, Wolfgang Skrodzki, vordere Reihe v.l.n.r. Carl-Heinz Laue, Karsten Kuhls, Werner Kasolowsky, Ernst-August Stradtmann, Wilhelm Lindmüller, Karlheinz Waschke, Willi Dikty. Foto: Gisela und Wilhelm Lindmüller

Wie so oft in der Geschichte der Feuerwehr werden feuerwehrtechnische Neuerungen erst nach großen Bränden oder sonstigen Katastrophen von den geldgebenden Organen bewilligt.

Einer dieser traurigen Anlässe war die große Waldbrandkatastrophe von 1975. Die Beedenbosteler Wehr war in jenen Augusttagen drei Tage ununterbrochen im Einsatz. Insgesamt waren 20000 Feuerwehrleute mit 1500 Fahrzeugen sowie etliche andere Hilfskräfte und Einheiten der Bundeswehr im Einsatz.[93]

Bei Meinersen verloren die Kameraden Kurt Fischer, Otto-Oskar Könneker, Gerhard Schlie, Hartmut Oelkers und Helmut Wille ihr Leben, nachdem ihr TLF 8 im Wald von einer Flammenfront eingeschlossen worden war.[94]

---

[93] Ausführlich: MATTHIAS BLAZEK, „Die Waldbrandkatastrophe liegt 25 Jahre zurück", Wathlinger Bote vom 09.08.2000, auch abgebildet in: BLAZEK, Chronik der Freiwilligen Feuerwehr Ahnsbeck, a. a. O., S. 86 f.

[94] Vgl. STEFFEN THOMAS PATZELT, „Waldbrandprognose und Waldbrandbekämpfung in Deutschland – zukunftsorientierte Strategien und Konzepte unter besonderer Berücksichti-

Entscheidende Mängel in der Koordination der Kräfte offenbarten sich. Ein technischer Faktor war das Fehlen von Funkgeräten. Der Beedenbostler Mercedes hatte schon seit 1974 ein Funkgerät, und so wurde 1976 auch der Opel mit einem Funkgerät bestückt. Überhaupt wurden schnellstens alle Fahrzeuge mit Funk ausgerüstet.

Die Waldbrandkatastrophe war beherrschendes Thema bei der Jahreshauptversammlung am 24. Januar 1976 im Gasthaus Schulz. Die Wehr gedachte der dabei tödlich verunglückten Kameraden aus Fallersleben und Hohenhameln. In den Fokus rückte das neue Aufgabengebiet Technische Hilfe mit seinen Anforderungen an Mensch und Gerät. Als sich am 8. Mai 1976 ein Waldbrand im Raum Unterlüß/Oldendorf/Lutterloh ereignete, wurde auch die Ortsfeuerwehr Beedenbostel alarmiert und rückte zur Brandbekämpfung aus. Die Wehr hatte überdies 1976 zwei gemeinsame Übungen und auch eine Nachtübung. Der Ball war am 6. November.

Technische Hilfe

Im Rahmen der Aufgabenverteilung erhielt die Ortsfeuerwehr Beedenbostel 1976 von der Samtgemeinde die Technische Hilfe zugewiesen. Innerhalb von wenigen Jahren entwickelte sich die Technische Hilfe zum Schwerpunkt der Ortswehr, obwohl die reinen Brandschutzaufgaben ständig parallel weiterliefen.

1977 wurde festgestellt, dass man mit umluftunabhängigen Atemschutzgeräten noch nicht hinreichend ausgestattet bei Bedarf auf die Nachbarschaftshilfe angewiesen sei. Die Wehr zählte 47 aktive, 23 passive und 18 fördernde Mitglieder. Den Opel wollte man als Fahrzeug für die Technische Hilfe ausrüsten. Man feierte wieder Ball und beteiligte sich an der Blindensammlung und am Volkstrauertag.

1978 wurde der Opel zum Technische-Hilfe-Fahrzeug umgebaut. Ein Stromaggregat fand Platz, ebenso Scheinwerfer, Winkelschleifer, Kettensäge, Hitzschutzausrüstung, Pressluftatmer und als Kernstück hydraulische Rettungsschere und Spreizer.

Mit Beginn der Technischen Hilfe erfuhr die Beedenbostler Wehr auch eine personelle Veränderung. Werner Strunk legte die Doppelbelastung Ortswehr und Samtgemeindewehr ab und konzentrierte sich nur noch auf die Samtgemeinde, zu deren Wohl er bis Juni 1985 als Gemeindebrandmeister tätig war. Sein Nachfolger in Beedenbostel wurde 1978 Klaus Lange, dessen Energie und Tatkraft es zu verdanken ist, dass die Technische Hilfe zur Rettung von Verunglückten effektivste und schnellstmögliche Hilfe gewährleistet.

Vor Beginn der Technischen Hilfe 1976 bis einschließlich 1984 rückte die Wehr zu 55 Technischen Hilfeleistungen aus. Im gleichen Zeitraum von neun Jahren waren jedoch „nur“ zwölf Brandeinsätze zu fahren.

---

gung der Brandbekämpfung aus der Luft“, Dissertation zur Erlangung des Grades „Doktor der Naturwissenschaften“ im Promotionsfach Geographie, Mainz 2008, S. 87 ff.

Klaus Lange wurde am 25. Februar 1978 einstimmig als neuer Ortsbrandmeister gewählt. Anwesend waren 38 stimmberechtigte Mitglieder, von denen sich vier enthielten. Albrecht Müller wurde als stellvertretender Ortsbrandmeister gewählt beziehungsweise vorgeschlagen. Otto Knoop wurde als neuer Schrift- und Rechnungsführer gewählt. Die Versammlung beschloss einen Jahresbeitrag von 6,- D-Mark für Aktive und Passive und von 20,- D-Mark für fördernde Mitglieder. Kreisbrandmeister Gottlieb Sussebach, Offensen,[95] war am 31. März zu Gast und verlieh Werner Strunk das Niedersächsische Ehrenzeichen für 25-jährige Dienste im Feuerlöschwesen. Ball wurde am 11. November im Gasthaus Kuhn gefeiert. Die Wehr erhielt 1978 Rettungsschere und Spreitzer, rückte zu Bränden in Lachendorf und bei der Genossenschaft sowie drei Verkehrsunfällen aus und half bei einem Reitturnier und bei der Blindensammlung.

Am 1. April 1978 trat das Niedersächsische Brandschutzgesetz in Kraft. Nach § 2 dieses Gesetzes sind die Aufgaben der Samtgemeinden die des abwehrenden Brandschutzes und der Hilfeleistung auf dem Gebiet der entsprechenden Gemeinde (§ 2 Abs. 1 Satz 1 NBrandSchG). Hierfür hat die Gemeinde, sinngemäß die Samtgemeinde, unter anderem eine leistungsfähige Feuerwehr aufzustellen (§ 2 Abs. 1 Nr. 1 NBrandSchG). Zu den Aufgaben gehört außerdem die Nachbarschaftshilfe gegenüber anderen Gemeinden (§ 2 Abs. 2 NBrandSchG).

Jener 1. April 1978 war aber auch ein Unglückstag: Beim Lachendorfer Feuerwehrkameraden Karl Hövermann ereignete sich frühmorgens ein Wohn- und Stallungsbrand. Morgens um 4 Uhr heulten die Sirenen. Mit dem Notwendigsten am Leibe entkam die Familie den Flammen. Es verbrannten außer dem Hausrat fünf große Bullen und ein Kalb. Der Schaden war beträchtlich. Ausgelöst wurde der Brand durch vorsätzliche Brandstiftung, leider von einem Kameraden aus den Reihen der Lachendorfer Brandschützer, auch Rot-Kreuz-Mitglied. Die umliegenden Wehren, darunter die Ortsfeuerwehr Beedenbostel, waren dort auch mit im Einsatz. Die Aufräumarbeiten, die noch Tage andauerten, wurden von Kameraden der Ortsfeuerwehr Lachendorf mit unterstützt. Rolf Deecke stellte das leer stehende Haus auf seinem Hof der Familie Hövermann zur Verfügung.[96]

1979 gab es eine neue Form der Alarmierung, und zwar mittels Funkmeldeempfängern. Jetzt, als der Opel der Ortsfeuerwehr Beedenbostel inzwischen hoffnungslos überladen war, gelang es der Samtgemeinde, ein kaum gefahrenes LF 8 vom Fabrikat Magirus Deutz günstig von der Niedersächsischen Landesfeuerwehrschule Celle zu erwerben. Den Opel übernahm die Hohner Wehr, und eifrige Kameraden bauten den Magirus wieder in Eigenleistung um.

[95] Gottlieb Sussebach, Ehrenmitglied der Ortsfeuerwehr Offensen, Gemeindebrandmeister der Freiwilligen Feuerwehr Offensen 1951-1976, Unterkreisbrandmeister ab 1955, stellvertretender Kreisbrandmeister 1965-1977, Kreisbrandmeister 1977-1983, heute Ehrenkreisbrandmeister, wurde 1972 mit dem Feuerwehrehrenzeichen in Gold, 1984 mit dem Bundesverdienstkreuz und 2000 mit dem Ehrenzeichen für 50-jährige Mitgliedschaft in der Feuerwehr des Landesfeuerwehrverbands Niedersachsen geehrt.

[96] SEILER/RODEWOLDT/BLIDON, a. a. O., S. 91.

Am 29. April 1979 fand eine Großübung bei der Kirche statt. Ferner nahm die Wehr an einer Nachtübung teil und rückte zu einem Brand bei Bührke und bei der Genossenschaft sowie vier Verkehrsunfällen und einem Unfall in Jarnsen, wo ein Kind in eine Jauchegrube gefallen war, aus. Bei der Blindensammlung kam ein Betrag von 561,- D-Mark zusammen. Die Wettkampfgruppe trat in Spechtshorn und Wathlingen an.

Am 26. Juli 1979 fand eine Veranstaltung zum 25-jährigen Bestehen der Ortsfeuerwehr Spechtshorn statt. Nach den Wettkämpfen, die am zweiten Tag ausgetragen wurden, marschierte man geschlossen und in dem Schritt, den die Feuerwehrkapelle Beedenbostel vorgab, zum Festzelt, wo man einige gemütliche Stunden gemeinsam verlebte.[97]

Zu Einsätzen auf dem Gebiet der Technischen Hilfeleistung wird meistens nur eine geringere Zahl von Feuerwehrleuten gebraucht, deshalb wurde die Wehr 1979 mit fünf zusätzlichen Funkmeldeempfängern ausgerüstet. Ein solches Gerät hatte sich bereits seit 1975 im Besitz des Ortsbrandmeisters befunden.

Hebekissen vervollständigten 1980 die Ausrüstung des LF 8 Magirus Deutz. Mittlerweile nahm die Inanspruchnahme der Technischen Hilfe immer mehr zu und machte bald zwei Drittel aller Einsätze aus.

Auch die Frauen waren dabei: 70 Jahre Ortsfeuerwehr, 1980. Foto: Lindmüller

1980 wünschte man sich die alte Handdruckspritze, von der Gemeinde an H. Boes verkauft und bei Friedel Heyer untergestellt, wieder zurück. Am 6. Juli richtete die Wehr Pokalwettkämpfe als offene Wettkämpfe für TS- und LF-Gruppen aus. Am 27. September beging die Ortsfeuerwehr Beedenbostel ihr 70-

[97] BLAZEK, 50 Jahre Ortsfeuerwehr Spechtshorn, a. a. O., S. 71.

jähriges Bestehen mit einem Kommers. Der Ball war am 8. November. Die Wehr rückte zu zwei Bränden, darunter einem nächtlichen Großfeuer beim Kameraden Heinz Engelke im Dezember, sowie sechs Verkehrsunfällen aus. Die Feuerwehrkapelle errang beim Pokalschießen den 1. Platz.

„Da ist es!" Beim Fest der Wehr im Jahre 1980. Foto: Gisela und Wilhelm Lindmüller

In der Nacht vom 2. zum 3. November 1980 wurde die über 300 Jahre alte Fachwerkscheune des Landwirts Heinrich Engelke aus Beedenbostel durch ein Großfeuer zerstört. Trotz des Einsatzes von elf Fahrzeugen mit 124 Feuerwehrmännern aus Beedenbostel und den umliegenden Ortschaften konnte das Gebäude nicht gerettet werden, da sich das Feuer blitzschnell über den gesamten Dachstuhl ausbreitete. Es war der hohen Einsatzbereitschaft aller eingesetzten Feuerwehren und anderen Hilfskräften zu verdanken, dass nicht noch mehr Gebäude den Flammen zum Opfer fielen. Das Vieh konnte noch rechtzeitig in Sicherheit gebracht werden. Die Brandursache blieb unbekannt.

Hier war ein Fehler in der Alarmierung aufgetreten: Der Beedenbostler Ortsbrandmeister, Klaus Lange, dessen Wehr der Flammen allein nicht Herr werden konnte, bat die Hauptwache Celle über Funk, Großalarm für die Samtgemeinde Lachendorf auszulösen. Alarmiert wurde zunächst (um 23.20 Uhr) nur die Ortsfeuerwehr Lachendorf. Nachbarschaftshilfe leisteten schließlich die Ortsfeuerwehren Ahnsbeck, Höfer, Lachendorf, Gockenholz, Habighorst und Hohne. Das Deutsche Rote Kreuz übernahm während des Einsatzes, der auch den 3. November noch in Anspruch nahm, die Betreuung der insgesamt 130 eingesetzten Hilfskräfte. Der Schaden betrug rund 500000,- DM (255000 Euro).[98]

Am 31.12.1980 zählte die Ortsfeuerwehr Beedenbostel 52 aktive, 25 passive und 18 fördernde sowie zwei Ehrenmitglieder.

1981 sagte das Ehrenmitglied Erich Klinze, er würde, falls es die Gesundheit

[98] Ausführlich: BLAZEK, 50 Jahre Ortsfeuerwehr Gockenholz, a. a. O., S. 61.

zuließe, beim 75-jährigen Bestehen noch einmal mit seiner alten Gruppe eine Übung durchführen. Werner Kasolowsky führte der Wehr in einer Dienstversammlung Filme über das Feuerlöschwesen vor. Der Feuerwehrball fand am 7. November im Gasthaus Schulz statt. Die Wehr rückte insgesamt zu zwei Bränden und sechs Verkehrsunfällen aus. Trauriger Höhepunkt des immer wiederkehrenden Leichtsinns auf den Straßen war in dem Jahr ein Frontalzusammenstoß zweier PKW bei Hohne, bei dem neun Menschen nur noch tot geborgen werden konnten.

1982 erhielt die Ortsfeuerwehr Beedenbostel für den Magirus, der wiederum nach Hohne weitergeleitet wurde, einen echten Gerätewagen „Technische Hilfe“ in Form eines Hanomag Henschel GW-TH mit fest eingebautem 15-kVA-Stromerzeuger und ausfahrbarem Flutlichtmast. Ein drittes Mal innerhalb von vier Jahren wurde nun ein Fahrzeug für die Technische Hilfe umgebaut.

Die Wettkampfgruppe nahm 1982 an fünf Pokalwettkämpfen teil und erreichte in Winsen sogar den 1. Platz. Beim Leistungswettkampf am 14. August 1982 in Gockenholz hatte man als Team Nienhof/Beedenbostel das Nachsehen, weil dort die „Lokalmatadore“ aus Gockenholz das Feld abräumten.[99]

1982 hatte die Wehr Einsätze bei zwei Großbränden, vier Verkehrsunfällen, einem Ölunfall und diversen Baumbeseitigungen. Am 8. September des Jahres brannte eine Scheune bei Willi Meier in Lachendorf, wobei die Ortsfeuerwehr Lachendorf Nachbarschaftshilfe von den Nachbarwehren erhielt.

1983 hatte die Wehr 15 Einsätze, darunter 13 Einsätze mit dem Gerätewagen. Am 12. Januar brannte kurz nach Mitternacht die reetgedeckte Villa (Skrodzki) an der Höferschen Straße nieder. Mit Hilfe von vier Nachbarwehren, Lachendorf, Gockenholz, Höfer und Ahnsbeck, und insgesamt 98 Feuerwehrleuten gelang es zwar, die Nachbargebäude zu erhalten, das Wohnhaus wurde jedoch größtenteils ein Opfer der Flammen. Marderfraß wurde als Brandursache angegeben.

Am Jahresende hatte die Wehr 60 aktive, 22 passive und 18 fördernde Mitglieder sowie ein Ehrenmitglied.

1983 wurde Kreisbrandmeister Gottlieb Sussebach von Willi Hellmann abgelöst.

Zwölf Mal rückte die Wehr 1984 aus, um Hilfe zu leisten. Dreimal handelte es sich um Verkehrsunfälle, fünfmal galt es, Brände zu bekämpfen. 81 Kameraden waren im Einsatz, als durch eine Verpuffung im Ölofen das Wohnhaus Grimme an der Höferschen Straße am 9. März 1984 in Brand geriet. Da sich das Feuer durch offene Türen rasend schnell über das Treppenhaus nach oben ausbreitete, musste eine Person über die Leiter geborgen werden. Durch den schnellen Einsatz der Wehren aus Lachendorf, Gockenholz, Ahnsbeck (Unterstützung mit Pressluftatmern), Eldingen sowie der DL 30 aus Celle konnte das halbe Gebäude gerettet werden.

---

[99] „Wochenend-Kurier“ vom 20.08.1982.

Am 15. April 1984 kam es auf dem Dehbruch zu einem Waldbrand, bei dem ca. 2,5 Hektar Schonung in Mitleidenschaft gezogen wurden. Der Brand wurde mit elf Fahrzeugen aus den Orten Eldingen, Hohne, Lachendorf, Beedenbostel und Luttern bekämpft. Da sich in unmittelbarer Nähe ein Bohrbrunnen befand, hatte man das Feuer nach etwa zwei Stunden unter Kontrolle. Das DRK war auch mit einem Fahrzeug vor Ort.

In Lachendorf wurde der Kreisfeuerwehrtag abgehalten. Damit verbunden wurde hier am 31. August ein Jubiläumsball aus Anlass des 75-jährigen Bestehens des Kreisfeuerwehrverbandes des Landkreises Celle e.V. veranstaltet.

Ein Blickfang: Musiker der Feuerwehrkapelle auf einer Photographie von Photo-Kollmorgen Höfer/Celle. Zu sehen sind v.l.n.r. Werner Faust, Ludwig Bolte, Willi Dikty und Gustav Bindseil sen. ***Repro: Tietje***

Ebenfalls 1984 folgte eine weitere wesentliche Verbesserung für die Ortsfeuerwehr Beedenbostel, nämlich der Einbau der Schnellangriffseinrichtung „Poly-Light-Water“, die, mit 100 Liter Netzmittellösung versehen, jedem PKW-Brand ein schnelles Ende bereitete.

13-mal trat die Wehr 1984 zur Ehrung verdienter Mitglieder an.

Am 19. Mai 1985 fand in Spechtshorn eine Funkübung der Stützpunktwehren Lachendorf und Hohne mit den Ortswehren Gockenholz, Jarnsen, Beedenbostel, Helmerkamp, Ahnsbeck, Texaco und Spechtshorn statt.

Vom 7. bis 12. September 1985 feierte die Ortsfeuerwehr Beedenbostel ihr 75-jähriges Bestehen. Anlässlich des Tages der offenen Tür fand am 8. September 1985 an der Martinskirche in Beedenbostel eine Großübung mit den Freiwilligen Feuerwehren aus Ahnsbeck, Celle, Gockenholz, Höfer, Jarnsen, Lachendorf und Beedenbostel statt. Weitere Programmpunkte waren ein Leistungsmarsch, eine Patenschaftsübernahme zur Bundeswehr, ein Kommersabend am Gründungstag und ein Feuerwehrball zum Schluss.

Die Wehr führte den Gerätewagen Technische Hilfe (GW-TH) bei Nachbarwehren vor.

Gliederung der Stützpunktfeuerwehr Beedenbostel im Jahre 1985

Einsatzleitung Ortsbrandmeister	Klaus Lange Obm
Einsatzleitung Ortsbrandmeister Stellv.	Albrecht Müller Bm
Gruppenführer I. Zug	Olm Horst Kuhls
Gruppenführer Stv. I. Zug	Hfm Reinhard Bethe
Gruppenführer II. Zug	Bm Albrecht Müller
Gruppenführer Stv. II. Zug	Hfm Gerhard Bergmann
Gruppenführer z.b.V.	Hfm Hans-W. Seiler
	Ofm Carsten Westermann
Gerätewart	Lm Wilhelm Lindmüller
Sicherheitsbeauftragter	Olm Horst Kuhls
Schrift- und Kassenwart	Hfm Otto Knoop
Kapellmeister	Lm Willi Dikty

1986 rückte die Wehr siebenmal aus. Davon waren fünf Einsätze technische Hilfeleistungen (davon drei Verkehrsunfälle) und zwei Brandbekämpfungen. Am Jahresende hatte die Wehr 68 aktive, 20 passive und 25 fördernde Mitglieder sowie ein Ehrenmitglied.

1987 wurde der langjährige Wehrführer und Ehrengemeindebrandmeister Werner Strunk aus dem aktiven Dienst verabschiedet. Ortsbrandmeister Klaus Lange hielt in der Mitgliederversammlung eine Laudatio. Beim Schießen der Pateneinheit in Scheuen errang die Wehr den 1. Platz. Zweimal rückte die Wehr zu Bränden und zehnmal zu technischen Hilfeleistungen aus.

1988 rückte die Ortswehr siebenmal aus, und zwar zweimal zu Verkehrsunfällen, zweimal zu Bränden, einmal zu einem Ölschaden, und zweimal von mussten Bäume von der Straße geräumt werden.

1989 berichtete Wettkampfgruppenführer Harald Otte von den Übungsabenden, wo nur nach den neuen Wettbewerbsbestimmungen geübt werde. Zweiter Wettkampfgruppenführer war Armin Beck. Am Jahresende hatte die Wehr 63 aktive, 21 passive und 21 fördernde Mitglieder sowie zwei Ehrenmitglieder.

1990 konnte Armin Beck berichten, dass die Wettkampfgruppe mit jeweils zwei Gruppen an zwei Wettbewerben teilgenommen und dabei drei insgesamt Pokale errungen habe. Anlässlich des 80-jährigen Bestehens der Wehr wurde ein Leistungsmarsch ausgerichtet. Die Wehr hatte 1990 drei Einsätze bei Sturmschäden, zwei Brandeinsätze (darunter ein Großbrand in Lachendorf) sowie neun Einsätze bei Verkehrsunfällen.

1991 musste die Wehr zu sechs schweren Verkehrsunfällen und darüber hinaus zu fünf technischen Hilfeleistungen, vier Kleinbränden und zu fünf weiteren Bränden ausrücken. Wegen der vielen Brände im Dorf wurden verstärkt Kontrollgänge durchgeführt. Bei einem Wettkampf in Pollhöfen erreichte man den 4. Platz.

Am 2. Juli 1991 wurde Kreisbrandmeister Gerd Knoop von Gerd Bakeberg[100] abgelöst. Gerd Knoop wurde kurz darauf Bezirksbrandmeister des Regierungsbezirks Lüneburg.

Zu 20 Einsätzen musste die Ortsfeuerwehr Beedenbostel 1992 ausrücken: neun Verkehrsunfälle, sieben Brände, dreimal Ölspuren, ein Fehlalarm. Am Jahresende hatte die Wehr 70 aktive, 19 passive und 39 fördernde Mitglieder sowie zwei Ehrenmitglieder.

Armin Beck wurde 1993 als stellvertretender Ortsbrandmeister der Ortsfeuerwehr Beedenbostel gewählt beziehungsweise dem Samtgemeinderat vorgeschlagen. Erich Klinze wurde am 15. April bereits für 50 Jahre Mitgliedschaft in der Wehr geehrt. Die Wehr leistete einmal Nachbarschaftshilfe in Lachendorf, bekämpfte ein Kleinfeuer im eigenen Ort und rückte siebenmal zu technischen Hilfeleistungen aus.

1993 wurden die Mitgliedsbeiträge der Aktiven und Passiven auf 12,- D-Mark und der Förderer auf 50,- D-Mark angehoben.

Bei einem Hochwasser am 28. und 29. Januar 1994 war die Feuerwehr alarmiert, um Keller auszupumpen, Kanaldeckel abzudichten und Straßen abzusperren. Von der Samtgemeindeverwaltung gab es ein Dankschreiben.

Am 23. April 1994 wurde auf Beschluss der Mitgliederversammlung die Jugendfeuerwehr Beedenbostel gegründet. Dirk Müller nahm das Amt des Jugendwarts an und wurde ins Kommando gewählt. Die Jugendfeuerwehr hatte am Jahresende 29 Mitglieder. Ortsbrandmeister Klaus Lange formulierte den Leitspruch so: „Wer auf die Jugend baut, hat die Zukunft gesichert.“

1995 wurde Hans-Jürgen Tietje für den Posten Öffentlichkeitsarbeit vorgeschlagen und gewählt. Der damalige Wehrleiter der befreundeten Freiwilligen Feuerwehr Letzlingen (im Süden des Altmarkkreises Salzwedel), Manfred Schramm, überreichte den Beedenbostler Kameraden ein Erinnerungsbild. Eine Abordnung reiste auf Einladung der Letzlinger Wehr dorthin, als der Ort sein 625-jähriges Bestehen feierte. Insgesamt 14 Einsätze waren 1995 zu verzeichnen, davon sechsmal Hilfe bei Verkehrsunfällen, vier technische Hilfeleistungen und vier Brandeinsätze. Und es wurde 1995 ein gebrauchtes LF 16 angeschafft. Am Jahresende hatte die Wehr 58 aktive, 16 passive und 57 fördernde Mitglieder sowie zwei Ehrenmitglieder. Die Jugendfeuerwehr hatte 31 Mitglieder.

1996 wurden Schrift- und Kassenführung in der Wehr voneinander getrennt. Hans-Jürgen Tietje wurde als Schriftführer gewählt, der dieses Amt noch heute bekleidet und gleich bei Amtsantritt auf die computergestützte Führung der Protokolle überging. In dem Jahr waren 17 Einsätze zu verzeichnen. Darunter waren fünf Einsätze bei Verkehrsunfällen, neun weitere technische Hilfeleistungen und drei Brandeinsätze.

---

[100] Gerd Bakeberg, geboren 1951 in Eschede, wurde am 8. Dezember 2004 zum Samtgemeindebürgermeister der Samtgemeinde Eschede gewählt. Das Amt des Kreisbrandmeisters bekleidete er von 1991 bis 2009.

Am 24. April 1996 hatten die Einsatzkräfte der Ortsfeuerwehr Beedenbostel einen außergewöhnlichen Einsatz, als ein Pony aus einem fünf Meter tiefen Brunnenschacht befreit werden musste.

Am 5. November 1996 ereignete sich ein Scheunenbrand auf dem Meineckeschen Anwesen in Ahnsbeck. Die Wehren aus Lachendorf, Hohne, Eldingen und Beedenbostel unterstützten die Ortsfeuerwehr Ahnsbeck bei den Löscharbeiten. Erhebliche Gefahr ging von einem mit 3000 Liter Gas gefüllten Tank aus, der zwischen der brennenden Scheune und dem Wohnhaus stand.

1997 erhielt Gerätewart Hans Terpe zur Überraschung aller Anwesenden in der Mitgliederversammlung am 15. Februar aus den Händen des Ortsbrandmeisters die Schlüssel für einen „neuen" Mannschaftstransportwagen, einen gebrauchten und von der Ortsfeuerwehr Hameln für 4050,- D-Mark ersteigerten VW-Bus. Die Wehr hatte 1997 insgesamt 19 Einsätze zu verzeichnen, davon vier zu Verkehrsunfällen, elf zu sonstigen technischen Hilfeleistungen und vier zu Brandeinsätzen.

1998 wurde eine Altersabteilung für die passiven Mitglieder ins Leben gerufen. Ihr Sprecher war Wilhelm Lindmüller. In der Mitgliederversammlung am 14. Februar 1998 wurde Willi Dikty zum Ehrenmitglied der Wehr ernannt.

Eschede, 3. Juni 1998, ca. 11.30 Uhr.
Foto: Herbert Thiede

In 1998 waren insgesamt 19 Einsätze zu verzeichnen. Der schwerste Einsatz war natürlich beim ICE-Zugunglück am 3. Juni 1998 in Eschede. Die Beedenbostler waren nach Eschede innerhalb von 20 Minuten gelangt, mit 21 Kräften vor Ort und dann mit insgesamt 40 Kräften ca. 30 Stunden im Einsatz. Es wurde die Rettung der Schwerverletzten und das Bergen von ca. einem Drittel der Toten am oberen Brückenkopf von der Escheder Seite übernommen. Die Pastoren Heinz-Georg Gottschalk und Hans-Jürgen Behrmann (Lachendorf) sorgten sich um die Nachsorge in gemeinsamen Gesprächen. Das schlimmste Bahnunglück der deutschen Nachkriegsgeschichte hatte 101 Menschen das Leben gekostet.

Am Jahresende 1998 hatte die Wehr 55 aktive, 20 passive und 72 fördernde Mitglieder sowie zwei Ehrenmitglieder. Die Jugendfeuerwehr hatte 15, die Feuerwehrkapelle unter der Leitung von Joachim Kuhls 16 Mitglieder. Letztere trat nun teilweise mit den Musikern aus Eldingen bei Auftritten in Erscheinung.

1999 wurde David Nickel als Sicherheitsbeauftragter gewählt. Die Wehr hatte insgesamt 19 Einsätze zu verzeichnen. Einer davon war der folgende:

In der Nacht vom 11. auf den 12. Oktober 1999 brannte ein leerstehendes Einfamilien-Fachwerkhaus an der Ahnsbecker Straße in Lachendorf bis auf die Grundmauern nieder. Da das Haus zu der Zeit renoviert wurde, war es unbewohnt. Der Schaden betrug rund 200000,- D-Mark (102000,- Euro). Das Feuer wurde um 23.15 Uhr gemeldet, vor Ort waren die Ortsfeuerwehren aus Lachendorf mit 36 Mann, aus Beedenbostel mit 31 Mann und aus Ahnsbeck mit 19 Mann. Unter Leitung von Lachendorfs Ortsbrandmeister Dieter Seiler war das Feuer gegen 2 Uhr unter Kontrolle, eine Brandwache blieb bis 8 Uhr vor Ort.

Am 7. Februar 2000 ereignete sich ein Schlepperbrand in der Werkstatt der Saatzucht Flettmar-Wittingen eG in Beedenbostel. Das Fahrzeug stand hinter verschlossenen Türen, sodass sich die Feuerwehrleute Zutritt verschaffen mussten. Sie brachen die Türen auf, was – durch den Zustrom von Sauerstoff – eine Verpuffung und einen großen Knall zur Folge hatte. Nachbarschaftshilfe leisteten sieben Feuerwehrleute aus Helmerkamp.

Am 26. und 27. August 2000 feierte die Ortsfeuerwehr Beedenbostel ihr 90-jähriges Bestehen. Zu diesem Anlass erfolgte die Übergabe des Amtes des Ortsbrandmeisters von Klaus Lange an den neu gewählten Kameraden Armin Beck. Gleichzeitig wurde auch Harald Otte in sein neues Amt als stellvertretender Ortsbrandmeister eingeführt. Damals feierte die Gemeinde Beedenbostel ihr 950-jähriges Bestehen, und die Patenschaft mit der Patenkompanie war auch schon 15 Jahre alt.

Insgesamt waren für 2000 19 Einsätze zu verzeichnen. Darunter waren sechs Einsätze zu Verkehrsunfällen, sechs Brandbekämpfungen und sieben sonstige technische Hilfeleistungen. Beim Brand eines Schweinestalls in Beedenbostel im November 2000 leistete die Ortsfeuerwehr Luttern Nachbarschaftshilfe. Und allein 358 der insgesamt 789 Einsatzstunden im Jahre 2000 haben die Kameraden beim Brand der Kartoffellagerhalle Im Rath geleistet.

Nach den Ausführungen von Kreisbrandmeister Gerd Bakeberg hatte der Landkreis Celle zu der Zeit 4277 Kameraden in 77 Wehren und 34 Jugendfeuerwehren. Davon waren im Jahre 2000 3200 Kameraden bei 993 Einsätzen aktiv.

Im Januar 2001, beim zweiten Brand einer Scheune von Carsten Meinecke in Ahnsbeck, waren alle zwölf Wehren der Samtgemeinde mit ca. 260 Kräften im

Einsatz. Dieses Mal waren Ahnsbeck, Lachendorf, Hohne, Beedenbostel, Jarnsen-Luttern und Helmerkamp im Einsatz mit (laut FEL) 135 Kräften.

Angesichts der in Deutschland angelangten Rinderseuche BSE konnte man in der Celleschen Zeitung vom 27. Januar 2001 in einer Überschrift lesen:

Landwirte könnten im Ernstfall fehlen:

BSE gefährdet Schlagkraft der Feuerwehren

In dem Bericht ging es um einen entsprechenden Hinweis der Ortsbrandmeister von Garßen, Bostel und Groß Hehlen.

2001 hatte die Ortsfeuerwehr Beedenbostel 19 Einsätze: sieben Verkehrsunfälle, vier Brandbekämpfungen und acht sonstige technische Hilfeleistungen. Am Jahresende hatte die Wehr 51 aktive, 22 passive und 74 fördernde Mitglieder sowie vier Ehrenmitglieder (Willi Dikty, Erich Klinze, Klaus Lange, Werner Strunk). Die Jugendfeuerwehr hatte 16, die Feuerwehrkapelle 14 Mitglieder.

2002 wurde Karsten Strothmann als Nachfolger für Hans Terpe als Gerätewart gewählt. Otto Knoop legte aus Altersgründen sein Amt des Kassenwarts nieder. Man ging wieder zurück zur Personalunion und wählte Schriftführer Hans-Jürgen Tietje in diese Funktion.

Am Morgen des 21. August 2002 brannte das Lachendorfer Restaurant „Al Dente“ vollständig aus. Den eingesetzten Lachendorfer (25) und Beedenbostler Kameraden (15) gelang es, das Feuer zu löschen und ein Übergreifen des Brandes auf die Diskothek „Double You“ und den angegliederten „Sportpoint“ zu verhindern. Der Wert des vernichteten Inventars belief sich nach ersten Schätzungen auf 100000 Euro. Die Celler Kripo ging dem Verdacht der Brandstiftung nach.

Es waren 2002 insgesamt 22 Einsätze für Beedenbostel zu verzeichnen, davon waren drei Einsätze bei Verkehrsunfällen, sieben Brandbekämpfungen und acht sonstige technische Hilfeleistungen.

Am 11. Oktober 2003 fand in Beedenbostel eine Samtgemeindeübung statt.

Im Jahre 2003 wurde Henning Heuer, Ahnsbeck, Gemeindebrandmeister der Freiwilligen Feuerwehr der Samtgemeinde Lachendorf.

Am 31. Dezember 2003 kam es erneut zu einem Großbrand in Ahnsbeck. Zum dritten Mal seit 1996 brannte eine Halle des Landwirts Carsten Meinecke (direkt an der Hauptstraße) ab. Der Einsatz begann um 21.34 Uhr. Viele waren schon in Feierstimmung oder noch mit dem Essen beschäftigt, als die Sirenen heulten und die Pieper aufgingen. Die Ortsfeuerwehren aus den Orten Ahnsbeck, Beedenbostel, Lachendorf, Hohne, Helmerkamp und Jarnsen-Luttern waren mit insgesamt 135 Feuerwehrleuten an der Einsatzstelle. Sie konnten jedoch den Totalverlust der 900 Quadratmeter großen und in Vollbrand stehenden Scheune nicht verhindern, da sie mit viel Heu und Stroh gefüllt war. Durch den massiven Einsatz der alarmierten Wehren konnte jedoch ein Übergreifen der Flammen auf benachbarte Gebäude verhindert werden. Es entstand ein Schaden von ca. 500000 Euro. Umfassend war die Berichterstattung in der Presse, zumal die leise Vermutung geäußert wurde, der Brandstifter hätte möglicherweise auch aus den Reihen der Feuerwehrleute kommen können. Die Scheune wurde wieder aufgebaut.

Im Jahre 2004 standen ein Um- und Anbau an das vorhandene Feuerwehrhaus im Interesse der Ortsfeuerwehr Beedenbostel. Auf Samtgemeindeebene gab es Überlegungen, ein gemeinsames Feuerwehrhaus für Beedenbostel und Lachendorf zu errichten, weil inzwischen auch das Lachendorfer Gebäude sanierungsbedürftig gewesen war.

In dem Jahr wurde Sven Bergmann als neuer Atemschutzgerätewart vorgestellt.

2004 hatte die Wehr 14 Einsätze, darunter fünfmal bei Verkehrsunfällen, zweimal bei Bränden und viermal, um sonstige technische Hilfe zu leisten. Die Jugendfeuerwehr belegte bei einem Leistungsmarsch in Faßberg den 1. Platz. Am Jahresende hatte die Wehr 49 aktive, 18 passive und 89 fördernde Mitglieder sowie zwei Ehrenmitglieder (Erich Klinze ist 2002 und Willi Dikty 2003 verstorben). Die Jugendfeuerwehr hatte jetzt 21, der Musikzug 17 Mitglieder.

Das Feuerwehrhaus vor dem Umbau, 23. April 2005.

In der Celleschen Zeitung vom 29. November 2004 war von einem Bericht der Feuerwehrunfallkasse die Rede, in dem etliche kleinere Mängel in den Feuerwehrhäusern der Samtgemeinde Lachendorf aufgezeigt worden seien. Größere Mängel habe man allerdings im Feuerwehrhaus in Lachendorf gefunden.

Arbeiten am Feuerwehrhaus am 29. Mai 2005. Links: Hans-Jürgen Klein, rechts: Henning Tietje.
Fotos (3): Hans-Jürgen Tietje

Im Jahre 2004 wurde auf Samtgemeindeebene ein Gefahrgutzug mit ca. 90 Kameradinnen und Kameraden gebildet. Der Ortsfeuerwehr Beedenbostel wurde der Status eines Stützpunktes genommen.

11. Juni 2005. Fotos (4): Hans-Jürgen Tietje

2005 hatte die Ortsfeuerwehr Beedenbostel sogar 25 Einsätze zu verzeichnen: sieben Verkehrsunfälle, sechs Brandbekämpfungen, neun sonstige technische Hilfeleistungen, drei Fehlalarme.

Einweihung des neuen Feuerwehrhauses, 20. Januar 2006. V.l.n.r. Jörg Warnke, Bürgermeister Horst Kisser, Armin Beck, Hartmut Ostermann. Foto: Hans-Jürgen Tietje

2006 hatte die Wehr 23 Einsätze: drei Verkehrsunfälle, sechs Brandbekämpfungen, acht sonstige technische Hilfeleistungen, vier Fehlalarme.

Jahreshauptversammlung 2006. V.l.n.r. Joachim Kuhls, Wolfgang Skrodzki, Ortsbrandmeister Armin Beck. Foto: Hans-Jürgen Tietje

2007 schlugen 21 Einsätze zu Buche: fünf Verkehrsunfälle, fünf Brandbekämpfungen, sieben sonstige technische Hilfeleistungen. Am Jahresende hatte die Wehr 48 aktive, 19 passive und 90 fördernde Mitglieder sowie zwei Ehrenmitglieder. Die Jugendfeuerwehr hatte 16, der Musikzug 13 Mitglieder.

Einsatzübung an der Reithalle im Juni 2006. Fotos (3): Hans-Jürgen Tietje

Nach der Mitgliederversammlung vom 16. Februar 2008 setzte sich das Kommando wie folgt zusammen:

Armin Beck, Ortsbrandmeister
Harald Otte, stellvertretender Ortsbrandmeister
Oliver Schramm, Gruppenführer 1
Rainer Kuhls, Gruppenführer 2
Michael Helfer, Gruppenführer 3
Hans-Wilhelm Seiler, Sicherheitsbeauftragter
Hans-Jürgen Tietje, Schrift- und Kassenführer
Florian Beck, Jugendfeuerwehrwart
Joachim Kuhls, Musikzugführer

Der sechste Gemeindefeuerwehrtag der zwölf Ortsfeuerwehren der Samtgemeinde Lachendorf fand am 29. Juni 2008 in Helmerkamp statt. Nach einem Frühschoppen begannen um 13 Uhr die Feuerwehrwettbewerbe. Bei der Beantwortung einiger feuerwehrtechnischer Fragen wurde das theoretische Wissen der Gruppenführer überprüft. Aus diesem Wettkampf gingen die Kameraden der Ortsfeuerwehr Beedenbostel als Sieger hervor, dicht gefolgt von den Gruppen aus Helmerkamp und Metzingen.

Die Musikzüge aus Beedenbostel und Eldingen umrahmten den Tag musikalisch.

Am 12. September 2008 wurde Karsten Strothmann im Dorfgemeinschaftshaus als neuer Ortsbrandmeister gewählt (vorgeschlagen). Armin Beck hatte das Amt aus unterschiedlichen Gründen niedergelegt.

Beim Orientierungsmarsch aus Anlass des 75-jährigen Bestehens der Ortsfeuerwehr Höfer belegte die Beedenbosteler Marschgruppe den hervorragenden 1. Platz.

Die Ortsfeuerwehr Beedenbostel heute:

Die Ortsfeuerwehr Beedenbostel ist heute eine von zwölf Ortswehren der Samtgemeinde Lachendorf. Sie besteht zurzeit aus 50 aktiven, 17 passiven und zwei Ehren-, sowie 94 fördernden Mitgliedern. Die Jugendfeuerwehr hat 18 und der Musikzug zwölf Mitglieder. Neben der Sicherstellung des örtlichen Brandschutzes ist die Ortsfeuerwehr Beedenbostel mit der besonderen Aufgabe der technischen Hilfeleistung (vor allem größeren Umfangs) im gesamten Gebiet der Samtgemeinde betraut. Das heißt, dass die Ortsfeuerwehr Beedenbostel beispielsweise zu Verkehrsunfällen im Samtgemeindegebiet ausrückt und am Einsatzort gemeinsam mit der ortszuständigen Wehr die Rettungsmaßnahmen durchführt.

Die Palette der Aktivitäten der Ortsfeuerwehr Beedenbostel ist gewaltig. Zu den durchschnittlich 330 bis 550 Einsatzstunden sind in den letzten Jahren Veranstaltungen innerhalb und außerhalb des Ortes, wie beispielsweise das Osterfeuer, das Fußballturnier des MTV und das Volksbank- und Sparkassen-Pokalschießen und zuletzt auch Dorfputzaktionen der Gemeinde, gekommen.

Jahreshauptversammlung 2007. Foto: Hans-Jürgen Tietje

Jahreshauptversammlung 2008. Foto: Hans-Jürgen Tietje

Ankunft des Löschgruppenfahrzeugs LF 10/6 am 5. Juni 2009. Links: Fahrzeugschau, rechts: Gabriele Gottschalk in der Führerkabine des 10/6. Fotos: Christina Behr

Der Musikzug

Der Musikzug der Freiwilligen Feuerwehr Beedenbostel hat vielfältige Aufgaben zu bewältigen: zuerst natürlich bei Veranstaltungen der Feuerwehr, aber auch beim Osterfeuer, Maiblasen, Schützenfest, Laternenumzug, Volkstrauertag, Adventslieder unterm Tannenbaum und bei Jubiläen von Kameraden. Gern gesehen und natürlich „gehört" ist der Musikzug auch bei anderen Wehren, sodass sich die Musiker bestimmt nie über mangelnde Arbeit zu beklagen brauchen.

Mit der Gründung der Freiwilligen Feuerwehr Beedenbostel im Jahre 1910 entstand auch der Musikzug. Damals hieß er noch Musikkorps, in das am 15. Dezember 1910 immerhin gleich zehn Mitglieder hinein gewählt wurden, nämlich Fritz Cammann, Fritz Behrens, Friedrich Matthies, Friedrich Kuhls, Heinrich Olfermann, Wilhelm Lindmüller, Friedrich Törl, Wilhelm Lilie, Willi Heuer und Heinrich Dannheim. „Man darf annehmen", so der Chronist beim Jubelfest 1985, „daß sich diese freiwillig dazu meldeten, sei es, daß sie schon ein entsprechendes Instrument besaßen, oder zumindest ihr Interesse an der Musik bekundeten". Friedrich „Fritz" Cammann war der erste Führer des Musikkorps und hatte dieses Amt über 30 Jahre inne. Unterrichtet wurden die Musiker bis 1913 von einem Herrn Koch und ab 1914 von dem Trompeter Adolf Havekost aus Oppershausen.

Das Musikkorps in der Anfangszeit. *Foto: Gisela und Wilhelm Lindmüller*

Das Musikkorps muss schlecht ausgerüstet gewesen sein, denn schon Anfang 1911 wurden Gelder für den Ankauf neuer Instrumente bewilligt. „Dies war natürlich auch ein Beweis dafür, wie gut die Musik bei den Gemeindevätern ankam", schlussfolgert der Chronist 1985.

Von Anfang an wurde fleißig auf der Diele von Hauptmann Otto Knoop und bei Cammann geübt. Noch im Jahre 1911 wurde auf dem Stiftungsfest Musik gemacht. Es ging schnell aufwärts mit dem Musikkorps, denn 1912 und 1913 wurde jeweils eine Trompete und zudem 1912 eine Trommel mit Zubehör für 32,50 Mark angeschafft.

Die Bläser hatten damals auch die Aufgaben der Alarmierung zu übernehmen, da nur sie die Alarmhörner spielen konnten.

Eine Begebenheit Anfang der 1920er Jahre, als die Kapelle den Parademarsch auf dem Grashof von Kapellmeister Fritz Cammann übte, ist an anderer Stelle bereits erzählt.

Fritz Cammann, am 30. März 1884 geborener Landwirt, Feuerwehr-Mitbegründer und Kapellmeister, trat mit Wirkung vom 1. Januar 1936 aus der Freiwilligen Feuerwehr Beedenbostel aus.

Zwei Fotos aus dem Album von Gisela und Wilhelm Lindmüller, beide wohl aus dem Jahre 1950. Links: Jahrmarktsmusik, v.l.n.r. Wilhelm Gottschalk, Willi Dikty, Heinrich Beiß, Ludwig Bolte, Werner Faust, Gustav Bindseil, Wilhelm Lindmüller II, Joseph Richter. Rechts (v.l.n.r.): Werner Faust, Wilhelm Lindmüller II, Joseph Richter, Ludwig Bolte.

Natürlich flossen die Gelder für die Musik nicht immer reichlich. In die Mitte der fünfziger Jahre fällt folgende Begebenheit:

Die Notensammlung bedurfte unbedingt einer Ergänzung und Erneuerung. So marschierten eines Tages Werner Faust und Willi Dikty zum damaligen Bürgermeister Schrader in der Hoffnung, zehn Mark aus dem Gemeindesäckel locker gemacht zu bekommen. Zu dieser Zeit konnte man schon einige brauchbare Noten dafür erwerben. Als die beiden jungen Kerle dann vorm Bürgermeister standen und auf die Frage, wie viel Geld sie denn für ihre Noten haben wollten, nur bescheiden und schüchtern herumdrucksten, platzte dem Bürgermeister der Kragen: „Was wollt ihr denn jetzt haben, 100 Mark – oder 150 Mark?“ „120 Mark!“, war die schnelle Antwort.

Wenige Tage später sah man die beiden mit einem Koffer voller Noten in Beedenbostel auftauchen. Zum Teil sind diese Noten noch heute in Gebrauch. In früheren Zeiten bestand eine der Hauptaufgaben der Musik darin, beim Exerzieren unter den Eichen zu spielen. Zu gewissen Zeiten hatten sie sogar besonders schmissige Marschmusik zu spielen.

Heute hat der Musikzug vielfältige Aufgaben zu bewältigen. Zuerst natürlich bei Veranstaltungen der Feuerwehr, aber auch beim Osterfeuer, Maiblasen, Schützenfest, Laternenumzug und bei Jubiläen von Kameraden. Gern gesehen und natürlich gehört ist der Musikzug auch bei anderen Wehren, sodass sich die Musiker bestimmt nie über mangelnde Arbeit zu beklagen brauchen.

Zwei undatierte Fotos aus dem Fotoalbum von Gisela und Wilhelm Lindmüller. Repro: Tietje

Ein Beispiel von der hohen Einsatzbereitschaft des Musikzugs: In der Mitgliederversammlung am 7. Februar 1987 im Gasthaus Schulz berichtete Kapellmeister Willi Dikty von 38 Übungsabenden und 22 Einsätzen. Auf 14 Mann habe er damals zurückgreifen können. Nur kurzfristig habe er zwei Mann nach „Rio zum Karneval" ausgeliehen.

Beim Feuerwehrball am 6. November 1993 wurden Willi Dikty, Werner Faust und Carl-Heinz Waschke für 40-jährige Dienste in der Feuerwehrkapelle geehrt.

Willi Dikty, der nach 44 Jahren Mitgliedschaft in der Wehr, von denen er fast 40 Jahre den Musikzug leitete, zum Ehrenmitglied der Ortsfeuerwehr Beedenbostel ernannt wurde, ist in der Eldinger Musikzugchronik (2010) porträtiert worden.

Mögen sich immer junge Kameraden finden, die den Dienst in der Feuerwehrkapelle auf sich nehmen, und möge die Feuerwehrkapelle allzeit einen Koffer voller Noten haben.

Die Feuerwehrkapelle 1976/77. Zu sehen sind v.l.n.r. Manfred Jentzsch, Carl-Heinz Laue, Ludwig Bolte, Rudi Huffziger, Wilhelm Lindmüller, Ernst-August Stradtmann, Hartmut Kuhls, Willi Dikty, Werner Faust, Karsten Kuhls und Karlheinz Waschke. Foto: Gisela und Wilhelm Lindmüller

„Oskar Boltes Rige", vor 1985. Oskar Bolte kam aus Hamburg und war Schützenkönig in Beedenbostel. Das Foto zeigt hinten von links: Wolfgang Skrodzki, Carl-Heinz Laue, Karsten Kuhls, Willi Dikty, Hartmut Kuhls, vorne von links: Karlheinz Waschke, Wilhelm Lindmüller III, Ludwig Bolte, Ernst-August Stradtmann, Wolfgang Meyn und Hermann Kuhls. Foto: Gisela und Wilhelm Lindmüller

Die ersten Damen waren im Dezember 1988 Annette Eggelmann, geb. Marwede, am Flügelhorn und im Mai 1989 an der Klarinette Ute Kisser, geb. Lindmüller. Die Leitung hat seit 1996 Ortsmusikzugführer Joachim Kuhls.

Ausmarsch beim Schützenfest, ca. 1985. Foto: Gisela und Wilhelm Lindmüller →

Die Wettkampfgruppe

Der Niedersächsische Innenminister gab am 31. Januar 1951 die Wettkampfbestimmungen für die so genannten „Eimerfestspiele" heraus. Vier Jahre später fanden sich auch in Beedenbostel genug junge Männer, um unter der Leitung von Erich Klinze mit dem Üben für die Wettkämpfe zu beginnen.

Die ersten Übungsabende fanden noch an der Lachte bei Jarnsen statt. So manche Wasserschlacht endete damals in der Bahnhofswirtschaft. Eifrig wurde das Kuppeln mit Schlüsseln geübt, und auch die DKW erwies sich als zuverlässig.

Von 1955 bis 1966 führte Erich Klinze die Wettkampfgruppe mit großem Erfolg bis zu den Bezirksentscheiden. „Bestimmt haben auch die Beruhigungstropfen, die er vor dem Wettkampf zu verteilen pflegte, dazu beigetragen!", erläuterte Reinhard Bethe später.

1967 übernahm Klaus Lange die Wettkampfgruppe. Inzwischen übte man an der Aschau auf der Wiese von Schulz. In diese Zeit fielen fünf Siege bei den Unterkreiswettkämpfen.

Mit dem Bau des Sportplatzes 1971/72 erhielt die Wettkampfgruppe einen neuen Übungsplatz mit befüllbaren Betonbecken.

Als Klaus Lange zum Ortsbrandmeister gewählt wurde, übernahm Horst Kuhls 1978 die Wettkampfgruppe. Trotz des immer größer werdenden Freizeitangebots brachte auch er immer eine schlagkräftige Truppe zusammen. Zum Teil waren sogar zwei Gruppen aktiv.

Nach 30 Jahren „Eimerfestspielen" erließ die Bezirksregierung Lüneburg 1981 neue Wettkampfbestimmungen, deren Inhalt den modernen Anforderungen der Feuerwehr angepasst wurde. Trotz dieser Modernisierung wurden die neuen Bestimmungen schlecht von den Wehren angenommen, denn die „Eimerfestspiele" hatten sich inzwischen zu einer traditionellen sportlichen Kameradschaft entwickelt.

Ab 1984 führte Reinhard Bethe die Wettkampfgruppe, die im folgenden Jahr bereits auf ihr 30-jähriges Bestehen zurückblicken konnte. In dieser Zeit hat sich viel geändert, neue Geräte wurden angeschafft, die Gruppenführer wechselten, und auch neue Bestimmungen wurden eingeübt. Die Ziele der Beedenbostler Wettkampfgruppe sind jedoch immer die gleichen geblieben: junge Kameraden schnell in die Wehr einzugliedern, ihnen die grundlegenden Handgriffe beizubringen, die Wehr bei Wettbewerben gut zu vertreten und nicht zuletzt eins zu pflegen: Kameradschaft.

Sichtbarer Beweis für die Aktivitäten der Wettkampfgruppe sind noch heute die zahlreichen Pokale und Urkunden im Feuerwehrhaus.

1926 in Beedenbostel: der 10. Kreisfeuerwehr-Verbandstag

Kreisfeuerwehrverbandstag in Beedenbostel.

Am letzten Sonntag fand unter starker Beteiligung der Verbandswehren der 10. Kreisfeuerwehr=Verbandstag in Beedenbostel statt.

Die Tagung wurde vom Vorsitzenden, Kreisbrandmeister Müller, eröffnet. Derselbe begrüßte die erschienenen Abordnungen sowie die Gäste, insbesondere begrüßte er den Vertreter des Landrats, Herrn Kreisinspektor Stolze, sowie den Herrn Gemeindevorsteher Ammon, Beedenbostel. Herr Oberbürgermeister Meyer war infolge unverschiebbarer Dienstreisen behindert, an der Tagung teilzunehmen. Auch der städtische Dezernent für das Feuerlöschwesen Herr Senator Welge konnte nicht als Vertreter erscheinen, da er z. Zt. aus Gesundheitsrücksichten von Celle abwesend ist. Kamerad Schliemann erstattete dann den Jahres= und Kassenbericht, wonach dem Verbande, welcher 1908 ins Leben gerufen wurde, zwanzig Wehren mit etwa 1050 Mitgliedern angehören. Von den damaligen Gründungsvorstandsmitgliedern gehören jetzt noch zwei dem Vorstande an.

An Veränderungen in der Zusammensetzung des Vorstandes ist zu erwähnen, daß 1925 anstelle des freiwillig ausgeschiedenen Kameraden Lutterloh, Eschede, der Kamerad Hermanns, Westercelle, zum Vorstandsmitglied gewählt wurde.

Für das Rechnungsjahr 1925 wurden von den Verbandswehren an Beiträgen gezahlt M. 273.93, die Ausgabe betrug M. 39,50, mithin Ueberschuß M. 234.43, welcher auf die neue Rechnung übernommen wird. Die Rechnung ist von den Kameraden Hermanns, Westercelle, und Becker, Bergen, geprüft und für richtig befunden worden. In dem Jahresbericht wurde noch besonders erwähnt, daß mit Hilfe der fördernden Mitglieder und der Gemeinden, sowie unter Zuhilfenahme eigener Mittel sich die Freiw. Feuerwehr Neuwietze, die Freiw. Feuerwehr Poitzen und die Freiw. Feuerwehr Celle die neuesten Geräte beschaffen konnten. Letztere ist jetzt mit einer Dampfspritze, einem automob. Steiger= und einem automob. Löschzug ausgerüstet. Außerdem ist der Freiw. Feuerwehr Celle die Sanitätskolonne vom Roten Kreuz mit 32 Mitgliedern angegliedert. Alsdann berichtete der Brandmeister Müller über den Prov.=Feuerwehrtag in Hameln. Hierbei streifte er besonders den Vortrag des Branddirektors Effenberger, Hannover, über die zweckmäßigsten Kraftspritzen für Landgemeinden. Ferner nahm Brandmeister Müller noch das Wort zu einem Vortrag über Behandlung von Feuerspritzen mit Pumpwerk nach dem Gebrauch und im Winter. Die beiden satzungsgemäß aus dem Vorstande ausscheidenden Kameraden Brockmann, Bergen, und Knoop, Beedenbostel, wurden einstimmig wieder ge-

wählt. Der nächstjährige Verbandstag soll aus Anlaß des 25jährigen Bestehens der Freiw. Feuerwehr Kl.=Hehlen in Kl.=Hehlen stattfinden.

Eine lebhafte Aussprache zeitigte sodann noch der Beschluß auf dem Prov.=Feuerwehrtage, nach welchem für die Verbandsmitglieder 50 Pf. Beitrag an den Prov.=Verband zu zahlen sind. Hierzu hatte die Freiw. Feuerwehr Poitzen den Antrag gestellt, zu beschließen, daß der Beitrag von den Kreisen übernommen wird. Da die Freiw. Feuerwehren, bezw. die Gemeinden, welche Feuerwehren unterhalten und dadurch erhebliche Mittel zur Verfügung stellen den anderen Gemeinden gegenüber im Nachteil wären, aber durch die Umlegung der Kosten auf alle Gemeinden ein Ausgleich geschaffen werden könne. Der Antrag soll an den Kreisausschuß zwecks Bewilligung der Mittel weitergeleitet werden.

Nach der Versammlung fand eine exerziermäßige Vorführung der Freiw. Feuerwehr Beedenbostel und anschließend ein Manöver statt. Angenommen war, daß durch eine Mahlstaubexplosion im Mühlengebäude Feuer ausgebrochen sei. Das Feuer soll durch die Wehr gehalten und das Wohnhaus geschützt werden. Infolge des herrschenden Weststurmes ist ein ca. 100 Meter entfernt liegendes Gehöft, dessen Gebäude mit Stroh gedeckt sind, durch Flugfeuer in Brand geraten. Des herrschenden Sturmes und der großen Weiterverbreitung des Feuers wegen wurde die Freiw. Feuerwehr Celle zu Hilfe gerufen, welche dann auch nach kurzer Zeit mit dem automob. Steiger= und Löschzug erschien. Dieselbe nahm das Wohnhausgebäude und die Stallungen des Gehöftes mit einem C.=Schlauch mit gutem Erfolg unter Wasser, sodaß nach kurzer Zeit das Feuer gelöscht und die Gefahr der Ausdehnung beseitigt war. Die Vorführung fand allgemeine Anerkennung.

Kameraden aus Beedenbostel führen das Zerschneiden eines PKWs vor.
Foto: Anke Marwede

Cellesche Zeitung vom 14. Juni 1961

Eine kleine Wehr ganz groß!

Ergebnisse der Kreisfeuerwehrwettkämpfe in Bergen

BERGEN. Die Wettkämpfe der Wettkampfgruppen der Freiwilligen Feuerwehren des Kreisverbandes Celle-Land wurden in diesem Jahr in Verbindung mit dem Kreisfeuerwehrtag in Bergen durchgeführt. 27 Wettkampfmannschaften nahmen hieran teil.

Die Wettkämpfe der Wettkampfgruppen werden zunächst in den einzelnen Unterkreisen durchgeführt. Die drei besten Mannschaften jedes Unterkreises stellen dann die Teilnehmer für die Kreiswettkämpfe. Die ersten Sieger aus diesen Kreiswettkämpfen nehmen dann an den Bezirkswettkämpfen teil. Diese Wettkämpfe sollen nicht nur dazu dienen, die Schnelligkeit der einzelnen Gruppen zu erhöhen, sie so weit zu schulen, daß sie in kürzester Frist einsatzbereit sind und Wasser geben können, sie dienen darüber hinaus dem technischen Können und was ein nicht zu unterschätzender Faktor ist, die Kameradschaft und das Zusammengehörigkeitsgefühl der einzelnen Wettkampfmannschaften unter sich zu stärken und zu fördern. Alle diese Voraussetzungen müssen vorhanden sein, wenn eine Wettkampfgruppe in derartigen Wettkämpfen bestehen soll.

Als man mit den Gruppenwettkämpfen begann, lagen die Zeiten noch bei 130, 140, 150 Sekunden. Wie aber die Wettkampfmannschaften an sich gearbeitet haben, das zeigt die Tabelle der Ergebnisse auf. Wenn heute eine Mannschaft bereits in 68 bzw. 69 Sekunden einsatzbereit ist und Wasser geben kann, dann ist das eine phänomenale Zeit. Folgende Ergebnisse wurden erzielt:

In der Gruppe TS erzielte die Wettkampfgruppe der Freiwilligen Feuerwehr Wohlde I 432 Punkte, in einer Zeit von 68 Sekunden, und den 2. Platz Wohlde II mit 431 Punkten in der erstaunlichen Zeit von 69 Sekunden! Die 2. Wettkampfgruppe von Wohlde blieb nur um 1 Punkt und 1 Sekunde hinter der 1. Wettkampfgruppe zurück. Eine erstaunliche Leistung. Es folgten dann 3. Hahnenhorn mit 420,5 Punkten; 4. Bergen mit 418,8; 5. Wolthausen mit 417,4; 6. Spechtshorn mit 415,5; 7. Oppershausen mit 415,2; 8. Becklingen mit 415,0; 9. Bonstorf mit 414,4; 10. Oldendorf mit 410,0; 11. Beckedorf mit 406,0; 12. Weesen mit 395,6; 13. Gockenholz mit 394,0; 14. Hohne b. L. mit 393,7; 15. Sülze mit 389,9 und Südwinsen mit 355,0 Punkten.

In der Gruppe LF 8: Westercelle mit 402,3; Wienhausen mit 372,0; Eschede mit 370,5 Punkten, während die Gruppe Wathlingen II Pech hatte und abbrach. In der Gruppe LF 8 V (das sind Fahrzeuge mit Vorbaupumpen) erzielte Beedenbostel 429,4; Hohne b. L. 414,0; Hermannsburg 379,6; Altencelle 379,0 Punkte, während auch hier Wathlingen vom Pech verfolgt war und ebenfalls abbrach. In der Gruppe LF 16 erzielte Nienhagen 397,4, und Winsen (Aller) 388,3 Punkte.

Man kann hieraus ersehen, daß die Wehren des Landkreises Celle sehr schnell geworden sind und daß diese Zeiten kaum noch zu überbieten sind. Erstaunlich die Leistungen der beiden Wettkampfgruppen der Freiwilligen Feuerwehr Wohlde. Diese beiden Gruppen haben gezeigt, daß auch eine kleine Wehr ein Wörtchen mitreden kann. Sie haben den Beweis erbracht, daß eine Leistungssteigerung nur bei festem Zusammenhalt, bei bedingungsloser Unterordnung, bei intensivem Training und viel Idealismus möglich sind.

Bereits siebenmal hat die Wohlder Wettkampfgruppe die Kreismeisterschaft erreicht und bereits siebenmal stand sie im Kampf um die Bezirksmeisterschaft. Das sind Leistungen, die eine kleine ländliche Wehr vollbringt, deren meisten Mitglieder noch in der Hauptsache Landwirte sind.

Bei einer anderen Gelegenheit: die Wettkampfgruppe mit Gruppenführer Klaus Lange (links). ***Foto: Anke Marwede***

Stamm-Liste der Feuerwehr.

No	Tag des Eintrit-tes	Familien- und Vorname	Stand (Beruf)	Tag der Geburt	Abteilung der Feuerwehr
1	09.10.10	Otto Knoop	Hofbesitzer	16.11.1876	
2	09.10.10	Karl Marwede	Hofbesitzer	26.04.1868	
3	09.10.10	Wilhelm Wolter	Zimmermeister	05.12.1869	
4	09.10.10	Heinrich Lüchau	Hofbesitzer	15.04.1867	
5	09.10.10	Heinrich Müller	Hofbesitzer	30.10.1876	
6	09.10.10	Karl Klinze	Sattlermeister	15.05.1868	Steiger
7	09.10.10	Heinrich Bergmann	Zimmermann	01.05.1861	Steiger
8	09.10.10	Willi Hackemann	Zimmermeister	29.12.1875	Steiger
9	09.10.10	Robert Brunkau	Maurer	19.03.1875	Steiger
10	09.10.10	Willi Lindmüller	Tagelöhner	27.04.1876	Steiger, b. Musik
11	09.10.10	Willy Müller	Maurermeister	28.05.1878	Steiger
12	09.10.10	Friedrich Kuhls	Tischlermeister	14.06.1883	Wassermsch., b.Ms.
13	09.10.10	Karl Henke	Schneidermstr.	09.03.1862	Wassermannschftn.
14	09.10.10	Friedrich Matthies	Maurer	14.04.1883	Wassermsch., b.Ms.
15	09.10.10	Friedrich Dralle	Landwirt	02.02.1890	Wassermannschftn.
16	09.10.10	Wilhelm Lilie	Bahnarbeiter	23.09.1887	Wassermsch., b.Ms.
17	09.10.10	Friedrich Törl	Babier (sic!)	28.07.1887	Wassermsch., b.Ms.
18	09.10.10	Carl Alps	Knecht	11.12.1893	Wassermsch., b.Ms.
19	09.10.10	Walter Molitz	Landwirt	24.02.1894	Wassermannschftn.
20	09.10.10	Heinrich Thiele	Knecht	25.02.1888	Wassermannschftn.
21	09.10.10	Friedrich Heyer	Bohrarbeiter	18.05.1877	Wassermannschftn.
22	09.10.10	Heinr. Olfermann	Fleischbeschauer	06.10.1879	Wassermsch., b.Ms.
23	09.10.10	Friedrich Cammann	Maurer	14.03.1885	Wassermannschftn.
24	09.10.10	Willi Heuer	Knecht	16.12.1894	Wassermsch., b.Ms.
25	09.10.10	Heinrich Dannheim	Hausschlachter	28.10.1887	Wassermsch., b.Ms.
26	09.10.10	Fritz Cammann	Landwirt	30.03.1884	b. Musik
27	09.10.10	Karl Heyer	Schmiedemeister	09.03.1880	Spritzenmannschaft
28	09.10.10	August Schulz	Gastwirt	16.04.1869	Spritzenmannschaft
29	09.10.10	Wilhelm Dannehl	Malermeister	19.07.1868	Spritzenmannschaft
30	09.10.10	Willi Thies	Tagelöhner	02.09.1879	Spritzenmannschaft

No	Tag des Eintrittes	Familien- und Vorname	Stand (Beruf)	Tag der Geburt	Abteilung der Feuerwehr
31	09.10.10	Willi Dannheim	Sattlermeister	06.11.1874	Spritzenmannschaft
32	09.10.10	Albert Striepe	Malermeister	30.10.1874	Spritzenmannschaft
33	09.10.10	Heinrich Cammann	Hofbes. Nr. I Otte	16.07.1870	Spritzenmannschaft
34	09.10.10	Heinrich Cammann	Hofb. Nr. II Baars	17.11.1882	Spritzenmannschaft
35	09.10.10	Heinrich Franke	Tagelöhner	20.12.1873	Spritzenmannschaft
36	09.10.10	Wilhelm Heyer	Schmiedemeister	03.12.1868	Spritzenmannschaft
37	09.10.10	Fritz Meyer	Landwirt	21.03.1880	Spritzenmannschaft
38	09.10.10	Wilhelm Villwock	Brenner	29.05.1880	Spritzenmannschaft
39	09.10.10	Heinrich Coors	Bohrarbeiter	16.08.1880	Spritzenmannschaft
40	09.10.10	Heinrich Weber	Landwirt	18.11.1874	Spritzenmannschaft
41	09.10.10	Ernst Lüßmann	Maurer	18.05.1877	Spritzenmannschaft
42	09.10.10	Fritz Behrens	Schuhm.-mstr.	18.07.1869	Spritzenm., b.Ms.
43	09.10.10	Albert Veht	Landwirt	29.08.1886	Spritzenmannschaft
44	09.10.10	Heinrich Cammann	III Knecht	25.09.1884	Spritzenmannschaft
45	09.10.10	Hermann Heuer	Hofbesitzer	05.04.1870	Spritzenmannschaft
46	09.10.10	Georg Heyer	Bohrarbeiter	19.09.1882	Spritzenmannschaft
47	09.10.10	Oswalt Naumann	Zimmermann	05.12.1880	Wassermsch., b.Ms.
48	09.10.10	Wilhelm Scheffler	Bohrarbeiter	22.08.1886	Spritzenmannschaft
49	26.11.11	Heinrich Lüßmann	Hofbesitzer	08.10.1875	Spritzenmannschaft
50	26.11.11	Kuhn	Gastwirt	05.01.1871	Spritzenmannschaft
51	26.11.11	Herbert Fehler	Landwirt	13.03.1887	Schlauchmannschaft
52	16.10.12	Fritz Heine	Maurer	28.04.1890	Schlauchmannschaft
53	22.12.12	Hermann Kuhls	Knecht	13.11.1889	Spritzenmannschaft
54	25.09.13	Otto Matthies	Zimmermann	30.01.1889	Schlauchmannschaft
55	01.02.14	Louis Beiker	Schlossermeister	17.05.1888	Spritzenmannschaft
56	16.03.19	Gustaf Mette	Maurer		Steiger
57	16.03.19	Carl Laue	Tagelöhner	30.12.1896	Spritzenmannschaft
58	16.03.19	Gerhard Smidt	Bäckermeister	04.03.1876	Spritzenmannschaft
59	16.03.19	August Schulz II	Haussohn	28.08.1896	Spritzenmannschaft
60	16.03.19	Heinrich Schrader	Landwirt	30.12.1895	Spritzenmannschaft
61	16.03.19	Gustaf Winkelmann	Haussohn	30.09.1897	Spritzenmannschaft
62	16.03.19	Robert Ützmann		17.05.1885	Schlauchmannschaft
63	16.03.19	Heinrich Heyer	Stellmachermstr.		Schlauchmannschaft
64	16.03.19	Willi Henke	Schneider	30.06.1875	Schlauchmannschaft
65	16.03.19	Heinr. Cammann IV	Landwirt		Schlauchmannschaft

No	Tag des Eintrittes	Familien- und Vorname	Stand (Beruf)	Tag der Geburt	Abteilung der Feuerwehr
66	16.03.19	Otto Bergmann	Knecht		Spritzenmannschaft
67	16.03.19	Albert Marwede	Knecht	26.04.1898	Schlauchmannschaft
68	16.03.19	Willi Siemann		31.03.1897	Schlauchmannschaft
69	16.03.19	W. Heyer jun.	Schmied	05.11.1897	Spritzenmannschaft
70	01.07.19	Werner Büdke	Maler	23.07.1898	Spritzenmsch., b.Ms
71	07.11.19	Carl Fehler	Landwirt	12.09.1873	Spritzenmannschaft
72	07.11.19	Carl Klinze jun.	Bäcker	27.12.1896	Steiger
73	01.07.21	H. Heuer	Landw.	17.09.1901	Schlauchm.
74	01.07.21	Carl Thiele	Zimmermann	02.08.1889	Schlauchm.
75	01.07.21	Willi Meyer	Kaufm.	30.10.1893	Schlauchm.
76	01.07.21	Herm. Hansen	Landw.	01.03.1883	Spritze
77	01.07.21	E. Lange	Tischler	19.08.1899	Schlauchm.
78	01.01.24	Werner Meyer	Haussohn	08.05.1904	Spritze
79		doppelt, gestrichen			
80	01.01.24	Paul Badermann		29.03.1882	Spritze, Musiker
81	01.01.24	Wilhelm Schrader	Haussohn	14.08.1902	Musiker
82	01.04.23	Hans Kuhn	Haussohn	26.03.1905	Musiker
83	01.04.23	Adolf Lüchau	Haussohn	19.02.1905	Musiker
84	01.04.23	Albert Müller	Haussohn	04.10.1904	
85	01.04.23	Albert Cammann	Haussohn	01.08.1903	
86	01.04.24	Karl Marwede	Bauer	28.07.1901	
87	01.04.25	August Ebel	Postschaffner	02.08.1899	Musiker
88	01.10.25	Albert Dralle	Schlosserm.	14.11.1891	
89		Herbert Striepe	Maler	10.02.1904	
90	01.01.27	Wilhelm Dannheim	Sattler	06.11.1874	
91	01.01.27	Wilh. Lindmüller	Arbeiter	07.09.1905	
92	01.04.28	Droste	Friseur	13.10.1900	
93	01.04.28	Otto Funke	Schuhmacher	01.11.1898	
94	01.04.28	W. Löhr	Gärtner	14.07.1900	
95	01.01.29	Rudolf Philipp	Tagelöhner	31.05.1908	
96	doppelt	Werner Meyer	Haussohn	08.05.1904	
97	01.01.30	Albert Linnemann	Tagelöhner	26.01.1904	
98	01.01.31	Friedrich Kuhls	Tischler	13.08.1910	
99	01.01.31	Gustav Bindseil	Arbeiter	05.08.1904	
100	01.10.31	Willi Bührke	Haussohn	29.03.1913	

No	Tag des Eintrit-tes	Familien- und Vorname	Stand (Beruf)	Tag der Geburt	Abteilung der Feuerwehr
101	01.01.32	Walter Thies	Maurer	17.04.1908	
102	01.07.32	Heinrich Coors	Arbeiter	06.06.1911	
103	01.07.32	Otto Jeworeck	Arb.		
104	01.05.33	Hans Striepe	Schneider	05.04.1910	
105	01.01.34	Carl Bockelmann	Briefträger	04.02.1884	
106	01.01.34	Willi Dörge	Molkerei	15.09.1908	
107	01.01.34	Walter Dannheim	Sattler	15.11.1913	
108	01.01.34	Paul Jentsch	Arb.	04.11.1908	
109	01.03.34	Wilhelm Weber	Landw.	25.11.1912	
110	01.03.34	Wilhelm Dießel	Straßenwärter	11.07.1900	
111	01.03.34	Heinr. Engelke	Bauer	23.04.1913	
112	01.03.34	Friedel Heyer	Stellmacher	02.03.1907	
113	01.03.34	Franz Dugeratz	Arb.	28.09.1894	
114	01.05.34	Alfred Bertram	Siedler	23.07.1902	
115	01.05.34	Alfred Villwock	Haussohn	26.05.1907	
116	01.05.34	Wilhelm Knoop	Haussohn	07.03.1909	
117	01.05.34	Carl Bethe	Haussohn	22.08.1909	
118	01.05.34	Fritz Meyer	Haussohn	29.11.1915	
119		Fritz Gottschalk	Bauer	20.02.1898	
120	01.01.36	Hans Moritz Kießling	Kaufmann	30.05.1909	
121	01.01.36	Adolf Otte	Bauer	23.03.1909	
122	01.01.36	Hermann Meinecke	Schuhm.-mstr.	19.12.1911	
123	01.01.36	Gustav Grigoleit	Bergmann	01.08.1896	
124	01.10.36	Erich Klinze	Sattler	31.07.1911	
125	01.10.36	Hans Boldt	Milchkontrolleur	18.08.1907	
126	01.10.36	Hermann Möhrmann	Schneidermeister	20.12.1894	
127	01.10.36	Heinrich Beiß	Angestellter	09.12.1903	
128	01.10.36	Albert Striepe	Maler	03.03.1908	
129	01.10.36	Werner Striepe	Arbeiter	17.12.1912	
129	01.10.38	Johann Kranz	Bergmann	08.03.	
130	14.06.41	Wilhelm Bangemann	Tischler	17.08.1909	
131	14.06.41	Erich Winkelmann	Arbeiter	22.07.1922	
132	14.06.41	Fritz Meyer	Arbeiter	08.07.1909	
133	23.07.41	Richard Scholz	Angestellter	04.04.1897	
134	14.06.41	Wilhelm Röver	Bauer	22.08.1902	
135	14.06.41	Hans Jürgen Dobberkau	Kaufmann	12.01.1909	

No	Tag des Eintrit-tes	Familien- und Vorname	Stand (Beruf)	Tag der Geburt	Abteilung der Feuerwehr
136	14.06.41	Ernst Lührke	Haussohn	16.10.1919	
137	14.06.41	Gerhard Kuhls	Schuhmacher	23.07.1914	
138	01.04.46	Walter Cammann	Bauer	29.10.1920	
139	01.04.46	Willi Schulz	Haussohn	26.01.1927	
140	01.04.46	Ludwig Bolte	Bergmann	22.02.1917	
141	01.08.47	Karl Kamling	Tischler	18.09.1914	
142	01.08.47	Karl Heinz Bokelmann	Schmied	05.12.1927	
143	01.08.47	Karl Heinz Beiß	Schmied	11.06.1929	
144	01.08.47	Albert Dralle	Elektriker	18.03.1929	
145	01.08.47	Gustav Bindseil	Bäcker	04.10.1930	
146	01.10.48	Wilhelm Gottschalk	Arbeiter	10.04.1923	
147	01.10.48	Wilhelm Dikty	Maurer	11.09.1931	
148	01.01.51	Werner Faust	Steinmetzer	05.01.1934	
149	01.01.51	Joseph Richter	Arbeiter	24.08.1909	
150	01.01.51	Wilhelm Schrader	Haussohn	05.10.1891	
151	01.10.51	Günter Cammann	Arbeiter	03.10.1927	
152	01.10.51	Helmut Dralle	Schlosser	14.06.1927	
153	01.01.52	Fr.-Wilh. Meyer	Kaufmann	15.05.1922	
154	01.10.52	Hans-Heinrich Schick	Zimmermann	13.11.1922	
155	01.01.53	Werner Strunk	Bauer	04.09.1924	
156	01.01.53	Willi Templin	Arbeiter	22.01.1912	
157	01.10.53	Horst Hennig	Maurer	20.04.1936	
158	01.10.53	Herbert Möhrmann	Schneider	25.06.1935	
159	01.10.53	Friedrich Richelmann	Zimmermann	14.10.1934	
160	01.10.53	Friedr. Schnakenberg	Dachdecker	12.10.1934	
161	01.10.53	Wilhelm Lindmüller	Schlosser	12.07.1935	

Die Ortsbrandmeister 1910-2010:

1910-1930 **Otto Knoop**
1931-1938 **Albert Dralle**
1938-1941 **Wilhelm Knoop**
1941-1950 **Albert Dralle**
1951-1962 **Ernst Lange**
1963-1978 **Werner Strunk**
1978-2000 **Klaus Lange**
2000-2008 **Armin Beck**
seit 2008 **Karsten Strothmann**

Ortsregister

Die Leiter des Musikzugs (Kapellmeister/Musikzugführer):

1910-1936 **Fritz Cammann** (angeblich bis in den Zweiten Weltkrieg)
1945-1952 **Wilhelm Lindmüller**
1953-1954 **Gustav Bindseil**
1955-1956 **Werner Faust**
1957-1995 **Willi Dikty**
seit 1996 **Joachim Kuhls**

DER VERFASSER

Matthias Blazek

Heimatkundler.

Veröffentlichungen:

Dörfer im Schatten der Müggenburg, 1997.
L'Histoire des Sapeurs-Pompiers de Fontainebleau, 1999.
Ahnsbeck, 2003.
75 Jahre Sportverein Nienhagen von 1928 e.V., 2003.
Dorfgeschichte Wiedenrode, 2004.
Die Geschichte der Bezirksregierung Hannover im Spiegel der Verwaltungsreformen, 2004.
Dorfchronik Nienhof, 2005.
Schillerslage, 2005.
75 Jahre Ortsfeuerwehr Wienhausen, 2005.
Hexenprozesse – Galgenberge – Hinrichtungen – Kriminaljustiz im Fürstentum Lüneburg und im Königreich Hannover, 2006.
Das niedersächsische Bandkompendium 1963-2003, 2006.
Das Löschwesen im Bereich des ehemaligen Fürstentums Lüneburg von den Anfängen bis 1900, 2006.
Das Kurfürstentum Hannover und die Jahre der Fremdherrschaft 1803-1813, 2007.
75 Jahre Niedersächsische Landesfeuerwehrschule Celle 1931-2006, 2007.
Celle – Neu entdeckt, 2007.
Geschichten und Ereignisse um die Celler Neustadt, 2008.
Die Hinrichtungsstätte des Amtes Meinersen, 2008.
Haarmann und Grans – Der Fall, die Beteiligten und die Presseberichterstattung, 2009.
Carl Großmann und Friedrich Schumann – Zwei Serienmörder in den zwanziger Jahren, 2009.
Helmerkamp – unser Dorf, 2009.
Unter dem Hakenkreuz: Die deutschen Feuerwehren 1933-1945, 2009.
Wathlingen – Geschichte eines niedersächsischen Dorfes, Band 3, 2009.
100 Jahre Musikzug der Freiwilligen Feuerwehr Eldingen 1910-2010, 2010.
Scharfrichter in Preußen und im Deutschen Reich 1866-1945, 2010.

Zahlreiche weitere Aufsätze und Quellenveröffentlichungen zur niedersächsischen Landesgeschichte.

Matthias Blazek

Unter dem Hakenkreuz

Die deutschen Feuerwehren 1933-1945

ISBN 978-3-89821-997-6
154 S., Paperback, € 15,90

Erhältlich in jeder Buchhandlung
oder direkt bei

ibidem

In seinem jüngsten Werk wendet sich der Journalist und Historiker Matthias Blazek der Geschichte des Feuerwehrwesens in Deutschland zu, und zwar speziell in den Jahren der nationalsozialistischen Herrschaft 1933-1945. Mit der Machtergreifung der Nationalsozialisten startete die Gleichschaltung der Behörden und Einrichtungen. Ein erster Schritt, die Feuerwehren einzugliedern, war das preußische Feuerlöschgesetz von 1933. Die Feuerwehren unterstanden nun nicht mehr der gemeindlichen Aufsicht, sondern den Polizeiaufsichtsbehörden. In den folgenden Jahren wurde das Gesetz auf das gesamte Reich übertragen. Demokratisch denkende Führungskräfte wurden sukzessive gegen Parteitreue ausgetauscht. Einheitliche Satzungen bildeten die Rechtsgrundlage, die keine Ausnahmen mehr zuließ. Gegen Ende des Zweiten Weltkriegs wurden die freiwilligen Feuerwehren Deutschlands dem SS-Strafgesetz von Heinrich Himmler unterstellt. Matthias Blazek gelingt es in seiner Studie, die wohl schwerste Zeit für die freiwilligen Feuerwehren Deutschlands differenziert zu betrachten. Der Leser erfährt, dass für die jüdischen Mitbürger kein Platz mehr war unter den Freiwilligen der Feuerwehren.
Auch die großen Bombardements, denen Deutschland ab 1940 ausgesetzt war, werden aus Feuerwehrsicht thematisiert. Beispiele aus zahlreichen Ortsfeuerwehren machen die sachliche Analyse anschaulich. Am Ende helfen Orts- und Personenregister dem Forscher auf der Suche nach Fakten.

Dem Journalisten Matthias Blazek, Jahrgang 1966, ist mit diesem Buch ein besonderes Werk gelungen, das das vorhandene Schrifttum über das deutsche Feuerwehrwesen sinnvoll ergänzt. Ein Muss nicht nur für den Feuerwehr-Historiker und aktiven Feuerwehrmann. Dieses Buch spiegelt auch ein Gutteil deutsche Geschichte wider und zeigt auf, wie wichtig die Güter Demokratie, das Recht auf Mitbestimmung und auf freie Meinungsäußerung sind.

Matthias Blazek

Scharfrichter in Preußen und im Deutschen Reich 1866 - 1945

ISBN 978-3-8382-0107-8
154 S., Paperback, € 15,90

Erhältlich in jeder Buchhandlung
oder direkt bei

ibidem

Die Scharfrichter in Preußen und im Deutschen Reich sind ein bislang von der Geschichtswissenschaft weitgehend ausgesparter Bereich. Nachkommen lassen sich allerorten recherchieren; lediglich die ganz prominenten Gestalten, die zum Tode verurteilte Menschen hinrichteten, scheinen, was die familiären Verhältnisse anbetrifft, nicht greifbar zu sein.
Die weithin verbreitete Ansicht, Scharfrichter und ihre Familien hätten eine Außenseiterrolle gespielt, stellt sich bei näherer Betrachtung als nicht zutreffend heraus. Es erscheint vielmehr ein völlig neues Bild dieser Gruppe vermeintlicher gesellschaftlicher Außenseiter, die - wenigstens seit Beginn des 19. Jahrhunderts - sehr wohl Zugang zum bürgerlichen Leben hatte.
Und während der Scharfrichter bis 1933 vorwiegend Mörder hinzurichten hatte, waren es ab dem Zeitpunkt der nationalsozialistischen Machtergreifung in immer weiter zunehmendem Umfang Menschen, die dem Regime bedrohlich schienen, Menschen, die in Zeiten von nationalsozialistischer Diktatur und staatlich vorgegebener Fremdenfeindlichkeit dennoch ihre Meinung sagten. Hier tauchen am Ende unvorstellbar hohe Zahlen von hingerichteten Personen auf, insbesondere in der Strafanstalt Berlin-Plötzensee. Vor den schieren Zahlen droht der Umstand zu verschwimmen, dass jeder einzelne hingerichtete Mensch Opfer der nationalsozialistischen Gewaltherrschaft wurde und seine staatlich angeordnete Ermordung mit einem tragischen persönlichen Schicksal verknüpft ist.
Spätestens seit 1937 traten in Deutschland die meisten Scharfrichter als anonyme Personen auf, über deren Tätigkeit in der Öffentlichkeit nahezu nichts bekannt war. Nach außen hin waren sie Justizangestellte, ihre Gehilfen Justizhelfer. Selbst Decknamen wurden vergeben.
Dieser Deckmantel der Anonymität hat zur Folge, dass nur wenig über ihr Leben und ihr grausames Wirken im Staatsdienst bekannt beziehungsweise überliefert ist. Lediglich der justizbehördliche Schriftverkehr liegt noch in den Landesarchiven und im Bundesarchiv Berlin vor. Selbst von den vollzogenen Hinrichtungen zeugen nur relativ selten Notizen in den Tageszeitungen. Die Scharfrichter wurden von den Nationalsozialisten stets genau instruiert, über ihre Arbeit „strengstes Stillschweigen“ zu bewahren.

Der Journalist Matthias Blazek, Jahrgang 1966, legt mit seinem jüngsten Werk erneut ein Buch zu einem bislang wenig im Augenschein der Öffentlichkeit stehenden Thema vor, das nichtsdestotrotz große Beachtung verdient hat. Die von ihm in mühevollen Detailrecherchen ausgegrabenen Fakten ergeben ein aufschlussreiches – und mitunter schockierendes – Bild der Scharfrichter in Preußen und im Deutschen Reich von 1866 bis 1945.

Matthias Blazek

Das Kurfürstentum Hannover und die Jahre der Fremdherrschaft 1803-1813

ISBN 978-3-89821-777-4

152 S., Paperback, € 14,90

Die französische Fremdherrschaft, die "Franzosenzeit" der Jahre 1803 bis 1813, war die Zeit, in welcher der französische Kaiser Napoleon I. Niedersachsen in sein Kaiserreich einverleibte und für seinen jüngsten Bruder, Jérôme Bonaparte, ein neues Königreich, das Königreich Westfalen, schuf.
Es war die Zeit, in der der westliche Nachbar dem Hannoverland seinen Stempel aufdrückte, der gewiss in einigen Bereichen gute Einflüsse ausgeübt hat. Es war allerdings auch die Zeit, in der das hannoversche Volk für den verlustreichen Feldzug nach Moskau rekrutiert wurde, jenes schlimme Szenario, dem weit über die Hälfte der Teilnehmer aus Kurhannover zum Opfer fielen.

***ibidem*-Verlag**

Melchiorstr. 15

D-70439 Stuttgart

info@ibidem-verlag.de

www.ibidem-verlag.de
www.ibidem.eu
www.edition-noema.de
www.autorenbetreuung.de

FSC
www.fsc.org
MIX
Papier | Fördert gute Waldnutzung
FSC® C083411

Zeitfracht Medien GmbH
Ferdinand-Jühlke-Straße 7
99095 Erfurt, Deutschland
produktsicherheit@kolibri360.de